WESTERN COOKING

국가직무능력표준

NCS 양식조리

나태균 · 이윤호 · 이상원 · 서민석 · 김병일 · 안형기
오상효 · 유정완 · 이병만 · 정용락 · 채현석 · 최태호 공저

머리말

1980년대 이후로 우리나라의 조리 분야는 급격한 경제성장과 더불어 급속도로 발전하였고, 조리사에 대한 인식 또한 스타 셰프, 셰프테이너, 쿡방 등 신조어가 등장할 정도로 좋아지고 있다. 그러나 대학에서의 조리교육은 풀리지 않는 많은 과제를 가지고 있다. 대학의 기본 역할이자, 가장 중요한 역할은 산업체가 요구하는 직무수행 능력을 교육과정을 통해 효율적으로 운영하는 것이다. 과연 이러한 역할을 대학의 조리 관련 학과에서 하고 있을까? 조리전공 교육과정의 50% 이상을 차지하고 있는 조리실습을 통해 전공자의 현장 실무 능력을 얼마나 향상시킬 수 있을까? 이러한 질문에 대한 응답으로 지난 몇 년 간 대학 교육은 국가직무능력표준을 기반으로 하여 교육과정을 만들고, 이를 토대로 조리전공자들을 교육하고 있다. 국가직무능력표준(NCS, National Competency Standards)은 산업현장에서 직무를 수행하기 위해 요구되는 지식, 기술, 태도 등의 내용을 국가가 체계화한 것이다. NCS는 직업훈련기관에서는 물론 특성화고등학교와 전문대학의 교육에 활용되고 있다. 그러나 NCS 기반 교육과정 운영의 효과성 및 전공별 개발된 능력 단위의 합리성, 능력 단위별 지식, 기술, 태도에 대한 체계성 등에 대한 의문이 제시되고 있는 실정이다. 이러한 문제들을 차치하더라도 지금 현재 전문대학의 조리전공 또한 NCS를 기반으로 대학과 학과의 교육목표에 적합한 교육과정을 개발·운영하고 있다.

양식조리의 경우, 음식서비스 – 식음료조리·서비스 – 음식조리 – 양식 조리로 분류되어 있으며, 2017년 현재 총 22개의 능력 단위로 구성되어 있다. 본 저서를 통해 22개의 능력 단위별 능력 단위 요소와 수행 준거를 토대로 내용을 작성하여 NCS 기반 양식조리 실습교육에 활용할 수 있는 교재를 집필하고자 하였다. 그러나 계획단계에서 총 22개의 능력 단위의 내용을 모두 한권의 책에 담기에는 한계가 있어 국가직무능력표준의 수준체계, 이론적인 학습내용이 많은 능력 단위, 현재 전국의 전문대학 조리 관련 학과의 교육과정 등을 고려하여 스톡조리, 소스조리, 수프 조리, 전채조리, 샐러드조리, 어패류조리, 육류 조리, 조식조리, 샌드위치조리 등 총 9개의 능력 단위에 대한 학습내용을 작성하였으며, 집필 시 다음 사항에 대해 관심을 가지고 작성하였다.

첫째, 각 능력 단위별 능력 단위 요소와 수행 준거를 토대로 이론 부분을 작성하여 조리전공자가 꼭 알아야 할 지식, 기술, 태도를 습득할 수 있도록 하였다.

둘째, 양식조리기능사 시험응시를 위한 공개문제와 더불어 능력 단위와 수행 준거를 고려하여 다양한 양식 메뉴를 선정하여 제시하고자 하였다.

셋째, 양식조리를 배우는 전공자를 위해 각 메뉴별 핵심적인 조리 용어 또는 음식의 유래에 대해 작성하여 양식조리와 관련된 조리 용어에 대한 이해도를 향상시키고자 하였다.

집필진이 의욕과 열정을 가지고 오랜 시간 준비하고 정리하여 정성껏 만들었으나, 집필하는 과정에서 지식과 기술에 대한 한계와 관련된 참고도서의 부재 등으로 인해 부족하고 미흡한 부분이 있으리라 생각된다. 향후 미흡한 점은 계속 수정·보완하여 완성도 있는 책이 되도록 노력하겠다. 마지막으로 이 책이 출간되기까지 아낌없는 도움을 주신 도서출판 효일 김홍용 대표님 이하 관계자 분들께 진심으로 감사의 말을 전한다.

저자 일동

CONTENTS

CHAPTER. 3

수프(SOUP)

CHAPTER. 4

전채(APPETIZER)

CHAPTER. 5

샐러드(SALAD)

양식조리기능사 품목

CHAPTER. 6

어패류(FISH & SHELLFISH)

CHAPTER. 7

육류(MEAT & POULTRY)

CHAPTER. 8

조식(BREAKFAST)

CHAPTER. 9

샌드위치(SANDWICH)

❖ 부록

CHAPTER

1

스톡

STOCK

● 학습 목표

육류, 어패류, 채소류 등을 활용하여 조리에 사용되는 스톡을 조리할 수 있다.

능력단위 요소	수행 준거	
스톡 재료 준비하기	1. 조리에 필요한 부케 가르니를 준비할 수 있다. 2. 스톡의 종류에 따라 미르포아를 준비할 수 있다. 3. 육류, 어패류의 뼈를 찬물에 담가 핏물을 제거할 수 있다. 4. 브라운 스톡은 조리에 필요한 뼈와 부속물을 오븐에 구워서 준비할 수 있다.	
	【지식】 • 스톡의 종류와 조리법 • 용도별 칼, 도마 사용법 • 육류, 어패류의 주재료 특성과 용도 • 채소의 종류와 특성	【기술】 • 냉장, 냉동고 관리 능력 • 메뉴의 특징에 맞는 재료 손질 능력 • 미르포아를 만들 수 있는 능력 • 부케 가르니를 만들 수 있는 능력 • 스토브 조작 능력 • 오븐 조작 능력 • 육류, 어패류 뼈, 부속물 손질 능력
스톡 조리하기	1. 찬물에 재료를 넣고 서서히 끓일 수 있다. 2. 끓이는 과정에서 불순물이나 기름이 위로 떠오르면 걷어낼 수 있다. 3. 적절한 시간에 미르포아와 향신료를 첨가할 수 있다. 4. 지정된 맛, 향, 농도, 색이 될 때까지 조리할 수 있다.	
	【지식】 • 스키밍 방법 • 스톡의 맛, 향, 농도, 색의 특징 • 스톡의 종류에 따른 조리법 • 주재료와 어울리는 채소 선택법 • 향신료 사용법	【기술】 • 적정한 상태로 구울 수 있는 능력 • 가스레인지 사용과 화력 조작 능력 • 냉장, 냉동고 관리 능력 • 부케 가르니, 미르포아 투입 시점과 방법에 대한 능력 • 오븐 사용과 화력 조절 능력 • 용도에 맞는 조리 방법 적용 능력 • 원하는 맛, 향, 농도, 색으로 만들 수 있는 능력 • 주재료에 따른 조리온도와 시간조절 능력
스톡 완성하기	1. 조리된 스톡을 불순물이 섞이지 않게 걸러낼 수 있다. 2. 마무리된 스톡의 색, 맛, 투명감, 풍미, 온도를 통해 스톡의 품질을 평가할 수 있다. 3. 스톡을 사용 용도에 맞추어 풍미와 질감을 갖도록 완성할 수 있다.	
	【지식】 • 스톡의 사용 용도 • 종류에 따른 질감, 향미, 색채의 특징	【기술】 • 냉장, 냉동고 관리 능력 • 원하는 온도로 보관·사용하는 능력 • 적정한 상태와 양으로 스톡을 걸러내는 정제 능력 • 질감, 향미, 색채와 조화를 고려한 제공 능력

● 교수-학습 방법

능력단위 요소	교수-학습 방법
스톡 재료 준비하기	• 스톡의 분류 및 조리과정 설명 및 이해 • 부케 가르니와 사세 데피스의 차이 설명 및 실습 • 미르포아의 종류 설명 및 실습 • 스톡을 위한 뼈의 특성과 용도, 준비 방법 설명 및 실습
스톡 조리하기	• 시머링 조리법 설명 및 실습 • 스키밍 과정 설명 및 실습 • 향신료를 첨가하는 방법 및 실습
스톡 완성하기	• 스톡을 걸러내는 방법 설명 및 실습 • 완성된 스톡의 품질 평가 및 보완점 이해 • 완성된 스톡의 사용 용도 설명 및 응용 실습

● 자가진단도구

진단 영역	진단 문항	매우 미흡	미흡	보통	우수	매우 우수
스톡 재료 준비하기	나는 조리에 필요한 부케 가르니를 준비를 할 수 있다.	①	②	③	④	⑤
	나는 스톡의 종류에 따라 미르포아를 준비할 수 있다.	①	②	③	④	⑤
	나는 육류, 어패류의 뼈를 찬물에 담가 핏물을 제거할 수 있다.	①	②	③	④	⑤
	나는 브라운 스톡 조리에 필요한 뼈와 부속물을 오븐에 구워서 준비할 수 있다.	①	②	③	④	⑤
스톡 조리하기	나는 찬물에 재료를 넣고 서서히 끓일 수 있다.	①	②	③	④	⑤
	나는 끓이는 과정에서 불순물이나 기름이 위로 떠오르면 걷어낼 수 있다.	①	②	③	④	⑤
	나는 적절한 시간에 향신료를 첨가할 수 있다.	①	②	③	④	⑤
	나는 지정된 맛, 향, 농도, 색이 될 때까지 조리할 수 있다.	①	②	③	④	⑤
스톡 완성하기	나는 조리된 스톡을 불순물이 섞이지 않게 걸러낼 수 있다.	①	②	③	④	⑤
	나는 마무리된 스톡의 색깔, 맛, 투명감, 풍미, 온도를 통해 스톡의 품질을 평가할 수 있다.	①	②	③	④	⑤
	나는 스톡을 사용 용도에 맞추어 풍미와 질감을 갖도록 완성할 수 있다.	①	②	③	④	⑤

● 진단결과

진단 영역	문항 수	점수	점수 ÷ 문항 수
스톡 재료 준비하기	4		
스톡 조리하기	4		
스톡 완성하기	3		
합계	11		

※ 자신의 점수를 문항 수로 나눈 값이 '3점' 이하에 해당하는 영역은 업무를 성공적으로 수행하는데 요구되는 능력이 부족한 것으로 교육훈련이나 개인학습을 통한 개발이 필요함.

1
스톡의 이해

(1) 스톡의 정의

스톡(Stock)이란 향기가 있는 액체이다. 모든 레스토랑의 가장 기본 작업은 좋은 스톡을 생산하는 것이다. 좋은 스톡은 동물의 뼈나 고기, 해산물, 채소류를 물이나 와인에 담그고 양파, 당근, 셀러리 같은 미르포아(Mirepoix)나 향신료를 첨가하여 만든다. 정성껏 만든 맑고 풍부한 향미가 있는 스톡은 수프나 소스의 기초가 되고 스튜요리에 필수 재료가 된다.

(2) 스톡의 종류

1) 화이트 스톡(White stock)

화이트 스톡(불어: Fond blanc)은 뼈와 화이트 미르포아(White mirepoix)로 만든다. 화이트 스톡은 일반적으로 닭 뼈와 생선 뼈, 갑각류 껍질 등을 사용하고, 그중에서 닭 뼈가 대표 재료로 가장 많이 사용된다. 화이트 스톡은 조리과정 중에 색깔이 나면 안 된다. 피시 스톡(Fish stock)은 대략 1시간 이내의 짧은 시간에 조리하여야 하며, 그 이상 조리하면 풍미가 손상된다. 농축된 피시 스톡은 피쉬 피메(Fish fumet)라고 불리며 색깔은 없지만 향이 더 강한 피시 스톡이다. 쿠르 부용(Court bouillon)은 음식을 빨리 조리하거나 포칭하기 위한 향이 있는 액체로 채소, 부케 가르니 그리고 식초나 와인 등의 산성 액체를 넣어 은근히 끓여(Simmering) 만든다.

2) 브라운 스톡(Brown stock)

브라운 스톡(불어: Fond brun)은 프랑스요리의 가장 기본이 되는 스톡 중 하나이며, 다양한 소스, 수프 그리고 스튜에 사용된다. 브라운 스톡은 닭, 송아지, 소 등의 뼈와 미르포아, 부케 가르니를 넣어서 은근히 끓여 만든다. 화이트 스톡과의 차이점은 브라운 스톡에 사용되는 뼈와 미르포아를 높은 열에서 캐러멜화(높은 열에서 색을 낼 때 모든 재료 속에 포함되어 있는 당분이 열에 의해서 표면이 갈색으로 변하는 과정)시켜 사용하고 토마토 페이스트와 같은 토마토 부산물이 첨가된다는 것이다. 토마토의 산 성분은 스톡에 색을 주는 것 뿐만 아니라 결합 조직(Connective tissue)을 분해하여 젤라틴의 형성을 촉진시킨다.

2

스톡 재료 준비

(1) 스톡의 재료 구성

최근 압력 조리법을 통해 스톡을 만들기도 하지만 전통적으로 스톡은 다양한 재료를 물에 넣고 은근히 끓여서 만든다. 재료는 다음 중 일부 또는 전부를 포함할 수 있다.

1) 고기(Meat)

일반적으로 소고기 또는 송아지 고기의 정강이 또는 어깨부분과 같이 결합 조직이 풍부한 고기를 사용한다. 돼지고기는 기름이 많기 때문에 유럽요리에서는 스톡에 적합하지 않은 것으로 간주되고, 양고기는 기름에서 나오는 강한 기름 향을 제거하기 어렵기 때문에 전통적으로 사용하지 않는다.

2) 뼈(Bone)

뼈로 만든 스톡은 고기로 만든 스톡보다 오래 조리해야 한다. 스톡의 풍미는 뼈에 있는 연골과 결합 조직에서 나오기 때문에 뼈는 스톡에 향과 색을 부여하기 위한 가장 중요한 재료이다. 결합 조직에는 콜라겐(Collagen)이 들어 있으며, 콜라겐은 조리과정에서 액체를 진하게 하는 젤라틴으로 전환된다. 최근 압력 조리법은 뼈에서 풍미를 추출하는 데 필요한 시간을 단축시킨다. 준비된 뼈(닭, 생선, 소)는 8~10cm로 자르고, 흐르는 물에 담가서 피나 불순물을 제거하여야 한다.

 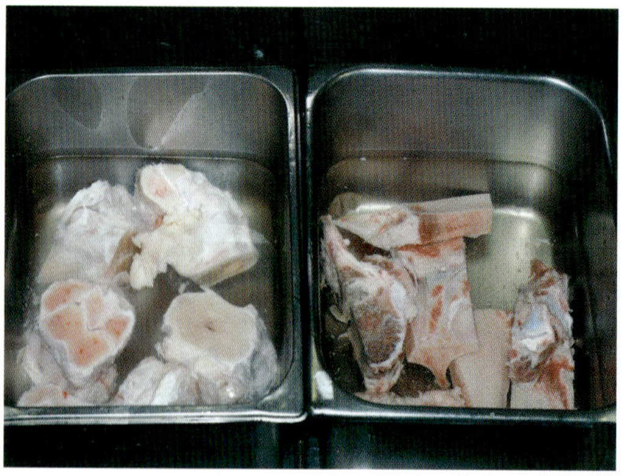

① **소 뼈와 송아지 뼈**

스톡을 만들 때 사용하는 가장 좋은 뼈는 소위 '너클(knuckle)' 뼈와 같이 연골(Cartilage bone)이 많은 뼈가 좋다. 소와 송아지 뼈에는 근육과 뼈를 연결하는 힘줄과 연골이 많이 포함되어 있다. 근육과 뼈에 있는 콜라겐은 조리과정에서 물과 함께 젤라틴으로 변한다. 특히 젊은 동물의 뼈에 연골이 더 많기 때문에 송아지 뼈를 많이 사용한다.

② **닭 뼈**

닭 뼈가 다른 뼈에 비하여 가격조건이 좋기 때문에 사용빈도가 높다. 치킨 스톡을 위한 최고의 뼈는 목뼈와 등뼈이다.

③ **생선 뼈**

피시 스톡을 위한 최고의 뼈는 넙치, 가자미 같은 기름기가 적은 뼈이다. 연어, 참치 등 기름이 많은 생선 뼈는 독특한 향을 가지고 있기 때문에 좋은 스톡을 생산할 수 없다.

3) 채소(Vegetable)

스톡의 향을 강화하기 위해 양파, 당근, 셀러리 및 때로는 다른 채소의 혼합물을 넣는데, 이를 미르포아(Mirepoix)라고 한다. 조리사마다 채소의 비율을 달리하지만, 통상적으로 양파 50%, 당근 25%, 셀러리 25%의 비율로 사용한다.

미르포아의 크기는 스톡의 조리시간에 따라 결정되며 모든 재료가 일정한 조리시간을 위해 균일한 크기여야 한다. 짧은 시간 끓이는 스톡은 작은 크기로, 오랜 시간 끓이는 스톡은 큰 크기로 자른다(브라운 스톡은 2.5~5cm, 치킨 스톡 · 피시 스톡은 1.2cm로 자른다). 화이트 스톡을 위해서는 화이트 미르포아(white mirepoix)를 사용하는데 당근을 무, 버섯, 파스닙, 대파 등으로 대체하여 만들 수 있다. 종종 당근 껍질과 셀러리 잎 또는 껍질과 같이 채소의 먹을 수 없는 부분도 사용된다. 대다수의 사람들이 이 부분을 사용한 스톡의 맛을 인식하지 못하기 때문에 이 부분의 사용은 조리사에 의해 좌우된다.

4) 허브와 향신료(Herbs and spices)

좋은 수프, 소스, 스튜는 좋은 스톡에서 시작되고, 좋은 스톡은 부케 가르니 또는 사세 데피스에서 시작한다.

① 부케 가르니(Bouquet garni)

부케 가르니는 '장식된 꽃다발(Garnished bouquet)'을 뜻하는 프랑스어이며, 'fagot'이라는 용어는 부케 가르니의 예전 이름이다. 보통 끈으로 묶인 허브 묶음으로 스톡, 수프 및 각종 스튜 준비에 주로 사용된다. 부케 가르니에 대한 일반적인 조리법은 없지만, 대부분의 조리법에는 백리향(Thyme)과 월계수 잎(Bay leaf), 파슬리(Parsley)가 포함되며, 조리법에 따라 바질(Basil), 버넷(Burnet), 처빌(Chervil), 로즈마리(Rosemary), 타라곤(Tarragon) 등을 사용한다. 때때로 당근, 셀러리 잎 또는 줄기, 셀러리악, 파, 양파 같은 채소가 부케 가르니를 만들기 위해 통째로 사용된다.

② 사세 데피스(Sachet d'epices)

향신료 주머니를 뜻하는 '사세 데피스'는 말 그대로 '향신료 가방(bag of spices)'을 뜻하는 프랑스어이다. 스톡, 수프 및 소스에 풍미를 더하기 위해 허브와 향신료가 들어있는 작은 치즈 클로스(Cheese cloth) 자루를 의미한다. 스톡을 조리한 후 쉽게 꺼낼 수 있게 조리 솥의 손잡이에 끈을 묶어둔 후 제거한다. 사세 데피스는 치즈 클로스 외에 때로는 스테인리스로 만들어진 차 여과기에 넣어 사용하기도 한다.

사세 데피스는 부케 가르니와 재료가 비슷하고 사용되는 용도도 같아서 혼용하고 있다. 하지만 사세 데피스는 재료를 치즈 클로스에 넣고 조리용 실로 묶고, 부케 가르니는 그렇지 않다는 차이점이 있다. 이것은 부케 가르니에 사용할 수 없는 통후추, 그리고 말린 허브와 같이 더 작은 조각의 향신료가 사세 데피스에 사용되는 것을 의미한다.

① 허브와 향신료 담기　　② 조리용 실로 묶기　　③ 사세 데피스 넣고 끓이기

[그림 1-1] 사세 데피스 만드는 과정

5) 산(Acid)

산은 뼈의 연골 및 다른 결합 조직을 분해하여 젤라틴 형성을 촉진시킨다. 스톡조리에서 주로 사용되는 산성 제품은 일반적으로 토마토와 와인이 있다. 토마토 또는 토마토 페이스트와 같은 가공품은 브라운 스톡에 색상과 풍미를 더하기 위해 사용되고 있으며 화이트 스톡을 만들 때는 선택적으로 화이트 와인을 사용하기도 한다.

3 스톡 조리

(1) 뼈와 미르포아 로스팅하기

브라운 스톡의 경우, 먼저 뼈와 미르포아를 구워 색을 내야 한다. 핏물과 불순물을 제거한 뼈를 오븐에서 굽기 위하여 오븐 팬에 펼쳐 200℃로 예열된 오븐에 넣고, 약 60분 동안 조리하면서 중간중간 뼈를 뒤집어 골고루 색을 낸다.

(2) 찬물에서 스톡 조리 시작하기

스톡을 조리할 때는 반드시 찬물을 재료가 충분히 잠길 정도까지 부은 다음에 시작하여야 한다. 찬물로 시작하는 이유는 특정 단백질, 특히 스톡을 정제하는 데 도움을 주는 알부민이 냉수에서만 녹기 때문이다. 뜨거운 물로 스톡 조리를 시작하면 불순물이 빨리 굳어지고, 뼈 속에 있는 맛이 우러나지 못하고 스톡이 혼탁해진다.

(3) 시머링하기

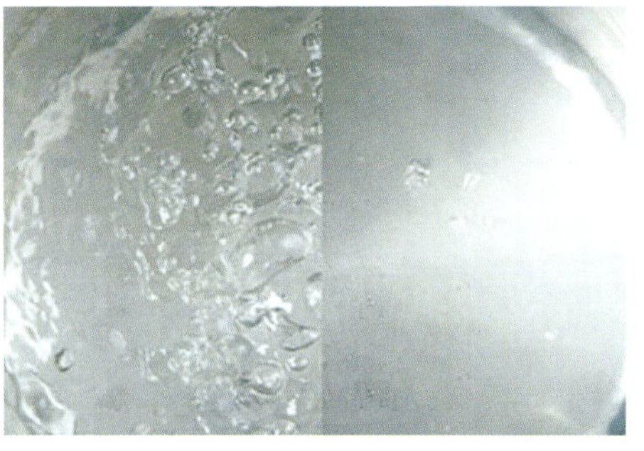

보일링 시머링

시머링(Simmering)은 비등점 바로 아래의 온도에서 음식을 조리하는 신속하고 효율적인 요리 방법으로, 스톡을 조리할 때 필수 조리법이다. 스톡이 끓기 시작하면 불의 세기를 조절하여 스톡의 온도가 약 85~95℃를 유지하며 은근하게 끓여주어야 한다. 시머링을 하면 뼈 속에 포함되어 있는 지방이나 단백질이 용출되어 원하는 풍미의 스톡을 완성할 수 있고, 스톡을 맑게 생산할 수 있다. 센 불에서는 스톡의 내용물 움직임이 빨라지고 이에 따라 불순물과 기름기가 물과 함께 엉켜 혼탁해지므로 주의한다.

[표 1-1] 끓는 온도에 따른 사용 재료 및 모습

구분	포우칭(Poaching)	시머링(Simmering)	보일링(Boiling)
사용 재료	연한 부위(어패류 등)	고기의 질긴 부위	각종 재료
온도	70~85℃	85~95℃	100℃
모습	희미하게 비침	거품이 가끔 일어남	거품이 거세게 일어남

(4) 스키밍하기

스톡이 끓으면 계속해서 불순물이 스톡 표면 위로 떠오르는데, 불순물을 제거하지 않으면 물속에 섞여 스톡을 혼탁하게 하여 맑은 스톡을 만들어낼 수 없다. 그러므로 일정한 시간을 두고 계속 불순물을 제거해 주어야 스톡에 과도한 지방을 함유하지 않고 깨끗하게 만들 수 있다. 이와 같이 스톡 표면 위로 떠오르는 불순물을 제거하는것을 스키밍(Skimming)이라 한다. 스톡 조리 시 표면 위로 떠오르는 불순물은 처음 끓어서 오르기 시작할 때 가장 많기 때문에 채소를 넣기 전에 뼈나 고기를 먼저 첨가하고, 표면에 올라오는 불순물을 스키머(Skimmer)로 제거하고 다음에 채소와 부케 가르니를 추가한다. 스키밍하는 방법은 다음과 같다.

[표 1-2] 스키밍하는 방법

구분	방법
슬롯 스푼 사용 (Use a slotted spoon)	거품을 빼내기 전, 적어도 30분 동안 스톡을 끓인다. 손잡이가 긴 숟가락을 사용하여 가벼운 소용돌이를 만들기 위해 스톡을 소용돌이 치게 한다. 슬롯 스푼을 사용하여 냄비 가장자리에 쌓인 거품을 제거한다.
콜드 스푼 사용 (Use a cold spoon)	차가운 얼음물에 큰 금속 스푼을 담가 놓는다. 스푼이 차가워지면 꺼내서 스푼의 바닥을 스톡 표면 위에 놓는다. 그러면 차가운 기운으로 인해 거품에 있는 지방이 응고되어 스푼 바닥에 달라붙는다.

4

스톡 완성

(1) 스톡 거르기

깨끗하고 투명한 스톡을 만들기 위해서는 스톡 속에 불순물이 섞이지 않도록 걸러 내야 한다.

스톡 표면 위에 기름기가 떠 있을 경우, 양이 많으면 국자로 조심스럽게 걷어내고, 국자 사용이 불가능할 경우에는 흡수지를 이용하여 걷어낸다. 마지막으로 원뿔체(China cap)와 소창(Cheese cloth)을 통과시켜 보다 더 깨끗한 스톡을 만든다.

(2) 스톡 냉각시키기

실질적으로 레스토랑 주방은 거의 모든 요리를 대량으로 생산하여 보관한 후 사용에 필요한 일정량을 꺼내어 사용한다. 스톡의 경우도 대량 생산하여 냉장 또는 냉동 보관 후 필요한 만큼을 가져다 쓰기 때문에 냉각상태가 양호해야 스톡 변화를 지연시켜 안전하게 스톡을 사용할 수 있다. 스톡을 거른 후에는 빨리 식혀야 박테리아의 증식기회를 줄일 수 있다. 이를 위해 플라스틱이나 다른 재질보다 열전달이 빠른 금속 용기를 사용하는 것이 좋고, 비닐 팩을 사용하거나 물에 얼음을 넣어 보다 빠르게 줄일 수 있다. 냉각 중에도 스톡을 한번씩 저어주어 2시간 이내에 빨리 냉각시켜야 하고, 식은 후의 고형화된 기름은 걷어낸다.

(3) 스톡 보관하기

일단 냉각된 스톡은 뚜껑이 있는 용기로 옮겨 담아 냉장고에 보관한다. 냉장고에 보관하기 전에 스톡을 담은 용기 뚜껑에는 만든 날짜와 시간, 만든 조리사 등을 기록하여 객관적으로 스톡이 생산된 시기를 알 수 있도록 한다. 스톡을 보다 더 오랜 시간 저장하고자 할 때는 냉동시켜 보관한다.

(4) 양념하지 않기

스톡은 그 자체로 고객에게 제공되지 않는다. 그러므로 스톡 조리 시에는 간을 하면 안 되고, 스톡을 기초로 하여 고객에게 제공하기 위해 만들어지는 소스나 수프, 스튜 등의 조리단계에서 소금을 첨가하여 적정한 맛을 내야 한다. 큰 규모의 레스토랑의 경우, 스톡을 완성하는 조리사와 실제로 완성된 스톡을 사용하는 조리사가 달라 사용해야 하는 소금의 양에 혼선을 가져다 줄 수 있으므로 스톡에는 양념(Seasoning)을 하지 않는다.

(5) 완성한 스톡의 사용 용도

브라운 스톡은 브라운 루를 이용하여 농도를 내는 에스파뇰 소스를 만드는 데 기본적으로 사용된다. 또한 프렌치 어니언 수프, 비프 콩소메 등의 수프를 만들기 위해서도 사용된다.

화이트 스톡은 닭 뼈, 생선 뼈 등으로 만들며, 만든 스톡과 블론드 루를 혼합하여 치킨 벨루테 소스, 피시 벨루테 소스를 만드는 데 사용한다. 또한 대표적인 화이트 스톡인 치킨 스톡은 다양한 크림 수프와 파스타에 많이 사용한다.

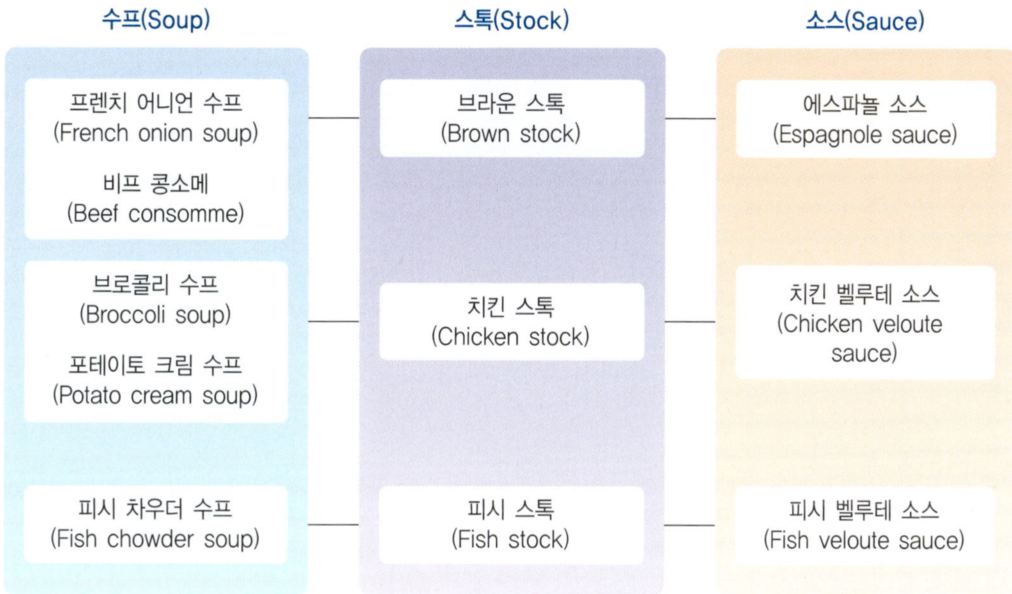

[그림 1-2] **스톡의 사용 용도**

브라운 스톡

BROWN STOCK

Cooking Terminology

폰드보(Fond de Veau)는 스톡을 뜻하는 'Fond'와 송아지를 뜻하는 'Veau'에서 나온 말로 송아지 스톡이라는 말이다. 그러나 한국에서는 송아지 고기가 유통되지 않아서 송아지 스톡을 만드는 것은 사실상 불가능하다. 대부분의 외식업체 또는 특급 호텔에서는 소고기 사골과 힘줄 등으로 만들고 있지만 용어는 'Fond de Veau'를 사용하고 있다.

INGREDIENTS

소 뼈(Beef bone) 150g 2~3cm 정도, 자른 것
토마토(Tomato) 150g 중, 150g 정도 1개
양파(Onion) 60g 중, 150g 정도 1/2개
셀러리(Celery) 30g
당근(Carrot) 40g 둥근 모양이 유지되게 등분
검은 통후추(Whole black pepper) 4ea
파슬리(Parsley) 1sprig 잎, 줄기 포함
월계수 잎(Bay leaf) 1ea
정향(Clove) 1ea
무염 버터(Unsalted butter) 5g
식용유(Vegetable oil) 50ml
면 실(Kitchen twine) 30cm

COOKING METHOD

Preparation

1 2~3cm로 자른 소 뼈는 흐르는 찬물에 담가서 피나 불순물을 제거한다.
2 미르포아(양파, 셀러리, 당근)는 2cm 크기로 자른다(조리기능사의 경우 채 썰어 준다). 토마토는 껍질과 씨를 제거하여 슬라이스한다.
3 정향, 검은 통후추, 파슬리 줄기, 월계수 잎은 소창에 넣어 면 실로 묶어 사세 데피스를 만든다.

Cooking

1 찬물에 담가놓은 뼈는 물기를 제거한 후 200°C로 예열된 오븐에서 골고루 색깔을 내어 굽는다(조리기능사의 경우 프라이팬을 가열한 후 식용유를 넣고 색을 낸다).
2 팬에 버터를 넣고 미르포아를 갈색으로 조리한다.
3 스톡 포트에 갈색을 낸 뼈와 차가운 물을 넣는다.
4 물이 끓어오르면 떠오른 불순물을 제거하고, 미르포아와 사세 데피스, 토마토를 넣고 계속 끓인다.
5 스톡이 끓어오르면 불을 줄여서 시머링한다.
6 끓이면서 액체가 증발하므로 항상 뼈를 덮을 수 있는 충분한 물이 있는지 확인한다.
7 불순물이 떠오르면 스키밍한다.

Finishing & Plating

1 스톡 포트 안의 사세 데피스를 제거하고 조리가 끝난 스톡을 국자를 이용하여 천천히 들어낸다.
2 소창을 씌운 차이나 캡을 통하여 맑게 걸러 낸다.
3 찬물과 얼음을 싱크대에 넣은 후 걸러낸 스톡을 냉각시킨다(조리기능사의 경우 맑게 거른 후 200ml를 제출한다).

수험자 요구사항 및 유의사항 시험시간 30분

양식조리기능사

가. 스톡은 맑고 갈색이 되도록 하시오.
나. 소 뼈는 찬물에 담가 핏물을 제거한 후 구워서 사용하시오.
다. 향신료로 사세 데피스(Sachet d'epice)를 만들어 사용하시오.
라. 완성된 스톡의 양이 200ml 정도 되도록 하여 볼에 담아내시오.
마. 불 조절에 유의한다.
바. 스톡이 끓을 때 생기는 거품을 걷어내야 한다.

치킨 스톡

CHICKEN STOCK

Cooking Terminology

양식을 배우다 보면 스톡(Stock)과 함께 잘 쓰이는 말로 브로스(Broth)란 말이 있다. 스톡과 마찬가지로 브로스 또한 육수로 해석되지만 스톡과는 차이가 있다. 스톡은 항상 뼈를 포함시켜 끓인 액체이며 브로스는 고기만을 이용하여 끓인 액체이다.

INGREDIENTS

닭 뼈(Chicken bone) 150g

양파(Onion) 60g

셀러리(Celery) 30g

무(Radish) 15g

대파(Leek) 10g

검은 통후추(Whole black pepper) 4ea

파슬리(Parsley) 1sprig

월계수 잎(Bay leaf) 1ea

타임(Thyme) 1sprig

조리용 실(Kitchen twine) 30cm

소창(Cheese cloth) 2ea

COOKING METHOD

Preparation

1. 닭 뼈는 흐르는 찬물에 담가서 핏물이나 불순물을 제거한다.
2. 화이트 미르포아(양파, 셀러리, 대파, 무)는 2cm 크기로 잘라준다.
3. 검은 통후추, 파슬리 줄기, 월계수 잎, 타임은 소창에 넣고 조리용 실로 묶어 사세 데피스를 만든다.

Cooking

1. 끓는 물에 닭 뼈를 데쳐낸다. 충분히 핏물을 제거했어도, 한 번 더 끓는 물에 데쳐내서 깨끗한 뼈를 준비한다.
2. 스톡 포트에 닭 뼈와 차가운 물을 넣고 끓으면 떠오르는 불순물을 제거한다.
3. 화이트 미르포아, 사세 데피스를 넣고 센 불로 계속 끓인다.
4. 스톡이 끓어오르면 불을 줄여서 시머링한다.
5. 끓이면서 액체가 증발하므로 항상 뼈를 덮을 수 있는 충분한 물이 있는지 확인한다.
6. 불순물이 떠오르면 스키밍을 한다.

Finishing & Plating

1. 스톡 포트 안의 사세 데피스를 제거하고 조리가 끝난 스톡을 국자를 이용하여 천천히 들어낸다.
2. 소창을 씌운 차이나 캡을 통하여 맑게 걸러 낸다.
3. 찬물과 얼음을 싱크대에 넣은 후 걸러낸 스톡을 냉각시킨다.

쿠르 부용

COURT BOUILLON

Cooking Terminology

쿠르 부용(Court Bouillon)의 쿠르는 '짧다'라는 뜻의 라틴어 'curtus'에서 유래하였으며, 부용은 '끓이다'의 뜻의 라틴어 'bouillir'에서 유래하였다. 조리시간이 길고 복잡한 스톡과 비교하여 조리시간이 짧기 때문에 '간단히 끓인 액체(briefly boiled liquid)' 또는 '짧은 육수(short broth)'로 해석된다. 일반적으로 조리시간은 60분을 넘지 않는다.

INGREDIENTS

양파(Onion) 60g
셀러리(Celery) 30g
당근(Carrot) 30g
레몬(Lemon) 1/4ea
식초(Vinegar) 20ml
검은 통후추(Whole black pepper) 4ea
파슬리(Parsley) 1sprig
월계수 잎(Bay leaf) 1ea
타임(Thyme) 1sprig
조리용 실(Kitchen twine) 30cm
소창(Cheese cloth) 2ea

COOKING METHOD

Preparation

1 미르포아(양파, 셀러리, 당근)는 2cm 크기로 잘라준다.
2 레몬은 즙을 짜내고 껍질은 버리지 말고 미르포아와 같이 둔다.
3 검은 통후추, 파슬리 줄기, 월계수 잎, 타임은 소창에 넣고 조리용 실로 묶어 사세 데피스를 만든다.

Cooking

1 스톡 포트에 미르포아, 차가운 물, 식초, 레몬즙을 넣고 끓인다.
2 스톡이 끓어오르면 불순물을 제거하고 사세 데피스를 넣는다.
3 불을 줄이고 약 30분 정도 시머링한다.
4 불순물이 떠오르면 스키밍한다.

Finishing & Plating

1 스톡 포트 안의 사세 데피스를 제거하고 조리가 끝난 스톡을 국자를 이용하여 천천히 들어낸다.
2 소창을 씌운 차이나 캡을 통하여 맑게 걸러 낸다.
3 찬물과 얼음을 싱크대에 넣은 후 걸러낸 스톡을 냉각시킨다(쿠르부용은 생선류나 조개류 등을 데쳐 내기 위해 사용되는데, 거른 후 바로 사용할 때는 소금과 후추를 넣고 사용하여야 한다).

STOCK

피시 스톡

FISH STOCK

Cooking Terminology

퓨멧(Fumet)이란 '연기(Smoke)'를 뜻하는 라틴어 'Fumus'에서 유래한 단어이다. 다른 소스에 넣거나 스톡의 향을 강화시키기 위해 스톡을 농축시킨 것을 말하며, 종류로는 피시 퓨멧, 버섯 퓨멧 등이 있다.

INGREDIENTS

생선 뼈(Fish bone) 100g
양파(Onion) 60g
셀러리(Celery) 30g
무(Radish) 15g
대파(Leek) 10g
검은 통후추(Whole black pepper) 4ea
파슬리(Parsley) 1sprig
월계수 잎(Bay leaf) 1ea
타임(Thyme) 1sprig
식용유(Vegetable oil) 10ml
조리용 실(Kitchen twine) 30cm
소창(Cheese cloth) 2ea

COOKING METHOD

Preparation

1. 생선 뼈는 흐르는 찬물에 담가서 핏물이나 불순물을 제거한다.
2. 화이트 미르포아(양파, 셀러리, 대파, 무)는 2cm 크기로 잘라준다.
3. 검은 통후추, 파슬리 줄기, 월계수 잎, 타임은 소창에 넣어 조리용 실로 묶어 사세 데피스를 만든다.

Cooking

1. 스톡 포트에 소량의 식용유와 미르포아를 넣은 후 미르포아가 부드러워질 때까지 1~2분가량 약한 불에서 타지 않게 볶는다.
2. 찬물과 생선 뼈, 사세 데피스를 넣고 뚜껑을 덮지 않고 끓인다.
3. 물이 끓어오르면 불을 줄여 약 30분간 시머링한다(30~40분 이상 끓이면 피시 스톡은 약간 쓴맛이 난다).
4. 끓이면서 액체가 증발하므로 항상 뼈를 덮을 수 있는 충분한 물이 있는지 확인한다.
5. 불순물이 떠오르면 스키밍한다.

Finishing & Plating

1. 스톡 포트 안의 사세 데피스를 제거하고 조리가 끝난 스톡을 국자를 이용하여 천천히 들어낸다.
2. 소창을 씌운 차이나 캡을 통하여 맑게 걸러 낸다(스톡을 걸러준 후 10~15분 동안 더 끓이면 더욱 강한 향을 낼 수 있다).
3. 찬물과 얼음을 싱크대에 넣은 후 걸러낸 스톡을 냉각시킨다.

STOCK

● **스톡조리 평가**

일지평가: 실습한 내용에 대한 학습자의 일지 작성 후 평가 실시

서술형 시험

학습 내용	평가 항목
스톡 재료 준비하기	스톡의 분류에 대한 이해도 평가
	스톡의 구성요소에 대한 이해도 평가
	뼈 굽는 방법에 대한 이해도 평가
스톡 조리하기	스톡 조리 시 주의점 이해 평가
	시머링에 대한 과정 이해 평가
	스키밍을 하는 방법 및 해야 하는 이유 평가
	부케 가르니의 투입 시점 및 사세 데피스와의 차이점 이해 평가
스톡 완성하기	스톡 거르는 방법 이해 평가
	스톡 냉각시키는 방법 이해 평가
	완성된 스톡의 활용 방법 이해 평가

작업장 평가

학습 내용	평가 항목	만점	직무수행평가 점수
스톡재료 준비하기	스톡조리에 필요한 도구 준비		
	스톡조리에 필요한 재료에 대한 사전 전처리		
	스톡의 종류에 맞는 미르포아 준비하기		
	부케 가르니 또는 사세 데피스 만들기		
	스톡의 종류에 따른 뼈 준비		
스톡 조리하기	스톡 종류에 맞는 미르포아 조리		
	시머링에 대한 이해도		
	스키밍 실시		
	부케 가르니 또는 사세 데피스 투입		
	산 성분 사용		
스톡 완성하기	스톡 거르기 능력 수준		
	완성된 스톡의 색에 대한 평가		
	완성된 스톡의 양에 대한 평가		
	완성된 스톡의 맛에 대한 평가		
	뒷정리		
합계			

CHAPTER

2

소스

SAUCE

● **학습목표**

육류, 어패류, 채소류, 스톡류 등을 활용하여 조리에 사용되는 소스를 조리할 수 있다.

<table>
<tr><th>능력단위 요소</th><th colspan="2">수행 준거</th></tr>
<tr><td rowspan="2">소스 재료 준비하기</td><td colspan="2">1. 조리에 필요한 부케 가르니를 준비할 수 있다.
2. 미르포아를 준비할 수 있다.
3. 루는 버터와 밀가루를 동량으로 사용하여 만들 수 있다.
4. 소스에 필요한 스톡을 준비할 수 있다.
5. 소스 조리에 필요한 조리도구를 준비할 수 있다.</td></tr>
<tr><td>【지식】
• 농후제의 종류와 특성
• 소스의 종류와 조리법
• 스톡의 종류와 특성
• 육류, 어패류의 주재료 특성과 용도
• 주재료 용도별 칼, 도마 사용법
• 채소의 종류와 특성
• 향신료의 종류와 특성, 용도</td><td>【기술】
• 냉장, 냉동고 관리 능력
• 미르포아를 만들 수 있는 능력
• 부케 가르니를 만들 수 있는 능력
• 스토브 조작 능력
• 오븐 조작 능력
• 원하는 농후제를 만드는 능력
• 육류, 어패류, 채소 스톡을 선택하는 능력</td></tr>
<tr><td rowspan="2">소스 조리하기</td><td colspan="2">1. 미르포아를 볶은 다음 찬 스톡을 넣고 서서히 끓일 수 있다.
2. 소스의 용도에 맞게 농후제를 사용할 수 있다.
3. 소스를 끓이는 과정에서 불순물이나 기름이 위로 떠오르면 걷어낼 수 있다.
4. 적절한 시간에 향신료를 첨가할 수 있다.
5. 원하는 소스의 지정된 맛, 향, 농도, 색이 될 때까지 조리할 수 있다.
6. 소스를 걸러내어 정제할 수 있다.</td></tr>
<tr><td>【지식】
• 농후제의 종류와 특성
• 소스의 종류와 조리법
• 스톡의 종류와 특성
• 육류, 어패류의 주재료 특성과 용도
• 주재료 용도별 칼, 도마 사용법
• 채소의 종류와 특성
• 향신료의 종류와 특성, 용도</td><td>【기술】
• 냉장, 냉동고 관리 능력
• 부케 가르니 투입 시점과 방법에 대한 능력
• 소스 특성에 맞는 농후제 선택, 사용 능력
• 스토브 화력 조작과 시간조절 능력
• 원하는 소스의 맛, 향, 농도, 색으로 만들 수 있는 능력
• 적정한 상태로 볶는 능력
• 적정한 상태로 소스를 걸러내는 정제 능력</td></tr>
</table>

<table>
<tr><td rowspan="2">소스
완성하기</td><td colspan="2">1. 소스의 품질이 떨어지지 않도록 적정 온도를 유지할 수 있다.
2. 소스에 표막이 생성되는 것을 막도록 버터나 정제된 버터로 표면을 덮어 마무리할 수 있다.
3. 마무리된 소스의 색깔과 맛, 투명감, 풍미, 온도를 통해 소스의 품질을 평가할 수 있다.
4. 요구되는 양에 맞추어 소스를 제공할 수 있다.</td></tr>
<tr><td>【지식】
• 소스 종류에 따른 좋은 품질 선별법
• 소스를 용도에 맞게 제공하는 방법
• 스톡 종류에 따른 질감, 향미, 색채의 특징
• 완성된 소스를 요리와 어울리게 담는 푸드 스타일 방법</td><td>【기술】
• 냉장, 냉동고 관리 능력
• 색, 맛, 투명감을 평가할 수 있는 능력
• 소스의 표면이 마르지 않게 보관하는 능력
• 적정한 상태로 소스를 걸러내는 정제 능력
• 질감, 향미, 색채, 온도의 조화를 고려한 제공 능력</td></tr>
</table>

● 교수-학습 방법

능력단위 요소	교수-학습 방법
소스 재료 준비하기	• 소스의 정의 및 어원, 분류 등에 대한 설명 및 이해 • 농후제의 종류와 특성, 조리법에 대한 설명 및 이해 • 부케 가르니의 사용 용도에 대한 설명 및 이해 • 미르포아의 사용 용도에 대한 설명 및 이해 • 소스 조리와 관련된 스톡의 종류와 특성 설명 및 이해 • 소스 조리에 필요한 조리도구 사용법 설명 및 이해
소스 조리하기	• 미르포아 조리 시연 및 실습 • 소스의 용도에 맞는 농후제 사용에 대한 조리 시연 및 실습 • 소스에 맞는 스톡 조리 시연 및 실습 • 부케 가르니 투입 시점과 방법에 대한 조리 시연 및 실습 • 소스를 끓이는 과정에서 시머링 조리 시연 및 실습 • 소스를 끓이는 과정에서 스키밍 조리 시연 및 실습 • 소스를 걸러내는 정제 능력에 대한 조리시연 및 실습
소스 완성하기	• 적정한 맛을 위해 소금과 후추 사용 시연 및 실습 • 요구되는 소스의 양에 맞춘 제공 방법에 대한 조리 시연 및 실습 • 마무리된 소스의 색깔, 맛, 농도 등에 대한 피드백 및 보완점 숙지

● 자가진단도구

진단 영역	진단 문항	매우 미흡	미흡	보통	우수	매우 우수
소스 재료 준비하기	나는 조리에 필요한 부케 가르니를 준비할 수 있다.	①	②	③	④	⑤
	나는 미르포아를 준비할 수 있다.	①	②	③	④	⑤
	나는 루를 버터와 밀가루를 동량으로 사용하여 만들 수 있다.	①	②	③	④	⑤
	나는 소스에 필요한 스톡을 준비할 수 있다.	①	②	③	④	⑤
	나는 소스 조리에 필요한 조리도구를 준비할 수 있다.	①	②	③	④	⑤
소스 조리하기	나는 미르포아를 볶은 다음 찬 스톡을 넣고 서서히 끓일 수 있다.	①	②	③	④	⑤
	나는 소스의 용도에 맞게 농후제를 사용할 수 있다.	①	②	③	④	⑤
	나는 소스를 끓이는 과정에서 불순물이나 기름이 위로 떠오르면 걷어낼 수 있다.	①	②	③	④	⑤
	나는 적절한 시간에 향신료를 첨가할 수 있다.	①	②	③	④	⑤
	나는 원하는 소스의 지정된 맛, 향, 농도, 색이 될 때까지 조리할 수 있다.	①	②	③	④	⑤
	나는 소스를 걸러내어 정제할 수 있다.	①	②	③	④	⑤
소스 완성하기	나는 소스의 품질이 떨어지지 않도록 적정 온도를 유지할 수 있다.	①	②	③	④	⑤
	나는 소스에 표막이 생성되는 것을 막도록 버터나 정제된 버터로 표면을 덮어 마무리할 수 있다.	①	②	③	④	⑤
	나는 마무리된 소스의 색깔과 맛, 투명감, 풍미, 온도를 통해 소스의 품질을 평가할 수 있다.	①	②	③	④	⑤
	나는 요구되는 양에 맞추어 소스를 제공할 수 있다.	①	②	③	④	⑤

● 진단결과

진단 영역	문항 수	점수	점수 ÷ 문항 수
소스 재료 준비하기	5		
소스 조리하기	6		
소스 완성하기	4		
합계	15		

※ 자신의 점수를 문항 수로 나눈 값이 '3점' 이하에 해당하는 영역은 업무를 성공적으로 수행하는데 요구되는 능력이 부족한 것으로 교육훈련이나 개인학습을 통한 개발이 필요함.

1
소스의 이해

(1) 소스의 어원 및 유래

소스(Sauce)란 다른 음식을 준비하거나 제공할 때 사용하는 뜨겁거나 차가운 액체 양념을 일컫는 말로, 전 세계 모든 요리의 필수 요소이다. 소스에 대한 어원은 '소금을 치다(Salted)' 라는 뜻의 라틴어인 'Salsus' 에서 유래되었다고 한다. 프랑스와 영국 등 유럽 전역과 미국, 일본 등지에서는 'Sauce' 라고 부르며, 이탈리아와 스페인에서는 'Salsa', 독일은 'Sosse' 로 부르고 있다.

소스는 고대 로마시대부터 사용되어 왔으며, 프랑스가 이탈리아 요리를 계승하여 연구하기 시작하면서 더욱 발전시켰다. 가장 오래된 소스는 고대 그리스인이 사용한 생선 소스인 'Garum' 으로 알려져 있다. 소스가 만들어진 배경에는 크게 두 가지 가설이 있는데, 첫 번째는 냉장시설이 없었던 옛날에 변질된 음식의 맛을 감추기 위해 만들어졌다는 설이 있고 두 번째는 좋지 않은 식재료로 만든 요리의 맛을 증진시키기 위해 조리사들이 개발했다는 설이 있다. 현대 서양요리에서 소스는 음식의 맛을 한층 더 좋게 하고, 주요리의 색채를 더욱 빛나게 하는 매우 중요한 역할을 하기 때문에 소스가 곁들여지지 않는 요리는 있을 수 없다고 해도 과언이 아니다.

(2) 소스의 분류

19세기 초의 대표적인 요리사 마리 앙투안 카렘(Marie-Antoine Careme)은 모체 소스(Mother sauce)와 파생 소스(Derivation sauce)의 개념을 체계적으로 정리하였다. 그는 4가지 기본 소스를 에스파뇰(Espagnole), 벨루테(Veloute), 알망데(Allemonde), 베샤멜(Bechamel)로 구분하였다.

20세기 초의 요리사 조르쥬 오귀스트 에스코피에(George Auguste Escoffier)는 그의 저서 '요리의 길잡이(Le Guide Culinaire)' 에서 카렘의 기본 소스 분류를 더욱 체계화시켰다. 그는 알망데 소스(Allemande sauce)를 빼고 홀랜다이즈 소스(Hollandaise sauce)와 토마토 소스(Tomato sauce)를 추가하여 오늘날에도 여전히 사용되는 다섯 가지 기본 모체 소스를 정의하였다.

1) 베샤멜 소스(Bechamel sauce)

베샤멜 소스는 프랑스의 황제 루이 14세 시절 그의 집사였던 루이스 베샤멜(Louis de Bechamel)의 이름에서 유래되었고, 프랑스의 소스 중 가장 먼저 모체 소스로 사용되었다. 베샤멜 소스는 버터를 두른 팬에 밀가루를 넣고 볶다가 색이 나기 직전에 향을 낸 차가운 우유를 넣고 만든 소스로 양파, 밀가루, 버터, 우유의 비율은 1:1:1:20 정도가 좋다. 베샤멜 소스의 대표적인 파생 소스는 모르네이 소스(Mornay sauce), 크림 소스(cream sauce), 난투아 소스(Nantua sauce), 모던 소스(Modern sauce) 등이 있다.

2) 에스파뇰 소스(Espagnole sauce)

에스파뇰 소스는 서양조리에서 가장 중요한 소스 중의 하나로, 뼈와 채소를 오븐에 넣어 골든 브라운색을 내어 만든 브라운 스톡에 브라운 루로 농도를 내어 만든 소스이다. 주방장에 따라서 퐁드보(Fond de Veau)라는 용어를 사용하기도 하고, 에스파뇰 소스, 또는 반 이상 진하게 졸여서 사용한다고 하여 데미글라스(Demiglace)라는 용어를 사용하기도 하지만 조리법에는 차이가 없다. 에스파뇰 소스의 대표적인 파생 소스로는 샤토브리앙 소스(Chateubriand sauce), 레드 와인 소스(Red wine sauce), 보르드레즈 소스(Bordelaise sauce), 로버트 소스(Robert sauce) 등이 있다.

3) 벨루테 소스(Veloute sauce)

벨루테 소스는 화이트 스톡과 블론드 루를 이용해 만드는 모체 소스로, 대표적으로 송아지 벨루테, 치킨 벨루테, 피시 벨루테가 있다. 벨루테 소스의 대표적인 파생 소스로는 알망데 소스(Allemande sauce), 오로라 소스(Aurora sauce), 슈프림 소스(Supreme sauce), 베르시 소스(Bercy sauce), 카디날 소스(Cardinal sauce) 등이 있다.

4) 홀랜다이즈 소스(Hollandaise sauce)

홀랜다이즈 소스는 버터와 달걀노른자, 레몬 또는 식초를 유화시킨 소스로, 쉽게 말해 더운 마요네즈이다. 하지만 식용유가 아닌 버터를 정제하여 사용한다는 점이 다르다. 홀랜다이즈 소스의 대표적인 파생 소스로는 베어네이즈 소스(Bernaise sauce), 말타아즈 소스(Maltaise sauce), 초롱 소스(Choron sauce) 등이 있다.

5) 토마토 소스(Tomato sauce)

토마토 소스는 유럽 전역의 음식에 빠지지 않는 소스 중 하나이다. 토마토 소스를 만들기 위해서는 잘 익은 토마토가 필요한데, 일반적으로 유통 과정 중에 숙성이 일정하지 않은 경우가 있다. 따라서 조리사들은 잘 익은 토마토를 수확하여 가공한 토마토 퓨레, 쿨리, 페이스트, 홀 토마토 등의 통조림을 선호하는 경향이 있다. 토마토 소스는 이탈리아식 소스(나폴리탄, 볼로네제)와 프랑스식 소스(프로방샬, 크레올) 등이 있다.

2 소스 재료 준비

(1) 버터를 이용한 농후제

루와 베르 마니에는 농후제(Thickening agent)의 한 종류로, 소스를 걸쭉하게 하여 농도를 내며 풍미를 더해 주기 위해 사용된다. 다양한 농후제에 대한 내용은 수프를 참고한다.

1) 루(Roux)

루는 밀가루와 버터의 혼합물을 고소한 풍미가 나도록 볶아 놓은 것이라 정의할 수 있다. 이렇게 만들어진 루는 스톡의 맛에 풍미를 더하여 훌륭한 맛을 낼 수 있도록 돕는다. 루는 밀가루와 버터의 비율이 1:1이 이상적이라고 인식되어 왔으나, 현재는 건강에 대한 인식 때문에 버터가 많이 들어간 루의 사용을 꺼리는 경향이 있다. 완성된 소스의 향에 영향을 미치기 때문에 항상 지방으로 버터를 사용하는 것이 좋지만 카놀라유, 올리브유 등도 사용할 수 있다.

① 루의 종류

- **화이트 루**(White roux)

색이 나기 직전까지만 볶아내고 거품이 생기면 열에서 제거해서 만들어낸 것으로, 베샤멜 소스와 같은 흰색 소스에 사용한다.

- **블론드 루**(Blond roux)

약간의 갈색이 날 때까지 볶은 것으로 벨루테 소스를 만들 때 사용한다.

- **브라운 루**(Brown roux)

짙은 갈색이 날 때까지 볶은 것으로 에스파뇰 소스를 만들 때 사용한다.

[그림 2-1] **루의 종류**

② 루의 사용방법

루의 사용에 있어 덩어리가 생길 수 있기 때문에 루와 액체의 온도가 매우 중요하다. 즉, 뜨거운 루는 실온의 액체에 사용하고, 차가운 루는 뜨거운 액체에 사용하는 것이 좋다. 조리과정 중 메뉴에 따라 소스의 농도를 달리하여야 하는데, 비율에 따른 소스의 농도 차이는 [표 2-1]과 같다. 예를 들어, 베샤멜 소스를 다른 음식에 곁들여 내는 경우에는 중간 정도의 농도로 끓여야 하지만, 전통적인 라자냐(Lasagna) 요리의 조리과정에 쓰이는 베샤멜 소스는 농도를 진하게 만들어 줘야 한다.

[표 2-1] **베샤멜 소스의 사용량에 따른 농도 차이**

	소스(Sauce)	밀가루(Flour)	지방/기름/버터(Fat/oil/butter)	루(Roux)	리퀴드(liquid)
농도	Light	200g	200g	400g	4L
	Medium	250g	250g	500g	4L
	Heavy	375g	375g	750g	4L

2) 베르 마니에(Beurre manie)

'게으른 조리사의 루(The lazy chef's roux)'라고도 알려진 베르 마니에는 부드러운 버터와 밀가루를 동량으로 섞어 반죽이 될 때까지 만든 농후제이다. 베르 마니에는 소스나 수프의 농도를 진하게 하기 위해서 요리과정의 마지막 단계에서 시머링되는 소스나 수프에 넣는다. 버터는 녹을 때 소스의 빛과 향을 더해준다. 밀가루의 풋내와 전분 향을 없애기 위하여 적어도 20분 이상 소스를 시머링하는 것이 좋다.

3) 버터 몬테(Butter monte)

소스를 끓인 다음 버터의 풍미를 더하기 위해 불에서 내린 다음 포마드 상태의 버터를 넣고 잘 저어주면 약간의 농도를 더할 수 있는데, 이를 버터 몬테(Butter monte)라 한다. 버터는 높은 온도로 가열하면 물과 기름이 분리되어 농후제의 역할을 할 수 없으나, 60℃ 정도의 따뜻한 소스에는 버터를 이용하여 농도를 낼 수 있다.

(2) 스톡 준비

소스에 따라 필요한 스톡은 [그림 2-2]와 같다. 에스파뇰 소스를 만들기 위해서는 갈색을 낸 뼈와 미르포아로 이용해 끓인 브라운 스톡이 필요하며, 벨루테 소스를 만들기 위해서는 태우지 않은 뼈와 화이트 미르포아를 이용해 끓인 화이트 스톡이 필요하다.

[그림 2-2] 소스 조리를 위한 스톡 준비

3
소스 조리

(1) 향신료

향신료는 음식에 맛과 향을 북돋아 주어 식욕을 촉진시키는 물질이며, 스파이스류(Spice)와 허브류(Herb)로 나눌 수 있다. 스파이스류는 방향성 열대 식물의 열매, 씨앗, 껍질, 뿌리 등에서 얻은 방향성 물질을 말한다. 허브류는 라틴어의 '푸른 풀'을 의미하는 '허바'에서 출발하여 '잎, 줄기와 뿌리 등이 식용·약용에 쓰이거나 향기나 향미가 이용되는 식물의 총체'라고 할 수 있다.

[표 2-2] 소스 조리를 위한 향신료

종류	특성
	**마늘**(Garlic) 마늘은 우리나라의 건국신화에 등장하는 향신료로 우리 민족에게는 매우 친숙하다. 우리나라 요리에 빠져서는 안 되는 중요한 식재료로 세계에서 가장 많이 먹는다고 할 수 있다. 서양요리에서는 돼지고기, 양고기, 가금류, 생선류, 소스 등의 향신료로 사용된다.
	**바질**(Basil) 바질은 일년생 식물로 높이가 45cm까지 자란다. 엷은 신맛을 내며 정향을 닮은 달콤하면서도 강한 향기가 있어서 잎을 뜯기만 하여도 공기 중에 은은한 향이 퍼진다. 특히 토마토 소스와 바질 페스토를 만들기 위해 빠질 수 없는 향신료이다.
	**월계수 잎**(Bay leaf) 스톡, 소스, 수프요리 등에 광범위하게 사용되는 월계수 잎은 약간 쓴맛이 있지만 건조시키면 달고 강하며, 독특한 향기가 있어서 서양요리에 필수적일 만큼 널리 쓰이는 향신료이다. 식욕을 증진시킬 뿐만 아니라, 풍미를 더하며 방부력이 뛰어나 소스, 소시지, 피클, 수프 등의 부향제로도 쓰인다.

마조람(Marjoram)

그리스, 로마시대부터 잘 알려진 마조람은 행복의 상징으로 여겨지고 있다. 예로부터 식물학적으로 오레가노와 같이 취급하였으나 현재는 별개의 것으로 구분된다. 오레가노에 비해 향기가 부드러워 중세 유럽에서 사세 데피스를 만들 때 없어서는 안 될 허브였다.

타임(Thyme)

발끝에 묻어 백리를 간다고 하여 백리향이라고 부르기도 한다. 길이는 15cm 정도이다. 서양요리에서는 육류, 가금류, 소스 등에 가장 많이 쓰이는 향신료 중의 하나이다.

정향(Clove)

향신료 중 꽃봉오리를 따서 건조시켜 사용하는 유일한 품종이다. 클로브(Clove)의 어원은 프랑스어로 클로우인데 '손톱이나 못'이라는 뜻이다. 향이 매우 강하기 때문에 요리할 때 지나치게 많이 사용하지 않도록 주의한다.

후추(Pepper)

열대지방에서 자라는 피페(Piper) 니그룸(Nigrum)이라는 넝쿨에서 자란 열매를 완전히 익기 전에 수확하여 햇볕에 말린 것이다. 어린 열매를 말린 것을 후추 또는 검은 후추라고 일컬으며, 겉에 주름이 있다. 흰 후추로 요리에서 다양하게 쓰이는 것은 성숙한 열매의 껍질을 벗겨서 건조시킨 것으로 색깔이 백색이기 때문에 흰 후추라고 한다.

머스터드 씨(Mustard Seed)

온화한 기후와 열대기후 어디서든 자생하는 머스터드는 세계적으로 광범위하게 퍼져있다. 소스를 위해 주로 사용되는 것은 씨인데, 색은 밝은 밤색이며 후추처럼 갈아서 양념으로 사용한다. 이때 터메릭, 식초, 포도당, 소금 등을 넣어 순한 맛을 만든다. 디죤 머스터드는 허브와 화이트 와인을 섞어서 톡 쏘는 맛이 나지만 끝맛은 부드러운 것이 특징이다.

넛멕(Nutmeg)

원산지는 향로의 섬이라 불리는 인도네시아 몰루카 섬에서 많이 자란다. 복숭아 같은 씨를 말려서 만드는데, 향이 달콤하면서도 깊은 맛을 가지고 있어서 생선 요리, 소스, 아스픽, 크림푸딩, 닭, 송아지, 사슴고기, 스튜, 피클 등에 사용된다.

파슬리(Parsley)

원산지는 지중해 연안 국가들이다. 잎과 꽃술에 독특한 휘발성 방향 성분을 지니고 있다. 파슬리는 말리면 색이 변하기 때문에 신선한 채로 많이 이용한다. 잎은 요리의 가니쉬에 많이 사용하며 줄기는 소스나 수프를 끓일 때 부케 가르니로 이용한다.

(2) 소스의 농도

음식의 종류에 따라 소스의 농도는 달라진다. 소스의 적절한 농도를 나타내는 용어인 나페(Nappe)는 '입히다(Coat)'를 의미하는 프랑스어이다. 나페는 특히 프랑스의 전통 요리사가 운영하는 레스토랑 주방에서 일반적으로 소스와 같은 액체의 농도 정도를 위해 언급되는 단어이다. 또한 나페는 농도가 난 소스로 음식을 코팅하는 것을 의미하기도 한다. 나페 단계(Nappe stage)는 숟가락의 뒷면을 덮을 때까지 액체를 졸인 단계이다. 소스가 '스푼의 뒷면을 코팅(Coats the back of a spoon)' 하고 있는 나페 단계인지를 확인하는 방법은 다음과 같다.

① 스푼의 뒤쪽이 잘 코팅될 때까지 금속 스푼으로 소스를 저어준다.
② 스푼을 들어 올리고 수직으로 잡는다. 액체가 떨어지더라도 뒷면은 코팅된 상태를 유지해야 한다.
③ 스푼 뒷면의 소스를 깨끗한 손가락 끝을 이용하여 위에서 아래로 움직여 금속 스푼이 노출되게 한다.
④ 만약 손가락에 의해 노출된 금속 스푼의 안쪽이 소스에 의해 다시 덮히지 않고 계속 노출되어 있다면, 이 소스는 나페 단계에 도달한 것이다. 손가락에 의해 노출된 금속 스푼이 다시 소스에 의해 덥혀지면 조금 더 끓여서 농도를 내 주어야 한다.

4

소스 완성

(1) 소스의 제공 및 플레이팅 방법

일반적으로 소스는 그 자체로 소비자에게 제공되지 않고 음식의 맛, 수분 및 시각적인 효과를 주기위해 제공되며, 마요네즈나 사과 소스와 같이 차갑게, 페스토와 같이 미지근하게, 베샤멜 소스와 같이 따뜻하게 제공되기도 한다. 소스를 제공하는 방법은 다음과 같이 두 가지 형태로 나뉜다.

- 음식 위에 올려주는 소스: 음식에 광택이나 색을 주기 위해 사용
- 음식 밑이나 주변에 뿌려주는 소스: 바삭한 크러스트(Crust)가 함께한 음식의 질감을 보존하고 대조의 이미지를 주기 위해 사용

음식 위에 올려주는 소스 플레이팅

메인 재료 아래 소스 플레이팅

웨이브 형태의 소스 플레이팅

도트(Dot) 형태의 소스 플레이팅

붓을 이용한 소스 플레이팅

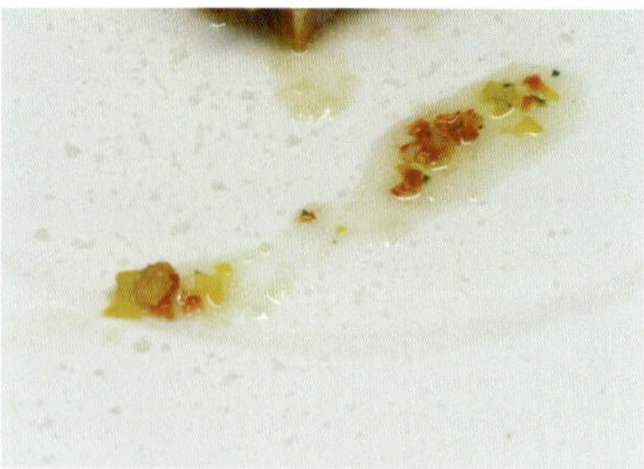

직선형 소스 플레이팅

스푼을 이용해 긋는 소스 플레이팅

짤 주머니를 이용한 소스 플레이팅

[그림 2-3] 소스 플레이팅 방법

(2) 소스 품질 평가

[표 2-3] 소스의 색, 맛, 농도 평가

종류	색	맛	농도
에스파뇰 소스	• 재료의 로스팅 정도에 따른 차이	• 뼈와 채소의 사용량에 따른 차이 • 끓이는 시간에 따른 차이 • 토마토 페이스트의 사용량에 따른 차이	• 브라운 루의 사용량과 가열 시간에 따른 차이
베샤멜 소스	• 화이트 루의 색에 따른 차이	• 밀가루를 볶는 정도에 따른 차이 • 향신료 사용 여부에 따른 차이	• 우유와 화이트 루의 비율에 따른 차이 • 사용하는 음식의 종류에 따른 차이

종류	색	맛	농도
벨루테 소스	• 블론드 루의 색에 따른 차이	• 밀가루를 볶는 정도에 따른 차이 • 사용하는 스톡의 맛에 따른 차이	• 스톡과 블론드 루의 비율에 따른 차이 • 사용하는 음식의 종류에 따른 차이
토마토 소스	• 토마토의 숙성 정도에 따른 차이 • 양파, 마늘 등의 채소를 볶는 정도에 따른 차이	• 허브의 사용에 따른 차이 • 토마토 가공품 종류에 따른 차이 • 끓이는 시간에 따른 차이	• 시머링 시간에 따른 차이 • 파스타 모양에 따른 차이: 짧은 파스타(Short pasta)는 진하게, 긴 파스타(Long pasta)는 보다 묽게 조리
홀랜다이즈 소스	• 달걀노른자와 정제 버터의 사용량에 따른 차이	• 허브 에센스의 맛에 의한 차이 • 사용하는 버터의 종류에 따른 차이	• 달걀노른자와 정제 버터의 사용량에 따른 차이 • 조리과정 중 온도에 따른 차이

바질 페스토

BASIL PESTO

Cooking Terminology

페스토(Pesto)는 이탈리아 리구리아(Liguria)의 수도인 제노아(Genoa)에서 시작된 소스이다. 이름은 '분쇄하는 것'을 의미하는 제노아 지역의 동사 'Pesta(이탈리아어: Pestare)'에서 유래하였다. 이는 절굿공이(Pestle)의 어원이기도 하다. 엄밀히 말하면, 페스토는 두드려서 만든 모든 것을 뜻하는 용어로 이탈리아의 여러 페스토 소스에 사용되지만 세계적으로 '페스토 알라 제노베제(Pesto alla genovese)'가 가장 인기 있다.

INGREDIENTS

바질(Basil) 60g
마늘(Garlic) 1ea
잣(Pine nut) 20g
페코리노 치즈(Pecorino) 25g
파마산 치즈(Parmesan) 25g
올리브유(Extra virgin olive oil) 3Tbsp
소금(Salt) as needed

COOKING METHOD

Preparation

1. 바질은 잎 부분만 물에 씻어 물기를 제거한다.
2. 파마산 치즈와 페코리노 치즈를 치즈 그레이터를 이용해 갈아 놓는다.

Cooking

1. 잣은 오븐이나 프라이팬에 굽는다.
2. 절구통에 바질을 넣고 절구 방망이로 빻는다.
3. 마늘과 잣을 넣고 계속 빻는다.
4. 모든 재료가 빻아지면 올리브유를 조금씩 넣어가며 계속 빻는다.
5. 마지막으로 파마산 치즈와 페코리노 치즈를 넣는다.

Finishing & Plating

1. 소금을 넣어 양념을 한다.
2. 용기에 담아 냉장고에 보관한 후 사용한다.

베샤멜 소스

BECHAMEL SAUCE

Cooking Terminology

베르 마니에(Beurre manie)는 부드러워진 버터와 밀가루를 동량으로 섞어 반죽처럼 만든 농후제로 프랑스어로 '반죽된 버터(Kneaded butter)'를 의미한다. 베르 마니에는 소스를 마무리하는 단계에서 사용되기도 하며, 서비스하기 전에 사용하여 소스나 수프에 부드럽고 반짝이는 질감을 부여해 준다.

INGREDIENTS

양파(Onion) 10g
무염 버터(Unsalted butter) 10g
밀가루(Flour) 10g
우유(Milk) 300ml
정향(Clove) 1ea
월계수 잎(Bay leaf) 1ea
소금(Salt) as needed
흰 후추(White pepper) as needed

COOKING METHOD

Preparation

1 월계수잎은 정향을 이용하여 양파에 고정시켜 양파 피퀘를 만든다.
2 버터는 실온이나 미지근한 물에 중탕하여 버터가 완전히 녹지 않고 물컹해질 때까지 녹여 포마드 상태의 버터를 만든다.

Cooking

1 포마드 상태의 버터에 밀가루를 넣고 반죽하여 베르 마니에를 만든다.
2 우유를 소스팬에 붓고 준비해둔 양파 피퀘를 넣고 향이 우러나도록 10분가량 끓인다.
3 끓인 우유의 불을 낮추고 준비해둔 베르 마니에를 넣어 거품기로 풀어 젓는다. 밀가루가 들어가 소스팬 바닥이 누를 수 있으니 나무주걱으로 계속 젓는다.

Finishing & Plating

1 베르 마니에가 풀어지지 않으면 양파 피퀘를 제거하고 고운 체에 걸러낸다.
2 원하는 농도가 되면 소금과 흰 후추를 넣어 양념을 한다.
3 찬물과 얼음을 싱크내에 넣은 후 완성된 소스를 냉각시키고 냉장 보관한다.
4 베르 마니에를 이용하여 완성된 소스는 분리될 수 있으므로 점심 또는 저녁 시간만 사용하는 것이 좋다.

브라운 그레이비 소스

BROWN GRAVY SAUCE

Cooking Terminology

에스파뇰(Espagnole)은 '스페인 사람'이라는 뜻을 가진 프랑스어이다. 스페인 요리와 이 소스의 관계에 대해 비시스와즈(Vichyssoise)의 창조자인 루이스 디아트(Louis Diat)는 루이 13세의 결혼준비를 위해 신부의 스페인 요리사 앤(Anne)이 스페인 토마토로 프랑스의 갈색 소스를 개선시켰고, 이 새로운 소스를 만든 조리사를 기려 에스파뇰 소스라고 이름 붙여졌다는 유래설이 있다.

INGREDIENTS

중력분(Medium flour) 20g
무염 버터(Unsalted butter) 30g
양파(Onion) 30g 중, 150g 정도, 1/6개
셀러리(Celery) 20g
당근(Carrot) 40g 둥근 모양이 유지되게 등분
토마토 페이스트(Tomato paste) 30g
브라운 스톡(Brown stock) 300ml 물로 대체 가능
월계수 잎(Bay leaf) 1ea
정향(Clove) 1ea
소금(Salt) 2g
검은 후추(Pepper) 1g

COOKING METHOD

Preparation

1 양파 20g, 당근, 셀러리를 얇게 슬라이스 한다.
2 월계수잎은 정향을 이용하여 양파 10g에 고정시켜 양파 피퀘를 만든다.

Cooking

1 소스팬에 버터 20g을 넣고 녹인 후 중력분을 넣고 갈색이 될 때까지 볶아서 브라운 루를 만든다.
2 소스팬에 버터 10g을 넣고 양파, 당근, 셀러리를 볶는다.
3 채소가 익으면 토마토 페이스트를 넣고 볶는다.
4 토마토 페이스트의 신맛이 없어지면 브라운 스톡과 양파 피퀘를 넣고 끓인다.
5 준비해둔 브라운 루에 브라운 스톡 2~3스푼을 넣고 잘 풀어준 후 스톡에 넣는다.
6 끓어오르면 온도를 낮추어 끓이고, 표면에 떠오르는 거품을 제거한다.

Finishing & Plating

1 고운 체를 이용하여 소스를 걸러준 후 소금과 검은 후추로 양념을 한다.
2 찬물과 얼음을 싱크대에 넣은 후 걸러낸 소스를 냉각시키고 냉장 보관한다(조리기능사의 경우 200ml를 제출한다).
3 가열한 후 스테이크 등의 육류 요리에 곁들여 제공한다.

수험자 요구사항 및 유의사항 시험시간 30분

양식조리 기능사

가. 브라운 루(Brown Roux)를 만들어 사용하시오.
나. 완성된 작품의 양은 200ml 정도를 만드시오.
다. 브라운 루(Brown Roux)가 타지 않도록 한다.
라. 소스의 농도에 유의한다.

비가라드 소스

BIGARADE SAUCE

Cooking Terminology

비가라드(Bigarade)는 세비야 오렌지(Seville orange)를 뜻하는 프랑스어이다. 이 소스는 고전적인 프랑스 소스로 씁쓸한 오렌지 맛이 나는 것이 특징이며, 씁쓸한 맛과 단맛은 고기의 지방 냄새를 상쇄시킨다. 일반적으로 오리고기를 이용한 요리에 사용된다.

INGREDIENTS

데미글라스 소스(Demiglace sauce) 100ml
화이트 와인 식초(White wine vinegar) 40ml
오렌지(Orange) 1/2ea
레몬(Lemon) 1/4ea
설탕(Sugar) 20g
소금(Salt) as needed
검은 후추(Black pepper) as needed

COOKING METHOD

Preparation

1 레몬은 즙을 짜 놓는다.
2 오렌지는 껍질을 벗기고 흰색 부분을 제거한 후 얇게 자르고(오렌지 제스트), 끓는 물에서 데쳐 둔다.
3 오렌지 과육은 즙을 짜 놓는다.

Cooking

1 수분이 없는 소스팬에 설탕을 넣고 열을 가하여 골든 브라운 색이 나도록 설탕을 캐러멜화 한다.
2 설탕이 캐러멜화 되면 화이트 와인 식초를 넣고 끓인다.
3 오렌지즙과 레몬즙을 같이 넣고 끓인다. 이때 설탕을 자주 저으면 설탕이 결정화 될 수 있으니 주의한다.
4 설탕이 완전히 녹으면 데미글라스 소스를 넣고 원하는 맛이 나올 때까지 졸인다.

Finishing & Plating

1 원하는 농도가 되면 소금과 검은 후추로 양념을 한다.
2 삶아 둔 오렌지 제스트를 소스에 넣는다.
3 찬물과 얼음을 싱크대에 넣은 후 걸러낸 소스를 냉각시키고 냉장 보관한다.
4 필요시 일정량을 가열한 후 오리고기 등의 가금류 요리에 곁들여 제공한다.

사바용 소스

SABAYON SAUCE

Cooking Terminology

사바용(Sabayon) 소스는 달걀노른자, 설탕과 무스카토 아스티(Moscato d' Asti) 또는 마살라 와인(Marsala wine) 등으로 만들어진 커스터드 비슷한 디저트를 일컫는 이탈리아어 자바이오네(Zabaione)에서 파생된 프랑스어이다. 주로 샴페인 컵에 딸기, 블루베리, 복숭아 등을 곁들여서 제공한다.

INGREDIENTS

달걀(Egg) 4ea

설탕(Sugar) 60g

화이트 와인(White wine) 10ml

화이트 럼(White rum) 10ml

바닐라 에센스(Vanilla essence) as needed

COOKING METHOD

Preparation

1. 달걀은 노른자와 흰자를 분리한다.
2. 설탕, 화이트 와인, 화이트 럼을 계량 도구를 이용해 미리 계량 해 놓는다.

Cooking

1. 믹싱 볼에 달걀노른자를 넣고 중탕에 올린다.
2. 달걀노른자에 설탕을 넣고 거품기로 빠르게 섞는다.
3. 달걀노른자와 설탕 혼합물이 크림 농도가 되면 화이트 와인과 화이트 럼을 넣고 계속 섞는다.

Finishing & Plating

1. 부드럽고 걸쭉한 농도가 되면 바닐라 에센스 몇 방울을 넣고 마무리한다.
2. 용기에 담아 냉장 보관한다.
3. 필요시 일정량을 차갑게 또는 뜨겁게 하여 디저트 요리에 제공한다.

사우전 아일랜드 드레싱

THOUSAND ISLAND DRESSING

Cooking Terminology

사우전 아일랜드 드레싱(Thousand Island Dressing)은 20세기 초반에 만들어졌다. 사우전 아일랜드는 미국과 캐나다의 국경지대를 흐르는 세인트로렌스 강에 있는 1800여 개의 섬을 칭하는 곳으로, 관광 낚시 가이드로 일하던 조리 라론드 2세가 유명 여배우 메이 어윈 부부를 위해 이 드레싱을 만들었다고 한다. 이 부부가 뉴욕으로 돌아가 아스토리아 호텔 소유주에게 요리법을 알려주었고, 그 후 이 호텔의 메뉴로 등장하면서 유명해졌다.

INGREDIENTS

마요네즈(Mayonnaise) 70g
오이 피클(Cucumber pickle) 15g 개당 25~30g 짜리, 1/2개
양파(Onion) 30g 중, 150g 정도, 1/6개
토마토케첩(Tomato ketchup) 20g
레몬(Lemon) 1/4ea 길이(장축)로 등분
달걀(Egg) 1ea
초록 피망(Green pimento) 20g 중, 75g 정도, 1/4개
식초(Vinegar) 2ml
소금(Salt) 2g
흰 후추(White pepper) 1g

COOKING METHOD

Preparation

1 달걀은 완숙으로 삶은 후 흰자와 노른자를 분리하여 0.2cm로 다져 놓는다.
2 오이 피클, 초록 피망, 양파도 0.2cm로 다진 후 물기를 제거해 놓는다.
3 다진 양파는 물에 담가 매운맛을 제거한 후 물기를 제거해 놓는다.
4 레몬은 즙을 짜 놓는다.

Cooking

1 믹싱 볼에 마요네즈와 토마토케첩을 넣고 밝은 핑크빛이 되도록 섞는다.
2 마요네즈와 토마토케첩 혼합물에 다져서 준비해둔 재료를 넣는다(너무 많은 재료를 넣으면 채소의 양이 많으므로 마요네즈의 양에 맞추어 넣어주어야 한다).
3 레몬즙과 식초로 농도를 맞춘다.

Finishing & Plating

1 소금과 흰 후추로 양념을 한다.
2 적정한 용기에 담아 냉장 보관한다(조리기능사의 경우 전량을 제출한다).
3 필요시 일정량을 차갑게 하여 샐러드 요리에 제공한다.

수험자 요구사항 및 유의사항 시험시간 20분

양식조리 기능사

가. 드레싱은 핑크빛이 되도록 하시오.
나. 다지는 재료는 0.2cm 정도의 크기로 하시오.
다. 다진 재료의 물기를 제거한다.

아메리칸 소스

AMERICAN SAUCE

Cooking Terminology

아메리칸 소스(American sauce)는 갑각류를 이용한 소스를 대표하는 프랑스 소스로, 미국에서 일한 경험이 있는 피에르 프레세(Pierre Fresse)가 처음 만들었다고 한다. 원래는 프랑스에서 만들어진 것으로 1900년경에 폐점할 때쯤 미국인 손님이 와서 주방에 남은 식재료를 모두 넣어 끓여서 이 소스를 만들었는데, 이때 손님이 무슨 소스냐고 묻자 주방장은 미국인들이 손님이기에 그냥 '아메리칸 소스'라고 대답했는데 이후 유명해졌다고 한다. 적색 소스로 어패류 요리에 자주 사용된다.

INGREDIENTS

새우(Shrimp) 120g
피시 스톡(Fish stock) 300ml
마늘(Garlic) 1ea
양파(Onion) 30g
당근(Carrot) 20g
셀러리(Celery) 10g
화이트 와인(White wine) 30ml
브랜디(Brandy) 15ml
버터(Butter) 10g
밀가루(Flour) 10g
토마토 페이스트(Tomato paste) 40g
타임(Thyme) 1sprig
월계수 잎(Bay leaf) 1ea
타라곤(Tarragon) 1sprig
소금(Salt) as needed
흰 후추(White pepper) as needed
소창(Cheese cloth) 1ea
조리용 실(Kitchen twine) 30cm

COOKING METHOD

Preparation

1. 포마드 상태의 버터와 밀가루를 이용하여 베르 마니에를 준비한다.
2. 새우는 머리와 껍질만 벗겨낸 후 물에 씻어 준비해 두고 마늘, 양파, 당근, 셀러리는 다져 놓는다.
3. 월계수 잎과 타임, 타라곤을 소창에 넣고 조리용 실로 묶어 사세 데피스를 만들어 놓는다.

Cooking

1. 소스팬에 다져놓은 마늘, 양파, 당근, 셀러리를 볶는다. 채소가 투명해지면 새우머리와 껍질을 넣고 주걱으로 으깨어 가며 볶는다.
2. 어느 정도 볶아지면 브랜디와 화이트 와인을 넣고 졸여 비린내를 제거한다. 와인이 1/2 정도 졸아들면 토마토 페이스트를 넣고 볶는다.
3. 준비해둔 피시 스톡을 넣고 끓어오르면 사세 데피스를 넣는다.
4. 불을 줄여 85~90°C로 끓여주며, 표면에 떠오르는 거품을 제거한다.

Finishing & Plating

1. 원하는 농도가 되면 고운 체에 거른 후 소금과 흰 후추로 양념을 하고 불을 끈다.
2. 원하는 정도의 농도가 되지 않았을 경우, 미리 준비해둔 베르 마니에를 넣고 농도를 맞춘다.
3. 찬물과 얼음을 싱크대에 넣은 후 걸러낸 소스를 냉각시키고 냉장 보관한다.
4. 필요시 일정량을 가열한 후 바다 가재, 생선 등의 해산물 요리에 곁들여 제공한다.

앙글레즈 소스

ANGLAISE SAUCE

Cooking Terminology

앙글레즈(anglaise)는 프랑스어로 '잉글랜드의' 또는 '영국풍의'라는 의미로, 영국풍의 요리법이나 스타일을 의미한다. 이 소스에 영국풍이라는 말이 들어갔는지 어원은 알 수 없다. 크림 앙글레즈의 요리법은 1903년 에스코피에(Escoffier)의 요리책의 소스 파트가 아닌 디저트 파트에 적혀 있으며, 저자는 이 소스를 커스터드로 언급하였다. 지금은 가장 일반적인 디저트용 소스로 사용되고 있다.

INGREDIENTS

달걀(Egg) 2ea

설탕(Sugar) 30g

우유(Milk) 200ml

바닐라 에센스(Vanilla essence) 5ml

COOKING METHOD

Preparation

1 달걀은 노른자와 흰자를 분리하여 둔다.

2 믹싱 볼에 달걀노른자와 설탕을 넣고 거품기로 잘 섞는다.

Cooking

1 소스팬에 우유와 바닐라 에센스를 넣고 85~90°C가 될 때까지 끓인다.

2 바닐라 향이 우러나면 불을 끈다.

3 달걀노른자에 끓여 놓은 우유를 조금씩 넣어가며 거품기로 잘 섞는다.

4 달걀과 우유 혼합물을 소스팬에 다시 넣고 85°C 정도의 중간 불에서 끓이며, 거품기로 계속 젓는다(높은 온도에서 계속 가열하면 소스가 분리될 수 있으므로 유의한다).

5 원하는 농도가 되면 즉시 불을 끈다.

Finishing & Plating

1 찬물과 얼음을 싱크대에 넣은 후 소스를 냉각시킨다(소스가 덩어리 진 경우, 체에 걸러낸다).

2 차가운 디저트의 소스로 제공한다.

SAUCE

이탈리안 미트 소스

ITALIAN MEAT SAUCE

Cooking Terminology

볼로네제 소스(Bologness sauce)는 이탈리아 볼로냐(Bologna)지역에서 유래된 고기를 기반으로 한 라구(Ragu)이다. 이탈리아어로는 'Ragu alla bolognese(볼로냐식의 고기)'라고 불린다. 라구에 대한 최초의 레시피는 1891년 펠레그리노 아르투시(Pellegrino Artusi)에 의해 출판된 요리책에서 발견되었다. 우리가 알고 있는 토마토가 추가된 소스는 이 요리책의 레시피와 다르다.

INGREDIENTS

갈은 소고기(Ground beef) 60g 살코기 갈은 것

양파(Onion) 80g 중, 150g 정도, 1/2개

셀러리(Celery) 30g

마늘(Garlic) 1ea 중, 깐 것

홀 토마토(Whole tomato) 30g 고형물

무염 버터(Unsalted butter) 10g

토마토 페이스트(Tomato paste) 30g

월계수 잎(Bay leaf) 1ea

파슬리(Parsley) 1sprig 잎, 줄기 포함

소금(Salt) 2g

검은 후추(Black pepper) 2g

COOKING METHOD

Preparation

1 양파, 셀러리, 마늘, 캔에 든 홀 토마토, 소고기를 다져 놓는다.

2 파슬리는 물에 담갔다가 곱게 다진 후 물기를 짜내어 준비해 둔다.

Cooking

1 소스팬에 버터를 넣은 후 다져 놓은 소고기를 볶는다.

2 소고기가 익으면 다진 마늘, 양파, 셀러리의 순으로 넣고 계속 볶는다.

3 양파가 투명하게 익으면 불을 낮추고 토마토 페이스트를 볶는다(낮은 불에서 오랫동안 볶아주어야 토마토 페이스트의 신맛이 없어진다. 또한 토마토 페이스트가 타면 소스의 색깔이 탁해질 수 있으므로 주의한다).

4 물 400ml를 넣고 토마토 페이스트를 잘 풀어준다.

5 다져 놓은 홀 토마토와 월계수 잎을 넣고 끓인다.

6 소스가 끓으면 85°C 정도로 불을 낮추어 끓이고, 떠오르는 거품을 제거한다.

7 수분과 채소, 소고기, 토마토 페이스트가 잘 어우러질 때까지 끓인다.

Finishing & Plating

1 소금과 검은 후추를 넣어 양념을 한다.

2 불을 끄고 월계수 잎을 제거한다.

3 찬물과 얼음을 싱크대에 넣은 후 완성된 소스를 냉각시키고 냉장 보관한다(조리기능사의 경우, 소스 접시에 담은 후 다져 놓은 파슬리를 뿌리고 제공한다).

수험자 요구사항 및 유의사항 시험시간 30분

양식조리 기능사

가. 모든 재료는 다져서 사용하시오.

나. 그릇에 담고 파슬리 다진 것을 뿌려내시오.

다. 소스의 농도에 유의한다.

치킨 벨루테 소스

CHICKEN VELOUTE SAUCE

Cooking Terminology

벨루테(Veloute)는 벨벳(Velvet)이라는 의미의 프랑스 형용사 'Velour'에서 유래하였다. 19세기에 오귀스트 에스코피에(Auguste Escoffier)에 의해 분류된 5가지 모체 소스 중 하나이다. 벨루테 소스는 가금류 또는 해산물 요리에 제공된다.

INGREDIENTS

무염 버터(Unsalted butter) 10g
밀가루(Flour) 10g
치킨 스톡(Chicken stock) 300ml
양파(Onion) 10g
정향(Clove) 1ea
월계수 잎(Bay leaf) 1ea
생크림(Fresh cream) 30ml
소금(Salt) as needed
흰 후추(White pepper) as needed

COOKING METHOD

Preparation

1 월계수잎은 정향을 이용하여 양파에 고정시켜 양파 피퀘를 만든다.

Cooking

1 소스팬에 버터를 녹이고 밀가루를 넣어 블론드 색이 날 때까지 낮은 불에서 볶아서 블론드 루를 만든다.
2 블론드 루에 차갑게 식힌 치킨 스톡을 3~4번 나누어 넣어주며, 거품기로 덩어리가 지지 않게 휘젓는다.
3 양파 피퀘를 넣고 끓여준다. 밀가루가 들어가 소스팬 바닥이 누룰 수 있으니 나무주걱으로 계속 젓는다.
4 생크림을 넣어 풍미를 더한 다음 농도를 맞춘다.

Finishing & Plating

1 블론드 루가 풀어지지 않으면 고운 체에 걸러낸다.
2 원하는 농도가 되면 소금과 흰 후추를 넣어 양념을 한다.
3 찬물과 얼음을 싱크대에 넣은 후 완성된 소스를 냉각시키고 냉장 보관한다.

SAUCE

타르타르 소스

TARTAR SAUCE

Cooking Terminology

타르타르 소스(Tartar sauce)는 옛날 유라시아 대초원의 타타르(Tatars)족의 이름을 따서 명명된 타르타르(Tartare)에서 비롯되었다는 설이 있지만, 타타르족이 타르타르 소스를 만들었다는 증거는 거의 찾아 볼 수 없다. 이 소스의 또 다른 기원은 프랑스 동부에서 발견되었다. 터키와 레반트(Levant) 지역에서는 '타라토르(Tarator)'로 알려진 조미료가 전통적으로 튀김 해산물 요리를 위한 조미료로 사용되었다. 타라토르는 마요네즈나 아이올리가 아닌 참깨 페이스트(Tahini)를 기본으로 한 소스이지만, 지금의 타르타르 소스와 매우 유사하다.

INGREDIENTS

마요네즈(Mayonnaise) 70g
오이 피클(Cucumber pickle) 15g 개당 25~30g 짜리, 1/2개
양파(Onion) 20g 중, 150g 정도, 1/10개
파슬리(Parsley) 1sprig 잎, 줄기 포함
달걀(Egg) 1ea
레몬(Lemon) 1/4ea 길이(장축)로 등분
식초(Vinegar) 2ml
소금(Salt) 2g
흰 후추(White pepper) 2g

COOKING METHOD

Preparation

1. 달걀을 완숙으로 익혀준 후 달걀노른자와 흰자를 0.2cm 크기로 다져 놓는다.
2. 0.2cm 크기로 다진 양파를 물에 담가 매운맛을 제거한 후 물기를 제거한다.
3. 파슬리는 물에 담가 놓았다가 다져 놓고, 오이 피클은 0.2cm 크기로 다져 놓는다.
4. 레몬은 즙을 짜서 준비해 둔다.

Cooking

1. 믹싱 볼에 마요네즈를 넣는다.
2. 물기를 제거한 양파와 다져 놓은 오이 피클, 파슬리, 달걀을 마요네즈에 넣고 섞는다(파슬리는 장식을 위해 소량 남겨준다).

Finishing & Plating

1. 레몬즙과 식초를 넣어 농도를 맞춘 후 소금과 흰 후추로 양념을 한다(조리기능사의 경우 소스볼에 담아 남겨둔 다진 파슬리를 뿌린 후 제출한다).
2. 냉장 보관 후 튀김요리 등에 곁들임으로 제공한다.

수험자 요구사항 및 유의사항 시험시간 **20분**

양식조리 기능사

가. 모든 재료를 0.2cm 정도의 크기로 다지시오.
나. 소스의 농도를 잘 맞추시오.
다. 소스의 농도가 너무 묽거나 되지 않아야 한다.
라. 채소의 물기 제거에 유의한다.

토마토 소스

TOMATO SAUCE

Cooking Terminology

토마토(Tomato)가 요리에 본격적으로 사용된 것은 그렇게 오래되지 않았다. 파스타와 토마토 소스의 사용은 1790년 출판된 로마 요리사 프란체스코 레오나르디(Francesco Leonardi)의 요리책 '아피시우스 모제르누(L'Apicio moderno)'에서 처음 등장하였다. 토마토를 뜻하는 이탈리아어 뽀모도로(Pomodoro)는 '황금 사과'라는 뜻이다. 이는 그리스신화 중 레스페리데스(Hesperides) 동산에서 자란다는 황금사과에서 유래한 것으로 추측된다. 토마토 가운데 'San Marzano' 토마토가 유명하다.

INGREDIENTS

올리브유(Olive oil) 50ml
양파(Onion) 50g
마늘(Garlic) 2ea
홀 토마토(Whole tomato) 400g
토마토 페이스트(Tomato paste) 20g
바질(Fresh basil) 2sprigs
소금(Salt) as needed
후추(Pepper) as needed

COOKING METHOD

Preparation

1 마늘은 으깨고 양파는 다져 놓는다.
2 홀 토마토는 손으로 으깨 놓고, 토마토 캔에 같이 들어 있는 주스는 버리지 않고 볼에 담아 둔다.
3 바질은 슬라이스해 둔다.

Cooking

1 소스팬에 올리브유와 으깬 마늘을 넣고 중간 불로 가열한다.
2 마늘이 연한 갈색이 되면 다져 놓은 양파를 넣고 볶는다.
3 양파가 갈색이 되면 토마토 페이스트를 넣고 볶으며 신맛을 제거한다.
4 토마토 페이스트의 신맛이 없어지면 으깬 홀 토마토를 넣은 후 끓인다.
5 끓기 시작하면 온도를 낮추고 바질을 넣는다.
6 수분이 어느 정도 제거될 때까지 나무주걱으로 계속 저어주며 끓인다.

Finishing & Plating

1 소금과 후추로 양념을 한다.
2 바로 사용하거나 필요하다면 핸드 블렌더를 이용하여 곱게 간 후 사용한다.
3 찬물과 얼음을 싱크대에 넣은 후 걸러낸 소스를 냉각시키고 냉장 보관한다.
4 파스타, 리조또 등의 조리 시 사용한다.

홀랜다이즈 소스

HOLLANDAISE SAUCE

Cooking Terminology

홀랜다이즈(Hollandaise)의 사전적 의미는 '네덜란드 사람'이라는 뜻으로, 이 소스는 때때로 더치 소스(Dutch sauce)라고도 불린다. 더치 소스가 홀랜다이즈 소스로 변경된 이유는 밝혀지지 않았지만, 네델란드가 프랑스 식민지일 때 공물로 바치던 버터가 지금의 소스 이름이 되었다는 설과 네델란드 국왕이 프랑스에 방문했을 때 사용한 소스를 모방하여 만들어졌다는 설이 있다.

INGREDIENTS

달걀(Egg) 1ea
양파(Onion) 20g 중, 150g 정도, 1/8개
식초(Vinegar) 10ml
검은 통후추(Whole black pepper) 3ea
무염 버터(Unsalted butter) 100g
레몬(Lemon) 1/4ea 길이(장축)로 등분
월계수 잎(Bay leaf) 1ea
파슬리(Parsley) 1sprig 잎, 줄기 포함
소금(Salt) 2g
흰 후추(White pepper) 1g

COOKING METHOD

Preparation

1 버터는 폭보다 깊이가 깊은 볼에 넣고 중탕으로 열을 가하고, 위에 뜨는 불순물을 제거하여 정제 버터를 만든다.
2 양파는 다지고 검은 통후추는 으깬다.
3 레몬은 즙을 짜 놓는다.

Cooking

1 소스팬에 물 1/2컵과 다진 양파, 식초, 월계수 잎, 파슬리 줄기, 으깬 통후추를 넣고 끓여서 허브 에센스를 만든다.
2 믹싱 볼에 달걀노른자를 넣고 중탕 위에 올린 후 식혀둔 허브 에센스 약 10ml를 넣고 잘 섞는다.
3 달걀노른자와 허브 에센스가 잘 섞이면 정제 버터를 조금씩 넣어주며 거품기로 섞는다.
4 달걀노른자와 버터가 유화되면 정제 버터 투입량을 늘려가며 넣는다.

Finishing & Plating

1 정제 버터를 다 넣어주면 레몬즙을 조금씩 넣어주며 섞는다.
2 소금과 흰 후추를 넣어 양념을 한 후 마무리한다(소스를 사용할 때는 40°C 정도의 더운 물에 중탕하여 둔 후 사용한다).

수험자 요구사항 및 유의사항 시험시간 **25분**

양식조리 기능사

가. 양파, 식초를 이용하여 허브 에센스를 만들어 사용하시오.
나. 정제 버터를 만들어 사용하시오.
다. 소스는 중탕으로 만들어 굳지 않게 그릇에 담아내시오.
라. 소스의 농도에 유의한다.

● 소스조리 평가

일지평가 실습한 내용에 대한 학습자의 일지 작성 후 평가 실시

서술형 시험

학습 내용	평가 항목
소스 재료 준비	소스의 분류에 대한 이해도 평가
	소스에 필요한 향신료, 부케 가르니에 대한 이해도 평가
	소스에 따른 사용되는 스톡의 이해도 평가
	소스 조리에 필요한 미르포아에 대한 이해도 평가
	루의 종류와 보관 방법, 온도에 따른 사용방법에 대한 이해도 평가
소스 조리하기	농후제의 종류 및 사용방법 이해도 평가
	소스를 끓이는 과정에서 불순물이니 기름을 걷어내는 이유와 방법 이해 수준
	향신료를 첨가하는 방법과 시간에 대한 숙지
	소스조리 시 부케 가르니의 사용 시점에 대한 이해도 평가
	소스의 정제 방법
소스 완성하기	소스 종류에 따른 좋은 품질 선별법에 대한 이해도
	소스를 용도에 맞게 제공하는 방법에 대한 이해도
	소스 종류에 따른 질감, 향미, 색채의 특징에 대한 이해도
	소스 제공에 대한 이해

작업장 평가

학습 내용	평가 항목	만점	직무수행평가 점수
소스 재료 준비하기	소스 조리에 필요한 도구 준비		
	소스 조리에 필요한 재료에 대한 사전 전처리		
	미르포아 제작		
	부케 가르니 또는 사세 데피스 만들기		
	농후제 재료 준비하기		
소스 조리하기	용도에 맞는 미르포아 조리 능력		
	소스에 맞는 농후제 조리하기		
	시머링에 대한 이해도		
	스키밍 실시		
	부케 가르니 또는 사세 데피스 투입		
소스 완성하기	소스 거르기 능력 수준		
	완성된 소스의 색에 대한 평가		
	완성된 소스의 양에 대한 평가		
	완성된 소스의 맛에 대한 평가		
	뒷정리		
합계			

CHAPTER

3

수프

SOUP

● 학습 목표

육류, 어패류, 채소류, 스톡류 등을 활용하여 수프를 조리할 수 있다.

능력단위 요소	수행 준거	
수프 재료 준비하기	1. 육류, 어패류, 채소류, 곡류에서 수프용도에 알맞은 재료를 선별하여 준비할 수 있다. 2. 조리에 필요한 부케 가르니를 준비할 수 있다. 3. 미르포아를 준비할 수 있다. 4. 수프에 적합한 농후제를 준비할 수 있다. 5. 수프에 필요한 스톡을 준비할 수 있다. 6. 수프 조리에 필요한 조리도구를 준비할 수 있다.	
	【지식】 • 곡류의 특성과 영양적 가치 • 농후제의 종류와 특성 • 수프의 종류와 조리법 • 스톡의 종류와 특성 • 육류, 어패류, 채소의 주재료 특성과 용도 • 주재료 용도별 칼, 도마 사용법 • 향신료의 종류와 특성, 용도	【기술】 • 냉장, 냉동고 사용과 온도 조절 관리 능력 • 미르포아를 만들 수 있는 능력 • 부케 가르니를 만들 수 있는 능력 • 스토브, 오븐 조작 능력 • 원하는 농후제를 만드는 능력 • 육류, 어패류, 채소 스톡을 선택하는 능력
수프 조리하기	1. 수프의 종류에 따라 건더기와 수분의 비율을 조정할 수 있다. 2. 수프의 종류에 따라 주요 향미를 가진 재료를 순서에 따라 볶아낼 수 있다. 3. 재료가 냄비바닥에 눌어 붙지 않도록 조리할 수 있다. 4. 스톡을 넣고 끓이며, 위에 뜨는 불순물을 제거할 수 있다. 5. 원하는 수프의 향, 색, 농도가 충분히 우러나도록 끓일 수 있다. 6. 수프의 종류에 따라 갈아주거나 걸러줄 수 있다.	
	【지식】 • 농후제 • 수프 종류에 따른 육류, 어패류, 채소, 곡류 선택법 • 수프 종류에 따른 향신료의 선택법 • 수프 특성과 용도 • 스톡의 종류에 따른 수프 조리법	【기술】 • 가스레인지 화력 조작과 시간조절 능력 • 냉장, 냉동고 관리 능력 • 부케 가르니 투입 시점과 방법에 대한 능력 • 수프 특성에 맞는 농후제를 선택하여 사용하는 능력 • 원하는 수프의 맛, 향, 농도, 색으로 만들 수 있는 능력 • 재료를 메뉴의 특징에 맞추어 손질하는 능력 • 적정한 상태로 볶는 능력 • 적정한 상태로 수프를 걸러내어 정제하는 능력

<table>
<tr><td rowspan="2">수프요리
완성하기</td><td colspan="2">1. 수프의 종류에 따라 크루통, 휘핑크림, 퀜넬과 같은 곁들임을 제공할 수 있다.
2. 마무리된 수프의 색깔과 맛, 투명감, 풍미, 온도를 통해 수프의 품질을 평가할 수 있다.</td></tr>
<tr><td>【지식】
• 수프의 종류에 따른 좋은 품질 선별법
• 수프의 종류에 따른 질감, 향미, 색채의 특징
• 완성된 수프를 담는 푸드 스타일 방법</td><td>【기술】
• 냉장, 냉동고 관리 능력
• 수프와 어울리는 곁들임을 선택하여 제공하는 능력
• 수프의 색, 맛, 투명감이 좋은 품질을 평가할 수 있는 능력
• 원하는 온도로 보관 · 사용하는 능력
• 질감, 향미, 색채, 온도의 조화를 고려하여 제공할 수 있는 능력</td></tr>
</table>

● 교수-학습 방법

능력단위 요소	교수-학습 방법
수프 재료 준비하기	• 수프의 정의, 구성요소에 대한 설명 및 이해 • 수프의 분류에 대한 설명 및 이해 • 수프를 위한 부재료(채소, 향신료 등)의 특성에 대한 설명 및 이해 • 수프 조리에 필요한 스톡과 농후제 준비 시연 및 실습 • 수프 조리에 필요한 미르포아, 부케 가르니 준비 시연 및 실습 • 수프 조리에 필요한 육류, 채소, 향신료의 전처리에 대한 시연 및 실습 • 수프 조리에 필요한 조리도구 사용법 설명 및 이해
수프 조리하기	• 수프의 종류에 따라 재료 볶기 시연 및 실습 • 수프의 종류에 맞는 농후제 만들기 시연 및 실습 • 수프의 종류에 맞는 스톡 또는 크림 넣기 시연 및 실습 • 부케 가르니 투입 시점과 방법에 대한 시연 및 실습 • 수프를 끓이는 과정에서 시머링 조리 시연 및 실습 • 수프를 끓이는 과정에서 스키밍 조리 시연 및 실습 • 수프의 종류에 따라 갈아주거나 걸러주는 조리 시연 및 실습 • 수프를 걸러내어 정제하는 시연 및 실습 • 수프요리에 알맞은 가니쉬를 만들 수 있도록 한다.
수프요리 완성하기	• 적정한 맛을 위해 소금과 후추 사용 시연 및 실습 • 요구되는 수프의 양에 맞춘 적정한 접시를 선택하여 담기 시연 및 실습 • 수프와 어울리는 곁들임 담기 시연 및 실습 • 마무리된 수프의 색깔, 맛, 농도 등에 대한 피드백 및 보완점 숙지

● 자가진단도구

진단 영역	진단 문항	매우 미흡	미흡	보통	우수	매우 우수
수프 재료 준비하기	나는 육류, 어패류, 채소, 곡류에서 수프용도에 알맞은 재료를 선별하여 준비할 수 있다.	①	②	③	④	⑤
	나는 조리에 필요한 부케 가르니를 준비할 수 있다.	①	②	③	④	⑤
	나는 미르포아를 준비할 수 있다.	①	②	③	④	⑤
	나는 수프에 적합한 농후제를 준비할 수 있다.	①	②	③	④	⑤
	나는 수프에 필요한 스톡을 준비할 수 있다.	①	②	③	④	⑤
	나는 수프 조리에 필요한 조리도구를 준비할 수 있다.	①	②	③	④	⑤
수프 조리하기	나는 수프의 종류에 따라 건더기와 수분의 비율을 조정할 수 있다.	①	②	③	④	⑤
	나는 수프의 종류에 따라 주요 향미를 가진 재료를 순서에 따라 볶아낼 수 있다.	①	②	③	④	⑤
	나는 재료가 냄비바닥에 눌어붙지 않도록 조리할 수 있다.	①	②	③	④	⑤
	나는 스톡을 넣고 끓이며, 위에 뜨는 불순물을 제거할 수 있다.	①	②	③	④	⑤
	나는 원하는 수프의 향, 색, 농도가 충분히 우러나도록 끓일 수 있다.	①	②	③	④	⑤
	나는 수프의 종류에 따라 갈아주거나 걸러줄 수 있다.	①	②	③	④	⑤
수프 요리 완성하기	나는 수프의 종류에 따라 크루통, 휘핑크림, 퀜넬과 같은 곁들임을 제공할 수 있다.	①	②	③	④	⑤
	나는 마무리된 수프의 색깔과 맛, 투명감, 풍미, 온도를 통해 수프의 품질을 평가할 수 있다.	①	②	③	④	⑤

● 진단결과

진단 영역	문항 수	점수	점수 ÷ 문항 수
수프 재료 준비하기	6		
수프 조리하기	6		
수프 요리 완성하기	2		
합계	14		

※ 자신의 점수를 문항 수로 나눈 값이 '3점' 이하에 해당하는 영역은 업무를 성공적으로 수행하는데 요구되는 능력이 부족한 것으로 교육훈련이나 개인학습을 통한 개발이 필요함

1

수프의 이해

(1) 수프의 정의 및 유래

수프(Soup)는 일반적으로 따뜻하거나 뜨겁게(또는 차거나 시원하게) 제공되는 액체 음식으로 육류, 어패류, 가금류, 채소 등을 스톡이나 물 또는 다른 액체와 혼합하여 만든다. 수프라는 단어는 '스톡에 담긴 빵'이라는 뜻의 라틴어 'Suppa'에서 온 프랑스어 'Soupe'에서 유래하였다는 설과 진한 스튜 또는 수프를 빨아들이기 위해 사용된 빵조각을 뜻하는 'Sop'에서 유래하였다는 설이 있다. 과거의 제분기술과 빵 만드는 기술은 현대와 같이 발전되지 못하였기 때문에, 시간이 조금만 흘러도 빵이 단단해졌다. 그래서 와인이나 육즙에 담가 부드러워진 다음 먹은 것이 현대의 수프로 발전한 것이라 추측된다. 19세기 초까지만 하여도 수프는 육류 요리처럼 하나의 요리였으나, 점차 의미가 축소되어 오늘날에는 메인 요리(Main dish)를 먹기 전의 메뉴로 변화하였다.

(2) 수프의 분류

1) 맑은 수프(Clear soup)

맑은 수프는 고기, 가금류, 생선 또는 채소를 끓여서 만들며, 수프 자체는 투명하며 농후제를 사용하지 않는다. 대부분의 맑은 수프는 그 자체로 포만감을 느끼기보다는 다른 요리와 함께 제공되는데, 주의해야 할 점은 수프에 이물질이나 다른 향이 들어가지 않게 조리과정에서 세심한 주의가 요구된다. 대표적인 맑은 수프에는 콩소메(Consomme), 프렌치 어니언 수프(French onion soup) 등이 있다.

2) 진한 수프(Thick soup)

진한 수프는 농후제를 사용하거나 재료 자체에 전분이 함유된 식재료를 사용하여 걸쭉한 상태로 끓여낸 수프를 말한다. 진한 수프는 농후제를 사용하는 크림 수프(Cream soup)와 전분을 함유한 채소를 갈아서 만드는 퓨레 수프(Puree soup), 갑각류의 껍질을 이용해 만드는 비스큐 수프(Bisque soup) 등이 있다.

2
수프 재료 준비

(1) 농후제(Thickening agents)

소스에 사용되는 농후제는 대부분 녹말이 젤라틴화 되는 원리를 이용한 것이다. 젤라틴화란 물과 함께 열을 가했을 때 끈끈해지는 현상을 말하는데, 소스가 끈끈해지면 구강 내에 머무르는 시간이 늘어남으로써 맛을 느낄 수 있는 시간이 길어지고, 음식의 감촉을 좋게 함으로써 맛의 느낌을 후각이나 촉각 등으로 확대시킬 수 있다. 자신의 특성은 최소화하고 소스 기본재료의 특성을 최대화하는 재료가 농후제로서는 적격이다. 본 장에서는 소스에서 다루었던 루와 베르 마니에를 제외한 다양한 농후제를 살펴보고자 한다.

1) 리에종(Liaison)

대부분의 농후제와는 달리 리에종은 젤라틴화를 통해 농도를 내지 않는다. 리에종은 생크림과 달걀을 섞은 것으로, 조리과정의 마지막 단계에서 조금씩 넣어 농도를 내주며, 온도를 1/3까지 낮추어야 하고, 달걀노른자가 응고되지 않도록 주의해야 한다. 리에종의 일반적인 비율은 500ml의 수프에 달걀노른자 1개와 생크림 60ml가 필요하다. 수프에 달걀노른자를 이용할 때, 가열이 부족하면 달걀 비린내가 날 수 있으므로 비린내가 없어질 때까지 가열하는 것이 좋다.

2) 옥수수 전분(Corn starch)

옥수수 전분은 밀가루 대신 옥수수 녹말을 사용한다는 점을 제외하고는 화이트 워시(White wash)와 동일하다. 가장 일반적으로 옥수수 전분에 1:1의 물 혼합물을 사용하여 슬러리 형태(걸쭉한 형태)로 만들어 수프 또는 소스에 첨가한다. 적절한 기술은 끊임없이 저어 주면서 뜨거운 액체에 차가운 옥수수 슬러리를 첨가하는 것이다. 이 농후제가 추가되면 수프가 80~90℃가 될 때까지 전체 농후력이 실현되지 않는다. 옥수수 전분은 수프 또는 소스에 매끄럽고 빛나는 외양을 주며 아시아 요리, 특히 중국 요리에서 광범위하게 사용된다.

3) 칡 전분(Arrow root starch)

칡 전분은 동일한 농후력을 지닌 옥수수 전분과 사용방법이 매우 유사하다. 옥수수 전분보다 훨씬 중립적인 맛이지만, 옥수수 전분보다 더 비싸다.

4) 파네이드(Panade)

파네이드는 매우 촉촉한 반죽이다. 우유, 스톡 또는 물과 같은 액체로 만들어지며, 때로는 버터 또는 달걀노른자를 첨가한다. 수프나 소스의 농도를 내기 위해서 버터에서 갈색을 내고, 소스나 수프에 넣고 시머링을 한 후 파네이드를 그대로 두거나 갈아준 후 걸러준다.

5) 파린느(Farine)

'Farine'는 문자 그대로 밀가루를 뜻하는 프랑스어이다. 파린느는 보통 메인음식에 밀가루를 뿌린 후 농도를 내는 것을 의미한다. 밀가루를 뿌린 후 과량의 밀가루를 털어 내서 식품을 볶은 후 냄비의 바닥에 남아 있는 밀가루와 육즙을 디그레이징(Deglazing)한다. 일반적으로 진한 수프와 스튜 조리 시 사용된다.

6) 식용 검(Food grade gum)

검(Gum)이란 낮은 농도에서도 높은 점성을 나타내는 혼종 다당류의 일종이다. 식품가공에서 유화제, 안정제, 점착제, 팽윤제, 겔 형성제, 결합제 등으로 널리 이용된다. 검은 많은 고급 주방에서 농축제로 급부상하고 있다. 검은 맛이 극도로 중성이고 저농도(보통 무게의 0.5% 미만)로 첨가되기 때문에 색이나 향에 아무런 영향을 미치지 않는다. 가장 일반적으로 사용되는 검은 잔탄검(Xanthan Gum)이다.

7) 화이트 워시(White wash)

화이트 워시는 물과 밀가루의 혼합물이며 수프와 소스에 첨가하여 농도를 낸다. 수프나 소스에 넣기 전에 슬러리 형태가 되게 물과 밀가루를 섞어준다. 물은 가루에 있는 녹말 분자를 수화시켜 수프에 넣을 때 밀가루가 응집되는 것을 방지한다. 화이트 워시는 농도를 낼 때 분리될 위험이 있기 때문에 즉시 제공되어야 하는 음식의 농도를 낼 때 자주 사용된다. 전반적으로 화이트 워시는 소량을 넣어 농도를 낼 수 있으며, 농도를 내기 위한 저렴하고 빠른 해결책이다.

(2) 수프와 스톡의 관계

[표 3-1] 수프의 종류에 따른 스톡 사용

종류	사용되는 스톡
맑은 수프	맑은 수프에 해당하는 콩소메 수프, 프렌치 어니언 수프 등은 브라운 스톡을 이용하여 끓인다.
크림 수프/퓨레 수프	크림 수프 또는 퓨레 수프 등은 주로 치킨 스톡을 이용하여 끓인다.
차우더 수프	피시 차우더 수프는 피시 스톡을 이용하여 끓이고, 조개 차우더 수프는 조개 스톡 또는 피시 스톡을 이용하여 끓인다.
비스큐 수프	갑각류를 이용한 비스큐 수프는 사용되는 갑각류를 이용한 스톡을 이용하여 끓인다.

3
수프 조리

(1) 양파 브루리(Onion brulee)

주로 비프 콩소메 수프나 연한 갈색을 필요로 하는 스톡을 끓이기 위해 사용된다. 먼저 양파의 심지부분을 가로로 1cm 두께로 두툼하게 자른다. 팬의 온도를 높인 후 뜨겁게 달궈서 양파의 표면을 검게 태워 색을 낸 후 사용한다.

(2) 양파 페이스트(Onion paste)

양파 페이스트는 주로 프렌치 어니언 수프에 사용되는데, 팬을 이용하여 태우는 양파 브루리와 소금 다른 형태이다. 양파 페이스트는 먼저 소스팬에 기름을 넣고 얇게 슬라이스한 양파와 다진 마늘을 넣고 볶는다. 색이 나기 시작하면 레드 와인을 조금씩 첨가하면서 양파를 볶아 붉은 브라운 색이 되도록 완성한다.

(3) 퓨레(Puree)

퓨레는 전분을 함유하고 있는 재료를 이용하여 끓이는 퓨레 수프를 조리하기 위해 사용되며, 수프의 농도조절매체로 사용된다. 스톡에 감자, 단호박, 완두콩 등 전분이 많이 함유된 채소를 넣고, 완전히 익을 때까지 끓여 준 다음, 믹서를 이용하여 곱게 갈아 준다. 이것을 퓨레라고 한다.

(4) 비스큐(Bisque)

비스큐 수프는 갑각류의 껍질을 이용하여 끓인 수프로, 갑각류의 껍질만을 이용한다. 새우의 경우 머리와 껍질을 제거하고 머리의 내장을 깨끗하게 씻어 준 후 사용하여야 한다.

4
수프 요리 완성

(1) 수프 장식(Soup garnish)

수프를 만들기 위해 사용된 재료를 장식물로 이용하여 같이 제공하여야 한다. 예를 들어 새우 비스큐 수프의 경우, 새우의 껍질만을 사용하기 때문에 새우살로 장식물을 곁들여 제공하는 것이 바람직하다. 앞서 수프의 유래에서 설명한 것과 같이 수프는 전통적으로 크루통(Crouton)과 같은 빵을 곁들여 제공하여야 한다.

크루통(Croutons)

퀜넬(Quennel)

브리누아(Brunoise)

휘핑크림(Whipping cream)

주재료 자체

허브(Herb)

(2) 수프 제공

보통 주방에서 수프는 주문과 동시에 만들어지지 않는다. 대량 조리를 통해 만들어진 수프는 냉장고에 보관한 후 고객에게 제공할 분량만 다시 데워서 사용한다. 보통 점심 또는 저녁 영업전에 따뜻하게 데우고 중탕(Bain marie)에 보관하여 고객에게 제공한다.

(3) 수프 평가

[표 3-2] 수프에 따른 색, 맛, 농도 평가

종류		색	맛	농도
맑은 수프	콩소메	• 맑은 갈색 • 와인 또는 토마토 등을 첨가하여 맑게 끓여줌 • 양파 브루리 사용	• 탄 냄새가 나면 안 됨 • 수프에 기름이 떠 있으면 안 됨	• 농도가 나면 안 됨
	미네스토로니	• 밝은 적색 • 토마토 페이스트 및 채소를 태우지 말 것	• 토마토 페이스트의 신맛이 제거되어야 함 • 모든 채소가 익어야 함	• 콩소메와 진한 수프의 중간 정도의 농도 • 페이스트에 의한 농도
진한 수프	크림	• 밝은 흰색 • 루 또는 채소 등의 조리 시 태우지 말 것	• 볶는 순서에 맞추어 조리하여 본연의 맛 생성	• 농후제의 사용량에 따른 농도 조절 필요
	퓨레	• 퓨레로 사용되는 채소의 색 • 생크림의 사용량 조절	• 퓨레와 생크림에 양에 따른 맛의 차이 발생	• 스톡과 퓨레의 비율이 맞지 않으면 농도가 맞지 않음
	비스큐	• 밝은 적색 • 토마토 페이스트 조리 시 태우면 어두운 비스큐 생산	• 갑각류 껍질 및 머리 부분을 사용하여 본연의 맛 생성	• 토마토 페이스트의 양 조절

가스파초 수프

GAZPACHO SOUP

Cooking Terminology

가스파초(Gazpacho)는 스페인 남부의 안달루시아 지방에서 유래된 음식으로 아라비아어로 '물에 불린 빵(Soaked bread)'이라는 뜻이다. 가스파초의 어원은 명확하지 않지만, 모자라브(Mozarab) 언어 중 '나머지 또는 조각'이라는 뜻을 가진 '카스파(Caspa)', 히브리어(Hebrew) 중 '조각을 부스다'라는 뜻을 가진 '가자즈(Gazaz)'에서 유래된 것으로 추정된다. 두 단어 모두 빵을 조각내어 요리에 넣는 것과 연관이 있는 것으로 추측된다. 19세기에 토마토가 이 수프에 첨가되면서, 붉은 가스파초로 진화하였고 전 세계적으로 보급되었다.

INGREDIENTS

양파(Onion) 80g
올리브유(Olive oil) 20ml
토마토(Tomato) 200g
타바스코 소스(Tabasco sauce) 20ml
레드 와인 식초(Red wine vinegar) 20ml
토마토주스(Tomato juice) 100ml
빵가루(Bread crumbs) 20g
초록 피망(Green pimento) 50g
빨강 피망(Red pimento) 50g
오이(Cucumber) 80g
마늘(Garlic) 5g
바질(Basil) 2sprigs
처빌(Chervil) 1sprig
방울 토마토(Cherry tomato) 3ea
식빵(White bread) 1/4ea
소금(Salt) as needed
후추(Pepper) as needed

COOKING METHOD

Preparation

1. 장식을 위해 초록·빨강 피망, 오이, 양파 각각 5g 씩을 0.2mm 크기의 브리누아즈로 자른다.
2. 남은 피망, 오이, 양파, 토마토를 약 3~4cm 크기로 자르고 다진 마늘, 올리브유와 바질에 약 12시간 정도 절인다. 처빌은 물에 담가 놓는다.
3. 식빵을 길이로 얇게 자른 후 프라이팬에 굽는다.
4. 방울 토마토는 끓는 물에 데쳐서 껍질을 제거한다.

Cooking

1. 절인 채소를 토마토주스, 빵가루와 함께 믹서에 넣고 곱게 갈아준다.
2. 타바스코 소스와 레드 와인 식초, 소금, 후추를 넣고 잘 섞은 후 냉장고에 2시간 정도 넣어 둔다.
3. 방울 토마토의 속을 파내고 0.2mm로 자른 채소를 채워 넣는다.

Finishing & Plating

1. 수프 볼에 준비해둔 방울 토마토를 담는다.
2. 수프를 담고 구워놓은 식빵과 처빌로 장식한 후 제공한다.

게 비스큐 수프

CRAB BISQUE SOUP

Cooking Terminology

비스큐(Bisque)는 바다가재, 게, 새우 등의 갑각류를 이용하여 끓인 프랑스 수프이다. 이름은 프랑스 서해안의 비스케만(Bay of Biscay)과 같이 'Biscay'에서 유래하였다고도 하고, 갑각류의 껍질을 먼저 익히고 육수를 넣어서 다시 익히기 때문에 '두 번 조리한(Twice cooked)'의 뜻을 가진 'Bis cuites'에서 유래하였다고도 한다. 또한 오븐에서 굽거나 퓨레로 만든 과일, 채소, 버섯 등으로 만든 크림 수프를 종종 비스큐라 부르기도 한다.

INGREDIENTS

게(Crab) 1ea
무염 버터(Unsalted butter) 15g
양파(Onion) 30g
대파(Leek) 15g
브랜디(Brandy) 10ml
화이트 와인(White wine) 20ml
토마토 페이스트(Tomato paste) 30g
피시 스톡(Fish stock) 400ml
월계수 잎(Bay leaf) 1ea
생크림(Fresh cream) 20ml
바질(Basil) 1sprig
소금(Salt) as needed
후추(Pepper) as needed

COOKING METHOD

Preparation

1. 꽃게는 손질법에 따라 머리, 껍질, 게살로 분리한다. 머리, 껍질만 사용한다.
2. 게살은 곁들임으로 제공하여야 하므로 버리지 않는다. 바질은 물에 담가 놓는다.
3. 대파와 양파는 잘게 다져 놓는다.

Cooking

1. 소스팬에 버터를 넣고 양파와 대파를 볶은 후 꽃게 껍질을 넣고 볶는다.
2. 꽃게 껍질이 붉은 색으로 변하면 화이트 와인과 브랜디를 넣어 냄새를 없앤다.
3. 토마토 페이스트를 넣고 신 맛이 날아갈 때까지 충분히 볶은 후 피시 스톡 300ml와 월계수 잎을 넣고 끓인다.
4. 끓으면 불은 약 85°C로 낮추고 거품을 제거하며 계속 끓인다.
5. 충분히 끓인 후 체에 내리고 생크림을 넣어 농도와 색을 맞춘다.
6. 남은 피시 스톡 100ml에 게살을 익힌다.

Finishing & Plating

1. 소금과 후추로 간을 한다.
2. 수프 볼에 수프와 게살을 담고 생크림과 바질 잎으로 장식한 후 제공한다.

단호박 비스큐 수프

SWEET PUMPKIN BISQUE SOUP

Cooking Terminology

호박(Pumpkin)이라는 단어는 'pepon'이라는 단어에서 유래하였다. 'pepon'은 '큰 멜론'을 뜻하는 그리스어로 둥글거나 큰 것이다. 프랑스인은 이 낱말을 'pompon'으로 바꾸었고, 영국인은 'pumpion'으로 바꾸었다. 오늘날 미국에서는 'pumpkin'을 사용하고 있다. 주키니(zucchini)는 호박을 의미하는 이탈리아어 'zucca'와 '작은'을 의미하는 'ina'가 합쳐진 단어로 zucchina의 복수형이 'zucchini'이다.

INGREDIENTS

단호박(Sweet pumpkin) 100g
양파(Onion) 30g
대파(Leek) 10g
무염 버터(Unsalted butter) 20g
치킨 스톡(Chicken stock) 400ml
생크림(Fresh cream) 30ml
월계수 잎(Bay leaf) 1ea
소금(Salt) as needed
후추(Pepper) as needed
설탕(Sugar) as needed

COOKING METHOD

Preparation

1. 단호박은 녹색껍질을 완전히 제거하고 채 썰어 놓는다.
2. 양파와 대파는 다져 놓는다.

Cooking

1. 소스팬에 버터를 넣고 다진 양파와 대파, 단호박의 순서로 타지 않게 볶는다.
2. 단호박이 약간 익으면 치킨 스톡과 월계수 잎을 넣고 끓인다.
3. 한번 끓으면 온도를 약 85°C로 낮추어 거품을 제거하며 계속 끓인다.
4. 단호박이 완전히 익으면 월계수 잎을 제거하고 체를 이용하여 곱게 내려 단호박 퓨레를 만든다.
5. 단호박 퓨레에 생크림 20ml를 넣고 끓여서 농도를 맞춘다.

Finishing & Plating

1. 소금과 후추로 간을 하고 달지 않으면 설탕을 넣는다.
2. 수프 볼에 담고 남은 생크림 10ml로 장식한 후 제공한다.

미네스토로니 수프

MINESTRONE SOUP

Cooking Terminology

미네스토로니(Minestrone)는 이탈리아의 채소 수프이다. 이탈리아어 미네스트로니는 '음식을 제공하다(to serve)', 혹은 '나눠주다(to distribute)'라는 뜻을 가진 라틴어 '미네스트라레(minestrare)'에서 유래하였다고 한다. 이 라틴어에서 파생된 수프라는 뜻을 가진 'minestra'에 'one'이 붙여져 확장된 단어이다. 이 음식의 기원은 기원전 11세기경 이탈리아 북부를 다스렸던 에트루리아인(Etruria)들이 곡물을 가루로 빻아 풀스(Puls)라는 죽을 쑤어 먹은 것에서 유래하였다고 한다.

INGREDIENTS

양파(Onion) 40g 중, 150g 정도, 1/4개

셀러리(Celery) 30g

당근(Carrot) 40g 둥근 모양이 유지되게 등분

무(Radish) 10g

양배추(Cabbage) 40g

무염 버터(Unsalted butter) 5g

스트링 빈스(String b개ns) 2ea 냉동, 채두 대체 가능

완두콩(Green beans) 5ea

토마토(Tomato) 20g 중, 150g 정도, 1/8개

스파게티(Spaghetti) 2ea

토마토 페이스트(Tomato paste) 15g

파슬리(Parsley) 1sprig 잎, 줄기 포함

베이컨(Bacon) 20g 길이 25~30cm, 1/2 조각

마늘(Garlic) 1ea 중, 깐 것

치킨 스톡(Chicken stock) 200ml 물로 대체 가능

월계수 잎(Bay leaf) 1ea

정향(Clove) 1ea

소금(Salt) 2g

검은 후추(Black pepper) 2g

COOKING METHOD

Preparation

1 끓는 물에 껍질을 제거한 토마토, 양파 30g, 셀러리, 당근, 무, 양배추, 베이컨을 1.2cm, 두께 0.2cm 크기로 자르고 마늘은 다져 놓는다.

2 파슬리 잎은 물에 담가 놓은 후 물기를 제거하고 곱게 다져 소창을 이용해 물기를 제거한다. 스트링 빈스는 1.2cm 길이로 자른다.

3 끓는 물에 소금과 기름을 넣고 스파게티를 삶은 후 1.2cm 길이로 자른다.

4 월계수잎은 정향을 이용하여 양파 10g에 고정시켜 양파 피퀘를 만든다.

Cooking

1 소스팬에 버터를 넣고 베이컨, 마늘, 양파, 당근, 셀러리, 무, 양배추를 볶는다.

2 채소가 거의 다 익으면 토마토 페이스트를 넣어 신맛이 없어질 정도로 볶는다.

3 치킨 스톡과 양파 피퀘를 넣고 끓인다.

4 끓으면 불을 줄이고 토마토, 스트링 빈스, 완두콩, 스파게티를 넣고 약 85°C의 온도에서 거품을 제거하며 끓인다.

Finishing & Plating

1 모든 채소가 다 익으면 양파 피퀘를 건져 내고, 소금과 검은 후추로 간을 한다.

2 국물과 고형물의 비율을 3:1로 하여 접시에 담고, 다진 파슬리를 뿌려서 완성한다.

수험자 요구사항 및 유의사항 시험시간 **30분**

가. 채소는 사방 1.2cm, 두께 0.2cm 정도로 써시오.

나. 스트링빈스, 스파게티는 1.2cm 정도의 길이로 써시오.

다. 국물과 고형물의 비율을 3:1 로 하시오.

라. 파슬리 가루를 뿌리시오.

마. 스프의 색과 농도를 잘 맞추어야 한다.

브로콜리 크림 수프

BROCCOLI CREAM SOUP

Cooking Terminology

브로콜리(Broccoli)는 양배추과에 속하는 식용 가능한 녹색 식물이다. 브로콜리는 복수형태의 이탈리아어 'broccolo'에서 파생되었다. broccolo는 꽃이 핀 양배추의 관모(crest)를 의미하기도 하고 작은 못 또는 새싹을 의미하는 'brocco'의 지소어에 해당한다. 이를 통해 유추해보면 이 식물의 모양에서 이름이 유래하였을 것으로 추측된다.

INGREDIENTS

브로콜리(Broccoli) 200g
감자(Potato) 80g
양파(Onion) 20g
셀러리(Celery) 10g
치킨 스톡(Chicken stock) 200ml
생크림(Fresh cream) 60ml
월계수 잎(Bay leaf) 1ea
무염 버터(Unsalted butter) 20g
밀가루(Flour) 10g
소금(Salt) as needed
후추(Pepper) as needed

COOKING METHOD

Preparation

1 브로콜리는 줄기를 포함하여 작은 크기로 잘라 놓는다. 장식용 브로콜리는 1cm 정도의 크기로 잘라 따로 준비한다.
2 감자와 양파, 셀러리는 채 썰어 놓는다.
3 프라이팬에 버터를 녹인 후 밀가루를 볶아 화이트 루를 만든다.

Cooking

1 소스팬에 버터를 두르고 양파, 셀러리, 브로콜리, 감자 순서대로 색이 나지 않게 볶은 후 치킨 스톡과 월계수 잎을 넣고 채소가 완전히 익을 때까지 거품을 제거하며 약 85°C의 온도로 끓인다.
2 채소가 다 익으면 월계수 잎을 제거하고, 믹서에 1의 재료를 완전히 갈아서 소스팬에 붓고 생크림을 첨가하여 끓인다.
3 끓는 물에 소금을 넣고 1cm 정도의 크기로 잘라 놓은 브로콜리를 데친다.

Finishing & Plating

1 준비해둔 루를 이용하여 원하는 농도를 낸다.
2 소금과 후추로 간을 한 후 수프 접시에 담는다.
3 데쳐 놓은 장식용 브로콜리를 담은 후 제공한다.

비시스와즈

VICHYSSOISE

Cooking Terminology

비시스와즈(Vichyssoise)는 프랑스식 차가운 감자수프이다. 이 수프의 유래는 뉴욕시의 리츠 칼튼에서 근무한 프랑스인 주방장 루이 디아트(Louis Diat)에 의해 만들어 졌다고 알려져 있다. 루이 디아트는 어릴 적 어머니가 만들어준 감자 수프를 먹곤 했는데, 수프가 남으면 다음날 아침에 차가운 우유를 부어 먹었다. 1917년 여름에 수프의 판매가 저조하자 이를 착안하여 이 수프를 만들어 차갑게 손님에게 제공하였다고 한다. 그는 이를 자기 고향인 비시(Vichy)의 이름을 따서 '비시스와즈 수프'라고 칭하였다.

INGREDIENTS

감자(Potato) 100g
양파(Onion) 20g
대파(Leek) 40g
버터(Butter) 20g
치킨 스톡(Chicken stock) 200ml
월계수 잎(Bay leaf) 1ea
생크림(Fresh cream) 80ml
넛맥(Nutmeg) 5g
베이컨(Bacon) 10g
처빌(Chervil) 1sprig
식빵(White bread) 1/2ea
소금(Salt) as needed
흰 후추(White pepper) as needed

COOKING METHOD

Preparation

1 감자와 양파, 대파는 깨끗이 씻어 채 썰어 놓는다.
2 식빵은 1cm 크기의 정육면체로 자르고, 처빌은 물에 담가 놓는다.
3 베이컨은 0.5cm의 크기로 잘게 자른 후 프라이팬에서 볶아서 기름을 제거한다.

Cooking

1 소스팬에 버터를 넣고 채 썰어 놓은 양파와 대파, 감자를 순서대로 볶는다.
2 감자가 볶아지면 치킨 스톡과 월계수 잎을 넣고 감자가 완전히 익을 때까지 끓인 후 블렌더에 넣어 곱게 갈아 준다(월계수 잎은 제거한다).
3 곱게 갈은 감자에 생크림과 넛맥을 넣고 다시 끓인다. 이때 원하는 농도가 될 때까지 끓이면 된다.
4 프라이팬에 버터를 넣고 1cm로 잘라 놓은 식빵을 갈색이 나게 구워 크루통을 만든다.

Finishing & Plating

1 소금과 흰 후추로 간을 한 후 다른 용기에 수프를 넣고 얼음물에서 서서히 저어주면서 차갑게 식힌다.
2 차가운 수프 접시에 담고 크루통, 베이컨, 처빌을 올려 제공한다.

비프 콩소메

BEEF CONSOMME

Cooking Terminology

콩소메(Consomme)는 어느 귀족의 주방장이 요리사에게 귀족들을 위한 수프를 만들도록 한 데에서 시작되었다. 만들어 놓은 수프가 맛이 없다고 야단을 맞은 요리사가 화가 나서 달걀흰자와 고기, 채소를 수프에 모두 넣고 도망을 쳤는데, 이때 맑은 국물이 만들어 졌고 이를 먹어본 귀족들이 탄성을 자아냈다고 한다. 이것이 맑고 투명하게 만든 최초의 수프이다. Consomme는 '합치다'의 뜻을 가진 라틴어 'Consummare'에서 파생되었고 '완성하다'의 뜻을 가지 'Consommer'의 과거분사의 형태이다.

INGREDIENTS

간 소고기(Ground beef) 70g 살코기 같은 것
양파(Onion) 150g 중, 150g, 1개
당근(Carrot) 40g 둥근 모양이 유지되게 등분
셀러리(Celery) 30g
달걀(Egg) 1ea
검은 통후추(Whole black pepper) 1ea
파슬리(Parsley) 1sprig 잎, 줄기 포함
월계수 잎(Bay leaf) 1ea
토마토 40g 중, 150g 정도, 1/4개
브라운 스톡(Brown stock) 500ml 물로 대체 가능
정향(Clove) 1ea
소금(Salt) 2g
검은 후추(Black pepper) 2g

COOKING METHOD

Preparation

1. 양파 심지 60g을 가로로 1cm 두께로 자른 후 팬에서 태워 양파 브루리를 만들어 놓는다.
2. 소고기는 다지고 양파 80g, 당근, 셀러리, 토마토는 채를 썰어 놓는다. 파슬리는 줄기만 준비한다.
3. 달걀흰자는 거품기로 섞어주어 머랭을 만든다.
4. 양파는 껍질을 벗기고 적당한 크기로 썰어 정향을 박아 월계수 잎을 양파에 고정시켜 양파 피케를 만들어 놓는다.

Cooking

1. 믹싱 볼에 머랭과 다져놓은 소고기와 채소들, 검은 통후추, 파슬리 줄기를 넣고 잘 섞는다.
2. 차가운 브라운 스톡에 1의 혼합물을 넣고 잘 섞어 준 후 끓인다. 달걀흰자가 응고를 시작하면 가운데에 구멍을 내어 끓을 수 있는 숨구멍을 만든다.
3. 양파 브루리와 양파 피케를 넣고 약 85°C의 온도에서 거품을 제거하며 계속 끓인다.

Finishing & Plating

1. 맑고 깨끗한 수프가 되면 소창을 이용하여 걸러 준다. 이때 건더기를 눌러서 짜면 기름기가 많이 포함될 수 있으니 누르지 않는 것이 좋다.
2. 소금과 검은 후추로 간을 한 후 접시에 200ml 정도 담아 제공한다.

수험자 요구사항 및 유의사항 시험시간 **40분**

양식조리 기능사

가. 양파 브루리(onion brulee)를 만들어 사용하시오.
나. 양파를 포함한 채소는 채 썰어 향신료, 소고기, 달걀흰자 머랭과 함께 섞어 사용하시오.
다. 완성된 스프는 맑고 갈색이 되도록 하시오.
라. 완성된 스프의 양은 200ml 정도 되도록 하시오.
마. 맑고, 갈색의 스프가 되도록 불 조절에 유의한다.

조개 차우더 수프

CLAM CHOWDER SOUP

Cooking Terminology

차우더(Chowder)는 '해산물이나 감자, 양파, 우유, 옥수수 등으로 만든 진한 수프 또는 스튜'로 정의되어 있다. 차우더의 기원은 애매하다. 250년 전 캐나다의 영국과 프랑스 이민자들 중에는 'Chaudière'라고 불리는 주전자(Kettle)에 베이컨, 비스킷 및 조개류 등을 넣어 만들어 먹었는데 이것을 미국 원주민이 'Chawder'로, 북아메리칸 사람들은 'Chowder'로 바꿔 불렀다고 한다. 또 다른 유래는 차우더 수프가 조리된 '가마솥'의 프랑스 단어인 'Chaudron'에서 유래하였다는 설과 프랑스 서부의 도시인 샤랑트지역의 진한 생선 수프의 한 종류인 'Chaudree'가 변해서 유래하였다는 설이 있다.

INGREDIENTS

조개(Clam) 100g
조갯살(Clam meat) 20g
화이트 와인(White wine) 60ml
감자(Potato) 30g
베이컨(Bacon) 20g
마늘(Garlic) 2ea
양파(Onion) 40g
셀러리(Celery) 20g
당근(Carrot) 20g
무염 버터(Unsalted butter) 30g
밀가루(Flour) 15g
우유(Milk) 100ml
딜(Dill) 1sprig
식용유(Vegetable oil) 10ml
소금(Salt) as needed
흰 후추(White pepper) as needed

COOKING METHOD

Preparation

1 베이컨과 양파 30g, 당근, 셀러리, 감자는 0.7cm 크기로 자르고, 마늘은 다져 놓는다.
2 조개 육수용 마늘 1개와 양파 10g을 다져 놓는다.
3 조갯살은 흐르는 물에 씻은 후 다지고, 조개는 소금물에 담가 해감을 제거한다.
4 팬에 버터 15g을 녹인 후 밀가루를 넣고 볶아서 화이트 루를 만든다.

Cooking

1 소스팬에 식용유를 넣고 마늘과 양파, 조개를 볶는다. 마늘이 색이 나면 화이트 와인 30ml를 넣고 졸인 후 물 2컵을 넣고 끓인다. 육수를 걸러낸 후 조개에서 조갯살을 따로 분리한다.
2 소스팬에 버터 15g을 넣고 베이컨을 볶다가, 양파, 셀러리, 당근, 감자 순서로 넣어가며 볶는다.
3 다진 조갯살과 육수용 조갯살을 넣고 볶은 후 화이트 와인 30ml를 넣고 졸인다.
4 화이트 와인을 졸인 후 조개 300ml를 넣고, 감자가 익을 때까지 거품을 제거하며 끓인다.
5 화이트 루를 넣어 덩어리지지 않게 잘 풀어주고 우유로 농도를 맞춘다.

Finishing & Plating

1 소금, 흰 후추로 간을 한다.
2 수프 볼에 내용물과 수프의 양을 조절하여 담고, 조개와 딜로 장식한 후 제공한다.

치킨 콩소메와 퀜넬

CHICKEN CONSOMME WITH QUENELLE

Cooking Terminology

미르포아(Mirepoix)는 스톡, 수프, 소스 및 스튜와 같은 다양한 요리의 맛을 내기 위해 사용되는 기초적인 채소로서 부드러운 열로 버터나 다른 지방으로 색이나 갈변 없이 장시간 조리하여 만들어 진다. 이 단어는 18세기 레비스 미르포아(Levis-Mirepoix) 공작의 이름에서 유래하였다고 한다. 비슷한 용어로 파, 당근, 셀러리악을 포함하는 독일의 'Suppengrun', 다진 파슬리와 양파를 볶은 이탈리아의 'Soffritto', 포르투칼어를 사용하는 국가의 'Refogado(양파, 마늘, 토마토)' 등이 있다.

INGREDIENTS

닭 가슴살(Chicken breast) 150g
치킨 스톡(Chicken stock) 500ml
검은 통후추(Whole black pepper) 2g
파슬리(Parsley) 1sprig
당근(Carrot) 15g
브랜디(Brandy) 15ml
달걀(Egg) 2ea
월계수 잎(Bay leaf) 1ea
생크림(Fresh cream) 10ml
셀러리(Celery) 20g
양파(Onion) 100g
화이트 와인(White wine) 10ml
소금(Salt) as needed
후추(Pepper) as needed
소창(cheese cloth) 1ea

COOKING METHOD

Preparation

1. 곱게 다져 체에 내린 닭가슴살 50g에 소금, 후추, 달걀흰자, 생크림, 다진 파슬리를 넣고 섞은 후 스푼 두 개를 이용하여 퀜넬 모양으로 3개를 만든다.
2. 달걀흰자는 거품기로 섞어서 머랭을 만든다.
3. 양파 50g은 심지부분을 가로로 1cm 두께로 자른 후 팬에서 태워 양파 브루리를 만들어 놓는다.
4. 남은 닭 가슴살 100g과 당근, 셀러리, 양파 50g은 곱게 다지고, 파슬리는 줄기만 준비한다.

Cooking

1. 믹싱 볼에 머랭과 다져놓은 닭고기, 채소, 검은 통후추, 브랜디, 화이트 와인, 파슬리 줄기를 넣고 잘 섞는다.
2. 차가운 치킨 스톡 400ml에 **1**의 혼합물을 넣고 잘 섞은 후 끓인다. 달걀흰자가 응고를 시작하면 가운데에 구멍을 내어 끓을 수 있는 숨구멍을 만든다.
3. 양파 브루리와 월계수 잎을 넣고 약 85°C의 온도에서 거품을 제거하며 계속 끓인다.
4. 남은 치킨 스톡 100ml에 준비해둔 3개의 닭고기 퀜넬을 익힌다.

Finishing & Plating

1. 맑고 깨끗한 수프가 되면 소창을 이용하여 걸러 준다. 이때 건더기를 눌러서 짜면 기름기가 많이 포함될 수 있으니 누르지 않는 것이 좋다.
2. 소금과 후추로 간을 한 후 접시에 담고 익혀둔 퀜넬 3개를 곁들여 제공한다.

포테이토 크림 수프

POTATO CREAM SOUP

Cooking Terminology

크루통(Crouton)은 'crust'를 의미하는 'croute' 또는 'shell'이라는 의미를 가진 라틴어 'crusta'에서 유래하였다. 대부분 크루통이 작은 입방체의 형태로 만들어진다고 생각하지만 실제로는 다양한 크기와 모양으로 만들 수 있다. 이 용어는 '음료와 함께 제공되는 작은 빵 크러스트(Crust) 조각'으로 묘사되며 17세기에 프랑스에서 처음 만들어 졌고, 19세기 초반에 영어가 되었다. 최근에는 수프나 샐러드에 제공한다.

INGREDIENTS

감자(Potato) 200g 1개
대파(Leek) 30g 흰 부분, 10cm 정도, 1토막
양파(Onion) 40g 중, 150g 정도, 1/4개
무염 버터(Unsalted butter) 15g
치킨 스톡(Chicken stock) 270ml
물로 대체 가능
생크림(Fresh cream) 20ml 조리용 20g
식빵(White bread) 1ea 샌드위치용
월계수 잎(Bay leaf) 1ea
소금(Salt) 2g
흰 후추(White pepper) 1g

COOKING METHOD

Preparation

1 감자는 얇게 채 썰어 놓는다. 바로 사용하지 않으면 변색이 되니 물에 담가 놓는다. 그러나 물에 담가 놓으면 감자의 전분이 빠져 나오므로 오래 담그지 않는다.
2 대파와 양파를 다져 놓는다.
3 식빵은 0.8~1cm의 정육면체로 자른다.

Cooking

1 소스팬에 버터 10g을 넣고 양파와 대파, 감자의 순으로 색이 나지 않게 볶는다.
2 볶은 감자에 치킨 스톡과 월계수 잎은 넣은 후 끓인다.
3 한번 끓으면 불을 약 85°C로 낮추고 거품을 제거하며 계속 끓인다.
4 감자가 다 익으면 월계수 잎을 제거한 후 체를 이용하여 곱게 내려 감자 퓨레를 만든다.
5 감자 퓨레에 생크림을 넣고 끓여서 농도를 맞춘다.
6 프라이팬에 버터 5g을 넣고 잘라놓은 식빵을 갈색이 날 때까지 색을 내어 크루통을 만든다.

Finishing & Plating

1 소금과 흰 후추로 간을 한 후 수프 접시에 200ml를 담는다.
2 갈색을 낸 크루통을 수프 위에 띄운 후 제공한다.

수험자 요구사항 및 유의사항 시험시간 30분

양식조리 기능사

가. 완성된 스프의 양이 200ml 정도 되도록 하시오.
나. 수프의 색과 농도를 맞추시오.
다. 크루통(crouton)의 크기는 사방 0.8cm~1cm 정도로 만들어 버터에 볶아 수프에 띄우시오.
라. 스프의 농도를 잘 맞추어야 한다.
마. 스프를 끓일 때 생기는 거품을 걷어 내어야 한다.

프렌치 어니언 수프

FRENCH ONION SOUP

Cooking Terminology

18세기 프랑스 미식가들에게 매우 고통스러운 시기가 있었다. 가톨릭에서는 사순절 부활제 40일간 고기를 먹는 것이 금지되어 있었기 때문이다. 미식가였던 규시 후작은 고기보다 맛있는 요리를 주방장에게 만들도록 명령했다. 주방장은 양파를 얇게 썰어 버터에 볶고 설탕을 약간 넣어 갈색이 되게 한 다음 육수를 첨가하여 끓인 후 빵에 치즈를 올리고 녹여서 후작에게 제공하였는데, 이것이 양파 수프의 유래라고 한다.

INGREDIENTS

양파(Onion) 150g 중, 150g 정도, 1개
바게트 빵(Baguette bread) 1slice
무염 버터(Unsalted butter) 20g
파마산 치즈(Parmesan cheese) 10g
화이트 와인(White wine) 15ml
마늘(Garlic) 1ea 중, 깐 것
파슬리(Parsley) 1sprig 잎, 줄기 포함
브라운 스톡(Brown stock) 270ml
맑은 스톡(브라운 스톡 또는 콩소메), 물로 대체 가능
소금(Salt) 2g
검은 후추(Black pepper) 1g

COOKING METHOD

Preparation

1 양파는 5cm 길이로 얇게 채 썰어 놓는다.
2 파슬리 잎은 물에 담가 놓은 후 물기를 제거하고 곱게 다져 소창을 이용해 물기를 제거해서 준비한다. 마늘은 곱게 다져 놓는다.
3 중탕에 버터를 반 정도만 녹인 후 다져 놓은 파슬리와 마늘을 넣고 섞어 마늘 버터를 만들고 바게트 빵에 바른다.

Cooking

1 소스팬에 버터를 넣고 중간 불에서 양파가 갈색이 날 때까지 볶는다.
2 양파가 갈색이 나면 화이트 와인을 넣고 졸인다.
3 와인이 졸아들면 브라운 스톡(물로 대체 가능)을 넣고 끓인다.
4 약 85°C의 온도에서 거품을 제거하며 계속 끓인다.
5 마늘 버터를 발라 놓은 바게트 빵을 프라이팬에 구운 후 파마산 치즈를 뿌려 다시 한번 굽는다.

Finishing & Plating

1 소금과 검은 후추로 간을 한다.
2 완성된 수프를 접시에 200ml 담고 구워 놓은 바게트 빵을 올린 후 제공한다.

수험자 요구사항 및 유의사항 시험시간 30분

양식조리 기능사

가. 양파는 5cm 크기의 길이로 일정하게 써시오.
나. 바게트 빵에 마늘 버터를 발라 구워서 사용하시오.
다. 완성된 스프의 양은 200ml 정도로 하시오.
라. 스프의 색깔이 갈색이 나도록 하여야 한다.

피시 차우더 수프

FISH CHOWDER SOUP

Cooking Terminology

Roux(루)는 밀가루와 지방을 함께 요리하여 소스의 농도를 내는 데 사용된다. 프랑스어로 Roux는 적갈색을 의미하는 'Rous', 빨강의 뜻을 가진 라틴어 'Russus'에서 유래하였다고 한다. 쌀가루나 감자가루 등은 글루텐이 들어 있지 않은 루(Gluten-free)를 만들기 위해 사용할 수 있고, 대표적인 케이준 요리인 검보 수프(Gumbo soup)에는 다크 루(Dark roux)가 사용되기도 한다.

INGREDIENTS

대구 살(Cod fish) 50g 해동 지급
감자(Potato) 30g 150g 정도, 1/5개
베이컨(Bacon) 20g 25~30cm, 1/2 조각
양파(Onion) 25g 중, 150g, 1/6개
셀러리(Celery) 30g
무염 버터(Unsalted butter) 20g
중력분(Medium flour) 15g
우유(Milk) 200ml
정향(Clove) 1ea
월계수 잎(Bay leaf) 1ea
소금(Salt) 2g
흰 후추(White pepper) 2g

COOKING METHOD

Preparation

1 대구 살은 1cm 정육면체로 자르고, 감자, 양파 15g, 셀러리, 베이컨은 0.7cm×0.7cm×0.1cm의 크기로 자른다.
2 양파 5g은 채 썰어 놓는다.
3 월계수 잎은 정향을 이용하여 양파 5g에 고정시켜 양파 피퀘를 만든다.

Cooking

1 소스팬에 대구 살과 채 썰어 놓은 양파, 물 150ml를 넣고 끓인 후 걸러서 피시 스톡을 만들고, 대구 살은 따로 옆에 준비해 둔다.
2 프라이팬에 베이컨을 볶은 후 키친타올을 이용하여 기름을 뺀다.
3 프라이팬에 버터 5g을 넣고 양파, 셀러리, 감자를 볶아서 준비한다.
4 소스팬에 버터 15g을 넣고 중력분을 볶아 화이트 루를 만들고, 준비해 놓은 피시 스톡 100ml를 넣어 덩어리지지 않도록 풀어준 후 우유 200ml를 넣어준다.
5 4에 볶아 놓은 채소와 기름을 빼놓은 베이컨, 양파 피퀘를 넣고 끓인다.
6 대구 살을 마지막에 넣고 부서지지 않게 잘 섞는다.

Finishing & Plating

1 양파 피퀘를 제거한 후 소금, 흰 후추로 간을 한다.
2 수프 볼에 200ml 담아 완성한다.

수험자 요구사항 및 유의사항 시험시간 30분

양식조리 기능사

가. 차우더 스프는 화이트 루(roux)를 이용하여 농도를 맞추시오.
나. 채소는 0.7cm×0.7cm×0.1cm, 생선은 1cm×1cm×1cm 정도 크기로 써시오.
다. 완성된 스프는 200ml 정도로 내시오.
라. 피시 스톡을 만들어 사용하고 스프는 흰색이 나와야 한다.
마. 베이컨은 기름을 빼고 사용한다.

해산물 수프

SEAFOOD SOUP

Cooking Terminology

치오피노(Cioppino)는 1800년대 후반에 샌프란시스코 노스 비치(North beach) 지역에 정착한 이태리 이민자들에 의해 처음 만들어진 피시 스튜이다. 치오피노는 이탈리아 리구리아(Liguria)의 전통 수프인 'Ciuppin'에서 유래하였다고 한다. 토스카나의 카츄코(Cacciucco), 아부르조(Abruzzo)의 브로데토 디 페세(Brodetto di pesce) 등도 이와 비슷한 방식의 생선 요리이다.

INGREDIENTS

홍합(Mussel) 30g
모시조개(Clam) 100g
광어 살(Halibut) 30g
오징어(Squid) 30g
새우(Shrimp) 2ea
올리브유(Olive oil) 50ml
양파(Onion) 50g
마늘(Garlic) 20g
이탈리안 파슬리(Italian parsley) 1sprig
바질(Basil, dried) 1sprig
오레가노(Oregano, dried) 1g
청양고추(Hot pepper) 5g
화이트 와인(White wine) 80ml
홀 토마토(Whole tomato) 200g
처빌(Chervil) 1sprig
소금(Salt) as needed
후추(Pepper) as needed

COOKING METHOD

Preparation

1. 모시조개는 소금물에 해감을 제거하고, 새우는 내장을 제거한다. 오징어는 껍질을 벗기고 내장을 제거해 잘라 놓는다. 광어 살은 1cm 크기로 잘라 놓고 홍합은 해초를 제거하고 깨끗이 씻어 놓는다.
2. 양파, 마늘, 홀 토마토(주스 포함), 이탈리안 파슬리는 다져 놓고 청양고추는 얇게 채 썰어 놓는다.

Cooking

1. 소스팬에 올리브유 20ml를 넣고 마늘 10g, 양파 20g을 넣고 볶아 준다. 양파가 투명하게 볶아지면 모시 조개 50g과 화이트 와인 50ml를 넣고 졸여 준 후 물 2컵을 넣고 뚜껑을 덮어 끓여 조개 스톡을 만든다.
2. 프라이팬에 올리브유 30ml와 마늘 10g, 양파 30g, 청양고추를 넣고 볶는다. 마늘이 갈색이 나면 광어 살, 새우, 오징어, 홍합, 모시 조개 50g을 넣고 볶는다.
3. 화이트 와인 30ml를 넣고 반으로 졸여 준다.
4. 다져 놓은 홀 토마토와 조개스톡, 바질과 오레가노, 이탈리안 파슬리를 넣고 해산물이 안전히 익을 때까지 끓여 준다.

Finishing & Plating

1. 소금과 후추로 간을 한다.
2. 내용물과 수프의 비율을 고려하여 접시에 담는다.
3. 처빌 잎으로 장식한 후 제공한다(바질 잎을 사용해도 좋다).

● **수프 조리 평가**

일지평가: 실습한 내용에 대한 학습자의 일지 작성 후 평가 실시

서술형 시험

학습 내용	평가 항목
수프 재료 준비하기	수프의 정의 및 구성요소에 대한 이해도 평가
	수프의 분류에 대한 이해도 평가
	수프를 위한 부재료의 특성에 대한 이해도 평가
	수프에 어울리는 농후제의 이해도 평가
	수프 조리에 필요한 조리도구에 대한 이해도 평가
수프 조리하기	수프 조리를 위한 농후제의 종류 및 특성 이해도 평가
	퓨레 만드는 절차에 대한 이해도 평가
	수프의 종류에 맞는 스톡의 이해도 평가
	수프 조리과정 중 시머링과 스키밍의 이해도 평가
	수프에 어울리는 가니쉬의 종류 및 조리법 이해도 평가
수프 요리 완성하기	수프에 어울리는 곁들임 담기 이해도 평가
	수프의 분류에 따른 농도의 이해도 평가
	수프의 종류에 따른 색의 이해도 평가
	수프의 조율에 따른 온도의 이해도 평가
	요구되는 수프의 양에 대한 이해도 평가

작업장 평가

학습 내용	평가 항목	만점	직무수행평가 점수
수프 재료 준비하기	수프 조리에 필요한 도구 준비		
	수프 조리에 필요한 재료에 대한 사전 전처리		
	수프에 필요한 스톡과 농후제 재료 준비		
	수프에 필요한 미르포아, 부케 가르니		
	수프에 필요한 육류, 채소, 향신료 등의 전처리 능력		
수프 조리하기	수프의 재료를 볶는 순서		
	수프의 종류에 따른 스톡, 농후제 만들기 평가		
	조리과정 중 시머링과 스키밍 능력 평가		
	부케 가르니 만들기 및 투입 시점 평가		
	수프를 걸러내어 정제하는 능력 평가		
	적정한 가니쉬를 만들 수 있는 능력 평가		
수프 요리 완성하기	수프와 어울리는 곁들임 담기 능력 평가		
	완성된 수프의 색에 대한 평가		
	완성된 수프의 양에 대한 평가		
	완성된 수프의 맛에 대한 평가		
	뒷정리		
합계			

CHAPTER

4

전채

APPETIZER

● **학습목표**

식욕을 돋우기 위한 요리로 육류, 어패류, 채소류 등을 활용하여 곁들여지는 소스 등을 조리할 수 있다.

<table>
<tr><th>능력단위 요소</th><th colspan="2">수행 준거</th></tr>
<tr><td rowspan="2">전채 재료 준비하기</td><td colspan="2">1. 적합한 콘디멘트를 준비할 수 있다.
2. 식욕을 돋우며, 전채메뉴 구성을 고려한 재료를 준비할 수 있다.
3. 전채 조리에 필요한 조리도구를 준비할 수 있다.
4. 메뉴와 전채 조리에 필요한 조리법을 숙지할 수 있다.</td></tr>
<tr><td>【지식】
• 메뉴 구성과 서비스 방식
• 식욕을 자극하는 재료와 색채, 맛, 향의 특징
• 육류, 어패류, 채소류의 특성과 용도
• 적합한 양념의 종류와 특성
• 전채메뉴의 종류와 특성
• 주재료 용도별 칼, 도마 사용법</td><td>【기술】
• 냉장, 냉동고 관리 능력
• 메뉴 구성 시 재료와 조리법의 중복을 하지 않는 능력
• 스토브 조작 능력
• 신선한 육류, 어패류, 채소류 선택, 전채를 만드는 능력
• 오븐 조작 능력
• 조리실 온도 관리 능력</td></tr>
<tr><td rowspan="2">전채 조리하기</td><td colspan="2">1. 메뉴 구성에 알맞은 양의 전채를 준비할 수 있다.
2. 채소와 허브를 적절하게 사용할 수 있다.
3. 전채에 적합한 콘디멘트를 사용할 수 있다.
4. 메뉴와 어울릴 수 있는 조리법을 선택할 수 있다.</td></tr>
<tr><td>【지식】
• 전채의 종류에 따른 조리법
• 각각의 전채에 적합한 콘디멘트 선택법
• 채소와 허브의 종류와 특성(명칭)
• 전채 특성과 메뉴 구성</td><td>【기술】
• 냉장, 냉동고 사용과 콜드키친 조리실 온도 관리 능력
• 스토브 화력 조작과 시간조절 능력
• 신선한 채소·허브를 손질, 보관, 활용하는 능력
• 원하는 전채의 양, 맛, 향, 농도, 색으로 만들 수 있는 능력
• 재료를 메뉴의 특징에 맞추어 손질하는 능력
• 주재료 조리온도와 시간조절을 하는 능력
• 주재료 용도별 칼, 도마 사용 능력</td></tr>
</table>

<table>
<tr><td rowspan="2">전채 요리 완성하기</td><td colspan="2">1. 요리에 알맞은 온도로 접시를 준비할 수 있다.
2. 색과 모양 그리고 여백을 살려 접시에 담을 수 있다.
3. 전채를 먹는데 필요한 접시나 기물, 핑거볼을 제공할 수 있다.
4. 전채에 적합한 콘디멘트를 제공할 수 있다.
5. 마무리된 음식의 색깔과 맛, 풍미, 온도를 통해 음식의 품질을 평가할 수 있다.</td></tr>
<tr><td>【지식】
• 식·공간 연출
• 접시 선택법
• 종류에 따른 질감, 향미, 색채의 특징
• 테이블 스타일링
• 푸드 스타일링
• 품질 선별법</td><td>【기술】
• 곁들임을 선택하여 조리하는 능력
• 냉장, 냉동고 관리 능력
• 전채의 양, 색, 맛을 좋은 품질로 만드는 능력
• 조화를 고려하여 제공할 수 있는 능력</td></tr>
</table>

● 교수-학습 방법

능력단위 요소	교수-학습 방법
전채 재료 준비하기	• 전채 요리의 정의 및 종류 등을 설명 및 학습 • 전채 요리의 특성에 대한 설명 및 학습 • 전채에 사용되는 재료, 콘디멘트에 대한 설명 및 학습 • 전채 요리를 위한 조리법 설명 및 학습 • 전채 조리에 필요한 조리도구 사용법 설명 및 학습
전채 조리하기	• 전채에 적합한 콘디멘트에 대한 설명 및 학습 • 채소와 허브의 종류와 특성(명칭)에 대한 설명 및 학습 • 전채 요리에 따른 적절한 채소와 허브 사용에 대한 설명 및 학습 • 전채에 알맞은 양에 대한 설명 및 학습 • 전채메뉴와 어울리는 조리법 설명 및 학습
전채 요리 완성하기	• 전채 요리에 알맞은 접시의 유형 및 제공 방법에 대한 설명 및 학습 • 전채 요리 플레이팅 방법에 대한 설명 및 학습 • 전채 요리 콘디멘트에 대한 플레이팅 방법 설명 및 학습 • 전채를 먹는데 필요한 접시나 기물, 핑거볼에 대한 설명 및 학습 • 완성된 전채의 적정한 색깔, 맛, 풍미, 온도에 대한 설명 및 학습

● 자가진단도구

진단 영역	진단 문항	매우 미흡	미흡	보통	우수	매우 우수
전채 재료 준비하기	나는 적합한 콘디멘트를 준비할 수 있다.	①	②	③	④	⑤
	나는 식욕을 돋우며, 전채메뉴 구성을 고려한 재료를 준비할 수 있다.	①	②	③	④	⑤
	나는 전채 조리에 필요한 조리도구를 준비할 수 있다.	①	②	③	④	⑤
	나는 메뉴와 전채 조리에 필요한 조리법을 숙지할 수 있다.	①	②	③	④	⑤
전채 조리하기	나는 메뉴 구성에 알맞은 양의 전채를 준비할 수 있다.	①	②	③	④	⑤
	나는 채소와 허브를 적절하게 사용할 수 있다.	①	②	③	④	⑤
	나는 전채에 적합한 콘디멘트를 사용할 수 있다.	①	②	③	④	⑤
	나는 메뉴와 어울릴 수 있는 조리법을 선택할 수 있다.	①	②	③	④	⑤
전채 요리 완성하기	나는 요리에 알맞은 온도로 접시를 준비할 수 있다.	①	②	③	④	⑤
	나는 색과 모양 그리고 여백을 살려 접시에 담을 수 있다.	①	②	③	④	⑤
	나는 전채를 먹는데 필요한 접시나 기물, 핑거볼을 제공할 수 있다.	①	②	③	④	⑤
	나는 전채에 적합한 콘디멘트를 제공할 수 있다.	①	②	③	④	⑤
	나는 마무리된 음식의 색깔과 맛, 풍미, 온도를 통해 음식의 품질을 평가할 수 있다.	①	②	③	④	⑤

● 진단결과

진단 영역	문항 수	점수	점수 ÷ 문항 수
전채 재료 준비하기	4		
전채 조리하기	4		
전채 요리 완성하기	5		
합계	13		

※ 자신의 점수를 문항 수로 나눈 값이 '3점' 이하에 해당하는 영역은 업무를 성공적으로 수행하는데 요구되는 능력이 부족한 것으로 교육훈련이나 개인학습을 통한 개발이 필요함.

1 전채의 이해

(1) 전채의 정의 및 유례

서양요리에서 전채의 의미는 식사 전이나 또는 식사의 첫 번째 코스에 제공하여 식욕을 충분히 돋아서 주요리를 더욱 맛있게 먹기 위해 제공되는 음식이다. 각 나라별로 불리는 것을 보면 프랑스어로는 오르되브르(Hors d'oeuvre), 영어권에서는 애피타이저(Appetizer), 북유럽에서는 스모가스보드(Smogasbord), 중국에서는 첸차이(前菜)라 하며, 러시아에서는 자쿠스카(Zakuska)라고 한다. 오르되브르는 '작업 밖의' 라는 뜻이며 코스요리에서 식사 전에 제공되는 음식을 뜻하고, 영어의 애피타이저는 '식욕을 돋우는 음식' 을 의미한다. 또한 러시아의 자쿠스카의 뜻은 식당 옆에 관습적으로 있는 찬장의 이름이다. 그 찬장 안에는 과자, 생선 외의 요리들을 작게 만들어 진열해 놓고 식사 전에 독한 리큐르 술과 함께 먹었다고 한다. 이러한 풍습이 유럽에 전래되어 지금의 오르되브르의 워조가 되었다는 설이 있다.

(2) 전채의 특징

전채 요리는 식욕을 돋우는 요리이다. 전체적인 요리를 맛있게 먹을 수 있도록 하며 다른 요리에 대한 기대감을 가질 수 있도록 하는 중요한 요리이다. 그러므로 전채 요리는 다음과 같이 만들어야 한다.

- 신맛과 짠맛이 적당이 있어야 한다.
- 메인요리보다 소량으로 만들어야 한다.
- 예술성이 뛰어나야 한다.
- 계절감, 지역별 식재료 사용이 다양해야 한다.
- 주요리에 사용되는 재료와 반복된 조리법을 사용하지 않는다.

2
전채 재료 준비

(1) 전채에 사용되는 재료

1) 육류

전채 요리에 육류를 사용할 때는 단백질이 많은 살코기 부위가 많아 부드러운 안심이나 등심 부위를 사용하는 것이 좋다. 육류 전채 요리는 이탈리아의 파마햄(Parma ham), 비프 가르파초(Beef carpaccio) 등이 대표적이다. 가금류의 경우 오리(Duck), 거위(Goose), 닭(Chicken), 메추리(Quail), 꿩(Pheasant) 등을 사용한다.

2) 어패류

전채 요리에 사용되는 조리법은 타르타르(Tartar), 훈제(Smoked), 세비체(Ceviche), 쿠르 부용에 살짝 삶기 등 다양하다. 대표적인 어패류에는 관자(Scallop), 생굴(Oyster), 캐비아(Caviar), 새우(Shrimp), 연어(Salmon), 게(Crab) 등이 사용된다.

3) 채소류

전채에 이용되는 채소류는 매우 다양하기 때문에 최근 많이 사용되고 있는 채소류를 중심으로 살펴보고자 한다.

① 한련화(Garden nasturtium)

한련화(나스터튬)는 스페인 정복자들이 페루의 잉카인들로부터 금과 함께 유럽으로 가지고 왔던 보물 중의 하나였다. 나스터튬이라는 말은 'Nasus tortus'에서 유래하는데 '코를 막다'라는 뜻을 가지고 있다. 그 이유는 꽃에서 후추와 같은 매운 냄새가 나기 때문이다. 하지만 한련화의 씨가 괴혈병에 매우 효과가 좋았기 때문에, 16세기와 17세기의 영국에서는 대단히 귀중한 보화로 여겼다.

한련화의 잎과 꽃, 씨 등 모든 부위를 먹을 수 있고, 다양한 요리에 사용되고 있다. 부드러운 잎은 비타민 C가 높으며, 강력한 안티 박테리아 및 항종양 성질을 가지고 있다. 잎으로 만든 차는 감기와 독감을 예방한다. 잎은 가벼운 후추 향을 가지고 있어 아루굴라(Arugula)의 대용품으로 좋고, 물냉이(Watercress)의 맛과 비슷하다. 또한 전채 요리를 서빙하기 위해서 플레이트에 장식으로도 사용가능하다.

꽃은 음식을 장식하는 것 이외에 다지거나 빻아서 한련 버터, 한련 마요네즈 등을 만들 수 있다. 씨앗은 꽃이 떨어지자마자 미성숙 상태의 녹색으로 수확할 수 있고, 말려서 갈색으로 저장한 후 사용할 수 있다. 성숙시켜서 말린 갈색 씨를 오븐에 살짝 구운 다음, 분쇄기에서 갈아서 한련 후추(Nasturtium pepper)를 만들 수 있다. 이것은 자신의 집에서 직접 끼워 후추를 만드는 쉬운 방법이며, 후추가루 대신 요리에 사용가능하다. 또한 씨앗은 케이퍼와 비슷한 맛과 질감을 지니고 있어서 케이퍼의 대용품으로 사용가능하다. 깨끗한 유리병에 꽃봉오리와 씨앗을 씻어서 식초와 함께 넣으면 3일 만에 절인 케이퍼를 만들 수 있다.

② 소렐 잎(Red veined sorrel)

붉은 베인드 소렐은 아시아와 유럽이 원산지이며, 잎맥(Leaf vein)에는 어두운 적색을 띠고 잎은 녹색을 띠기 때문에 최근 서양요리에서 가장 매력적인 채소 중 하나이다. 소렐은 레몬과 비슷한 신맛이 나며 또한 양상추의 맛도 나기 때문에 서양요리에서 전채 요리나 샐러드, 수프나 생선 등 다양한 요리에 사용된다. 요리 용도로 소렐은 어린잎으로 수확할 때가 가장 좋다. 양상추와 거의 같은 맛을 지니므로 어린 소렐 잎은 샐러드 믹스, 샌드위치에서 상추 대신 사용할 수 있고, 매력적인 모양으로 전채 요리에 장식으로도 사용된다. 소렐 잎이 더 자라기 시작하면 시금치처럼 조리되어 생선, 송아지 요리 또는 그라탕에 사용된다.

[표 4-1] 소렐 잎의 종류

종류	특징
일반적인 소렐 (Common sorrel)	약간 크고 화살 모양의 잎을 가지고 있다.
프랑스 소렐 (French sorrel)	작고 둥근 잎을 가지고 있고 일반적인 소렐보다 더 부드러운 맛이 난다.
붉은 베인드 소렐 (Red veined sorrel)	잎맥의 색깔이 붉은 색을 가지고 있고 잎이 작다. 매우 가볍고 일반적인 소렐과 다른 맛을 지니고 있다.
양의 소렐 (Sheep's sorrel)	미국 전역에서 자라며 일반적으로 붉은 베인드 소렐만큼 신맛이 약하고 잎이 작다.

(2) 전채 요리를 위한 콘디멘트

콘디멘트(Condiments)는 전채 요리와 어울리는 양념, 조미료, 향신료를 말한다. 전채 요리의 특성에 따라 콘디멘트를 선택하고 제공되어야 하며, 전채 요리에 사용되는 콘디멘트는 소금, 식초, 올리브유, 겨자, 마요네즈 등이 사용되고, 맛을 향상시키기 위해 허브와 스파이스를 사용한다.

1) 기본 콘디멘트

① 식초(Vinegar)

식초는 신맛을 가지는 가장 대표적인 조미료이다. 과일, 곡류의 알코올을 발효시켜 양조한 것으로, 과일의 신맛을 이용한 것과 합성한 것 등이 있다. 신맛은 침샘을 자극하여 소화액의 분비를 촉진시켜 식욕을 증진시키며 피로회복과 미용에도 좋다.

- **와인 식초**(Wine vinegar)

와인 식초는 레드 또는 화이트 와인으로 만들어지며 남부 유럽과 중부 유럽, 키프로스, 이스라엘에서 가장 흔히 사용되는 식초이다. 우수한 품질의 와인 식초는 최대 2년 동안 나무에서 숙성되며, 복잡하고 부드러운 향이 난다. 와인 식초는 사과 식초보다 낮은 산도를 나타내는 경향이 있고, 비싼 와인 식초는 샴페인, 셰리 또는 피노 그리리스와 같은 개별 와인 종류로 만든다. 레드 와인 식초는 화이트 와인으로 만든 식초보다 강하고 풍성한 향이 나며, 레드 와인 식초의 품질은 숙성과정과 레드 와인 식초를 만들기 위해 사용된 와인의 종류에 달려 있다. 값 비싼 레드 와인 식초는 고품질의 재료를 사용하여 생산되며 목재 통에서 숙성된다.

▪ **발사믹 식초**(Balsamic vinegar)

발사믹 식초는 이탈리아의 모데나(Modena) 지방과 레지오 에밀리아(Reggio Emilia) 지방에서 생산되는 향기로운 숙성 식초이다. 전통적인 발사믹 식초는 흰색 트레비아노(Trebbiano) 포도의 농축 주스로 만든다. 발사믹 식초는 매우 진한 갈색이며, 풍부하고 달콤하며 복잡한 맛을 가진다. 오크, 뽕나무, 밤나무, 체리, 주니퍼 및 애쉬 나무로 만들어진 통에서 가장 좋은 포도를 숙성시켜 만든다. 원래 이탈리아 상류층만이 구입할 수 있는 값 비싼 제품인 전통 발사믹 식초는 12~28년 동안 숙성시키고 'Tradizionale' 또는 'DOC'라고 표시되어있다. 'Aceto balsamico di Modena(모데나의 발사믹 식초)'와 같은 보다 저렴한 비 DOC 상업용 상품은 20세기 후반에 전 세계적으로 널리 알려지게 되었고, 추출된 포도주스와 강한 식초를 혼합하고 캐러멜과 설탕으로 착색하여 만들며 약간 단맛이 난다.

② 올리브유(Olive oil)

올리브 나무의 열매에 함유된 기름을 압착 추출법으로 채유한 것으로, 주성분은 불포화 지방산인 올레인산(Oleic acid)을 다량 함유하고 있으며, 식용유 중에서 최고품으로 사용되고 있다. 올리브유는 올리브 열매에서 압착 과정을 한번 거쳐 처음 추출한 엑스트라 버진 올리브유(Extra virgin olive oil), 두 번째 추출한 버진 올리브유(Virgin olive oil), 3~4번째 추출한 퓨어 버진 올리브유(Pure virgin olive oil)로 분류된다. 올리브유는 주로 비네그레트(Vinaigrette)를 만들기 위해 사용되는데, 기본적으로 오일과 식초를 3:1비율로 섞어서 사용한다. 전채 요리에 가장 많이 사용되는 비네그레트는 채소 비네그레트(Vegetable vinaigrette), 레몬 비네그레트(Lemon vinaigrette), 토마토 비네그레트(Tomato vinaigrette), 머스터드 비네그레트(Mustard vinaigrette) 등이 있다.

2) 허브(Herb)와 스파이스(Spice)

① 딜(Dill)

오랜 역사를 가진 딜은 지중해 연안이나 서아시아, 인도, 이란 등지에서 자생하는 미나리과의 일년초로 1m 이상 자란다. 특히 잎은 작은 깃털처럼 생겼고 솜털로 덮여있다. 딜은 전체적으로 방향이 있기 때문에 꽃과 부드러운 잎, 줄기는 물론 씨까지 모두 이용할 수 있지만, 잎과 줄기보다는 씨 쪽이 더 강한 풍미를 지니고 있다. 딜 잎은 주로 해산물 요리에 많이 사용되며, 특히 연어 요리에 빠져서는 안 되는 허브이다.

② 케이퍼(Caper)

원산지는 지중해 국경으로 프랑스, 이탈리아, 스페인 등이 주산지이다. 열매는 크기에 따라 분류하며 제일 작은 것이 질은 좋고, 큰 것은 질이 좋지 않은 것으로 구분한다. 그대로 사용하는 것보다 식초에 저장한 것을 주로 사용하는데, 소금에 절여 저장하기도 한다. 주로 샐러드소스, 파스타, 연어, 참치요리, 청어절임, 스튜, 타르타르 등에 사용한다.

③ 고수(Coriander)

고수는 남유럽, 지중해 연안이 원산지로 미나리과에 속하는 일년초이다. 꽃이 백색으로 개화하고 줄기는 곧고 위에서 많은 곁가지를 친다. 줄기 아래에 나는 잎은 연한 녹색이고 줄기가 하나 있으며, 통 잎이거나 세 쪽으로 나누어져 있다. 하나의 잎줄기에서 4~12개의 꽃이 피며, 잎줄기는 줄기의 위로 올라갈수록 점차 짧아져 잎줄기가 아주 없는 것도 있다. 성숙하면 방향이 변하는데 중국, 인도, 태국, 베트남 등 동남아시아의 여러 나라에서 스파이스로 중요하게 사용되고 있다. 씨는 과자, 쿠키, 빵이나 오이 피클, 육류 제품, 수프 등의 향신료로 이용된다. 뿌리와 줄기도 식용한다.

④ **처빌**(Chervil)

유럽 중동부가 원산지이며 미나리과에 속한다. 0.6m 길이의 상록 일년초이며, 희고 작은 꽃이 3월 하순에서 8월 초순에 우산처럼 밀집하여 핀다. 직사광선과 건조를 싫어하고 조금 습하고 통풍이 좋은 곳이면 잘 자란다. 하얗고 작은 다섯 개의 꽃잎이 우산처럼 밀집하여 피는 처빌은 파슬리보다 섬세한 느낌의 향이 있어 '미식가의 파슬리'라고 불린다. 신선한 잎은 요리의 마무리에 장식으로도 이용한다.

3 전채 조리

(1) 전채 조리법

1) 염지(Curing)

소금을 이용하는 염장법은 가장 오래된 식품 저장수단으로서, 식육과 같이 부패하기 쉬운 식품의 저장에 이용되어 왔다. 18세기 후반에 소금에 혼입되어 있는 질산염이 육색발현의 직접적인 요인으로 드러남으로써 염지의 기능이 과학적으로 명백하게 이해되었다. 염지 방법은 크게 두 가지 방법이 있다. 건염법은 혼합한 소금에 식육을 파묻거나 소금으로 식육을 문지르는 방법이며, 액염법은 염지제를 물에 녹여서 만든 염지액에 고기를 담그는 방법이다.

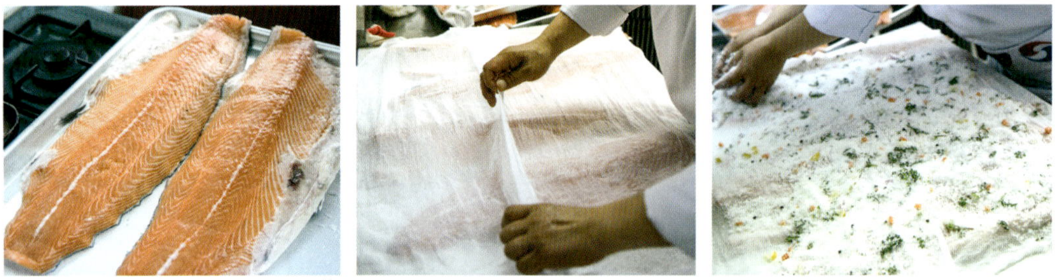

[그림 4-1] 연어 염지하기

2) 그라블락스(Gravlax)

그라블락스는 소금, 설탕, 딜에 절여놓은 북유럽 연어요리이다. 그라블락스는 '파다' 또는 '보존하다'의 뜻을 가진 스칸디나비아어 'Grava'에서 유래하였다. 일반적으로 전채 요리로 제공되며, 얇게 썰어 빵이나 삶은 감자, 머스터드 소스와 함께 제공한다. 중세시대에는 어부들이 배 위에서 잡은 연어를 염장하고 모래에 파묻어서 가볍게 발효시켰다. 오늘날 발효는 생산 공정에서 더 이상 사용되지 않는다. 대신 연어는 소금, 설탕 및 딜 혼합물을 묻혀 며칠 동안 보존하여 만든다.

3) 테린(Terrine)

테린은 일반적으로 곱게 다진 포스미트(Forcemeat) 덩어리를 가리키며, 차거나 실온의 온도로 제공된다. 대부분의 테린은 고기뿐만 아니라 많은 양의 지방을 포함한다. 많은 테린은 프랑스에서 일반적으로 잘 먹지 않는 사슴과 돼지고기와 같은 전형적인 프랑스 야생동물(Game)의 고기로 만들어진다.

4) 훈제(Smoking)

훈제는 나무를 태우거나 그을려서 나오는 연기에 식재료를 노출시켜 음식의 맛을 내고 보존력을 향상시켜 주는 요리법이다. 과거의 훈제는 음식을 보존하는 것이 주요한 목적이었지만, 현대에 들어서 음식을 보존하는 것보다 풍미를 향상시키는 방법으로 사용되고 있다. 고기와 생선은 가장 일반적으로 훈제에 사용되지만 치즈, 채소 등에도 사용된다. 유럽에서는 오리나무(Alder)가 전통적인 훈연 목재이지만, 최근 오크(Oak)가 가장 많이 사용된다. 나무 이외의 다른 바이오매스(Biomass)도 사용할 수 있으며, 때로는 향료 성분을 첨가할 수 있다. 일부 북미 햄 및 베이컨 제조업체는 옥수숫대(Corncobs)를 사용하기도 한다.

[표 4-2] 훈제의 종류

차가운 훈제 (Cold smoking)	차가운 훈제는 일반적으로 20~30℃에서 진행한다. 이 온도 범위에서 식품은 훈제된 향을 취하지만 상대적으로 습기가 남아 있다. 차가운 훈제는 재료가 완전히 익지 않기 때문에 차가운 연기가 나기 전에 방부 처리를 해야 한다. 닭 가슴살, 소고기, 돼지고기, 연어, 가리비, 스테이크 등에 사용할 수 있다.
뜨거운 훈제 (Hot smoking)	뜨거운 훈제는 통제된 환경에서 연기와 열에 음식을 노출시킨다. 차가운 훈제와 마찬가지로 먼저 얇은 막(Pellicle)이 만들어지게 하기 위해 매달아 놓은 후 훈제를 한다. 고온에서 훈제된 식품은 종종 재가열 되거나 조리되지만 일반적으로 추가 요리 없이 먹어도 안전하다. 뜨거운 훈제는 52~80℃ 범위에서 진행한다.

5) 세비체(Ceviche)

세비체는 라틴 아메리카와 카리브 해 연안 지역에서 인기 있는 해산물 요리이다. 이 음식은 레몬 또는 라임과 같은 감귤류 주스에서 신선한 생선을 마리네이드하여 만든다. 맛을 추가하는 것 외에도 레몬이나 라임의 구연산(Citric acid)은 해산물에 있는 단백질을 변성시켜 해산물이 조리되게 한다. 그러나 산성 마리네이드는 요리할 때의 열과 같지 않아서 박테리아나 기생충을 죽이지 못하기 때문에 식중독의 위험을 최소화하기 위해 신선하게 준비해야 한다.

전통적인 스타일의 세비체는 약 3시간 동안 마리네이드를 하고, 현대 스타일의 세비체는 매우 짧은 시간에 마리네이드를 한다.

세비체의 기원에 대한 두가지 가설이 있다. 첫 번째 가설은 요리에 대한 일반적인 스페인어 단어 'Cebiche'가 라틴어 단어 'Cibus'에서 유래하였고, 그 의미는 '사람과 동물을 위한 음식'을 뜻한다는 설이다. 왕립 스페인어 학회(Royal Spanish Academy)에서 지지하는 두 번째 가설은 식초로 조리된 고기라는 뜻을 가진 아랍어인 'Sakbja'에서 유래된 스페인-아랍 단어 'Assukkabog'에서 온 것이라는 설이다.

6) 시어링(Searing)

시어링은 소고기, 양고기 또는 돼지고기와 같은 모든 종류의 고기에 유용한 조리 기술로, 고온에서 재료를 단시간에 겉면만 익혀주는 조리 방법이다. 바르게 행해지면 고기의 외형, 질감 및 풍미가 향상된다. 타이밍과 온도는 성공적인 시어링을 위해 중요하다. 고기를 시어링하는 이유는 고열에서의 짧은 조리를 통해 캐러멜화 시키기 위해서다. 이 시어링 과정은 '마이야르(Maillard) 반응'이라 알려져 있다. 이는 완성된 제품에 더 좋은 색상과 표면 질감을 부여하고 고기에 추가적인 맛을 준다. 고기를 시어링하기 위해 몇 분 동안 상온에 두어야 한다. 고기의 육즙은 저온에서 고기 섬유와 결합하고 고기 섬유를 근육조직으로 이동시켜 고기가 부드럽고 수분을 얻을 수 있다.

7) 갈란틴(Galantine)

갈란틴은 뼈를 제거하고 고기(포스미트)를 채워 원통형 모양으로 만들어 익혀 차갑게 제공하는 프랑스 요리이다. 만들기 어렵고 시간이 많이 소요되며 정교하게 장식되어 화려하게 만들어진다.

8) 팀발(Timbale)

팀발은 베이킹에 사용되는 팬 종류 또는 베이킹 팬 내부에서 조리되는 음식을 일컫는다. 팀발 몰드(파네토네를 굽는 데 사용되는 것과 같이)는 타르트 몰드와 같이 작을 수도 있고, 이보다 더 클 수도 있다. 팀발 몰드는 일반적으로 바닥 쪽으로 갈수록 좁아진다. 충전물은 허브와 향신료를 넣어 육류 및 어패류, 소시지, 치즈, 채소 등 광범위하게 사용할 수 있다. 팀발은 'Timballo'라고 알려진 '드럼'에서 유래하였다고 한다.

9) 아스픽(Aspic)

아스픽은 동물의 뼈, 근육, 껍질 등을 푹 고았을 때 우러나오는 연골성분의 국물을 정제한 것으로, 연골성분이 굳어져 고기젤리와 같이 투명하게 만든 것이다. 아스픽은 적당한 몰드를 이용하여 묵, 양갱과 같은 형태로 만들어 사용한다.

10) 타르타르(Tartare)

아주 신선하면서도 탄력 있는 육류나 생선을 골라 올리브유, 허브, 피망, 양파, 레몬즙 등을 넣고 잘 섞은 후 익히지 않고 날 것으로 제공하는 조리법이다.

4 전채 요리 완성

전채 요리는 메인 요리가 제공되기 전에 고객에게 제공되는 요리로, 식욕을 촉진시키기 위한 맛과 색, 모양 등을 조화롭게 배열하여 예술적 감각이 표현되어야 한다. 음식을 접시에 가져올 때 음식을 배열하고 전체적인 스타일을 하는 것을 플레이팅(Plating)이라고 부른다. 첫 한 입을 먹기 전에 우리의 눈이 먼저 음식을 먹기 때문에 전채 요리를 접시에 유혹적으로 채우는 것은 매우 중요하다. 이를 위해 전채 요리의 특성을 이해하고 플레이팅하여 전채 요리에 매력적이고 적절한 외양을 부여하여야 한다. 전채 요리의 접시담기는 다음의 단계를 거쳐야 한다.

(1) 스케치

실제 접시에 전채 요리를 담기 전에 플레이팅을 미리 계획해야 하기 때문에 여러 위치를 배치시켜 간단하게 스케치를 그려 시각화해 보는 단계가 필요하다. 스케치 과정을 거치지 않고 전채 요리를 접시에 담게 되면 한 번에 마무리를 할 수 없고, 여기저기 옮겨 담게 되어 접시가 지저분해져 매력적인 전채 요리를 제공할 수 없게 된다.

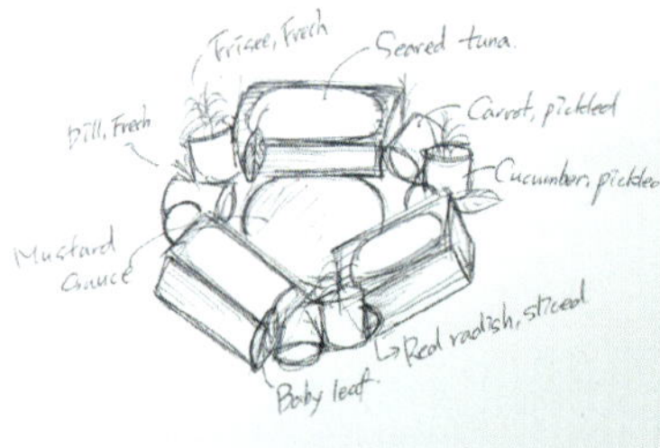

(2) 접시 선택

접시는 음식의 배경이다. 접시담기에서 가장 중요한 요소는 전채 요리의 모양, 색 등에 어울리는 접시를 선택하는 것이 중요하다. 접시 선택 시 고려사항은 다음과 같다.

[표 4-3] 접시 선택 시 고려사항

구분	내용
접시의 모양	접시의 모양은 원형, 타원형, 정사각형, 직사각형, 삼각형 등 다양하지만, 테두리(Rim)가 있는 원형 접시가 가장 많이 사용되고 있다. 최근 전채 요리를 특별하게 플레이팅하기 위해 삼각형이나 사각형 등의 접시가 사용되고 있다.
접시의 색깔	음식을 플레이팅할 때 고전적으로 흰색 또는 검은색이 많이 사용된다. 특히 흰색 접시는 음식의 어떤 색깔도 보완해주기 때문에 많이 사용된다. 색깔이 있는 접시는 눈의 초점을 흩뜨릴 수 있다.
접시의 크기	전채 요리의 종류별로 다르겠지만 일반적으로 접시의 지름이 약 30cm 정도 되는 접시가 사용된다. 접시가 크면 올라가는 아이템 사이를 분리하여 각각의 고유한 아름다움을 빛나게 할 수 있다.

(3) 접시 보관

음식을 접시에 채우기 전에 접시가 청결한 지를 확인하여야 한다. 이를 위해 접시의 가장자리의 물때를 깨끗이 제거해야 하고, 고객에게 제공되기 전까지 손자국이 남지 않게 보관 및 사용해야 한다. 뜨거운 전채 요리를 위해서는 핫 워머(Hot warmer)나 램프(Ramp) 밑에 보관하여 뜨겁게 사용하고, 차가운 전채 요리는 냉장고에 넣어 두었다가 차갑게 사용해야 한다.

(4) 접시담기

접시에 올라가는 모든 재료는 식용이 가능해야 하며, 소스 및 가니쉬는 전체 요리의 맛을 보완해줘야 한다. 음식을 제공할 때의 안전과 맛 모두를 위해 최상의 온도에서 음식을 제공하여야 한다.

1) 초점(Focal point)

초점은 플레이팅의 기본 요소 중 하나이며, 전체 요리의 주재료가 플레이팅되는 곳이 접시의 초점이 된다. 초점은 플레이팅의 위치를 대칭(초점이 중앙에 있을 때) 또는 비대칭(Assymetrical: 초점이 중앙에 있지 않을 때)으로 할지에 대해 결정하는 데 도움이 된다. 고전적인 플레이팅 스타일은 접시 앞쪽은 메인 주재료, 뒤쪽에는 채소나 전분을 배열한다거나, 주재료와 채소 등을 겹쳐 놓거나 채소에 주재료를 기대어 놓는 등의 대칭적 프레젠테이션 방법에 의해 이루어졌으며, 이는 정적인 인상을 준다. 이와 반대로 비대칭 프레젠테이션은 때때로 자연스러운(Natural) 것으로 묘사되는데, 최근 전채 요리에서 많이 사용되고 있다.

2) 공간(Space)

전채 요리에 사용된 재료의 특성과 색, 그리고 여백을 살려 접시에 담아야 한다. 특히 전채 요리를 접시에 가득 담지 말고 약간의 공간을 비워 접시가 숨을 쉬게 해줘야 한다. 그렇다고 해서 전채 요리 각각의 요소(재소, 상식, 소스, 수 메뉴) 사이에 너무 많은 공간을 두지 말아야 하며, 일정한 간격과 질서가 필요하다. 또한 전채 요리의 공간구성은 접시 모양에 따라 다르다. 전통적으로 내원을 벗어나지 않게 담아야 하지만 최근 그러한 경계는 없어졌다. 무엇보다 고객이 쉽게 음식을 식별하고 먹을 수 있게 우선 고려되어야 하기 때문에 손님들 앞에서 접시를 내려놓는 방법에 관해서 서비스 담당자와 의논하여야 한다.

3) 높이(Height)

손님의 시선을 끌기 위해 높이의 변화를 주어 고객이 먼저 주의를 끌 수 있는 접시의 지점을 강조할 필요가 있다. 일부 음식은 모양이 정해지지만 다른 음식은 자체적으로 모양을 유지하지 못하기 때문에 몰딩(Molding) 또는 쉐이핑(Shaping) 기술을 활용하여 높이를 변화시켜 매력적인 모양을 제공할 수 있다.

4) 크기와 모양 그리고 개수(Size, shape, and number)

전채 요리 플레이팅 시 크기와 모양, 개수는 원가 계산을 위한 주요 고려사항이다. 크기와 모양, 개수는 접시의 크기를 고려하여 결정하여야 한다.

- 다양한 크기와 모양을 사용하여 같은 모양으로 올리는 것을 방지해야 한다. 채소를 다른 모양으로 자르면 높이 등에 큰 유연성이 생긴다.
- 한 조각이 아닌 작은 조각으로 나누어서 플레이팅해야 한다.
- 홀수로 플레이팅해야 한다(홀수를 제공하였을 때 구성에 통일성을 가져다 줌).
- 뷔페 플레이트를 위한 전채 요리는 일관된 두께로 조각을 자르고, 절단된 순서대로 정렬하여야 한다(Sequencing이라고 함).

5) 질감(Textures)

밸런스를 좋게 하기 위해서는 접시에 다양한 질감이 필요하다. 시각적으로 엄격한 고려사항이 아니기 때문에 일반적으로 음식 프리젠테이션 팁 목록에 포함되지 않지만, 질감은 메뉴 계획에서처럼 플레이팅이 중요하다.

6) 예기치 않은 접시 사용(Use an unexpected plate)

접시에 전채 요리를 위한 모든 것을 담아두기보다는 일부분(소스나 흘러내리는 음식 등)을 지름이 3~4cm 정도 되는 소형 핑거볼이나 소형 프라이팬과 같은 특별한 접시에 담아낼 수 있다. 작은 그릇에 곁들임 채소나 소스를 채우고 접시에 놓으면 모양과 높이에 대한 변화를 줄 수 있다.

7) 색상과 소스(Color & Sauce)

고객이 전채 요리를 보고 식욕을 돋우기 위해 색상은 굉장히 중요하다. 제공하는 전채 요리의 색깔이 단조로울 경우, 색이 화려한 가니쉬나 채소로 전채 요리를 밝게 해야 한다. 여러 개의 색을 사용하는 것이 하나의 색을 사용하는 것보다 좋다. 이를 위해 색상환의 서로 옆에 있는 색(패밀리 컬러)을 가진 재료들을 효과적으로 사용해야 한다. 특히 녹색 채소가 인기 있는 이유 중 하나는 색상 관심(Color interest)을 불러 일으켜 다른 채소 또는 곁들임을 선택하는 데 도움이 되기 때문이다. 또한 소스는 전채 요리의 색상을 향상시키는 중요한 요소이다. 소스를 접시담기의 맨 마지막에 해야 하는 규칙은 없으니 다른 재료들 보다 먼저 플레이팅해 보는 것도 필요하다. 고기, 가금류, 생선 등은 갈색, 금색 또는 흰색 색조 이외의 색이 거의 없다.

(5) 가니쉬(Use garnish)

가니쉬와 전채 요리는 맛이 모순되지 않도록 서로 조화를 이루어야 한다. 음식 맛에 큰 차이를 주지 않겠지만 플레이팅의 시각적 호감을 지속시킬 수 있다.

허브 장식

튀일류 장식

치즈를 이용한 장식

망고 비네그레트를 곁들인

연어 테린

SALMON TERRINE WITH MANGO VINAIGRETTE

Cooking Terminology

테린(Terrine)은 일반적으로 직사각형 또는 타원형의 뚜껑이 있고 유약을 칠한 토기 접시를 의미하기도 하고, 이 용기에서 만들어지는 음식을 테린이라고 부른다. 테린은 일반적으로 파테(Pate)와 비슷하며 차갑거나 실온의 온도로 제공한다. 대부분의 테린은 고기뿐만 아니라 많은 양의 지방이 포함되며, 일반적으로 다른 방식으로 섭취하지 않는 사슴이나 멧돼지와 같은 야생동물의 고기로 만들어졌다.

INGREDIENTS

For terrine

연어(Salmon) 90g
달걀(Egg) 1ea
생크림(Fresh cream) 15ml
레몬(Lemon) 1/4ea
3색 파프리카(Paprika) 80g
근대 잎(Swiss chard leaf) 10g
딜(Dill) 1sprig
이탈리안 파슬리(Italian parsley) 1sprig
소금(Salt) as needed
후추(Pepper) as needed

For vinaigrette

레몬(Lemon) 1/4ea
이탈리안 파슬리(Italian parsley) 1sprig
올리브유(Olive oil) 20ml
망고(Mango) 20g
소금(Salt) as needed
후추(Pepper) as needed

For vegetable & garnish

프리제(Frisee) 3g
와일드 아루굴라(Wild arugula) 3g
홍무(Red radish) 1ea
셀러리(Celery) 10g
3색 파프리카(Paprika) 20g
딜(Dill) 1sprig

COOKING METHOD

Preparation

1 얇게 자른 3색 파프리카, 홍무, 셀러리와 프리제, 와일드 아루굴라를 물에 담가 놓는다.
2 연어는 기름기를 제거한 후 주사위 모양으로 잘라 냉장고에 넣는다.
3 근대 잎은 소금물에 데치고 레몬은 즙을 짜 놓는다.
4 망고는 0.3cm 정도의 정육면체로 자르고, 이탈리안 파슬리와 딜은 다져 놓는다.

Cooking

1 푸드 프로세서에 연어와 달걀흰자, 생크림, 레몬즙을 순서대로 넣고 갈은 후 소금과 후추로 간을 하여 연어 포스미트를 만든다. 연어 포스미트에 얇게 잘라 물기를 제거한 3색 파프리카와 다진 이탈리안 파슬리, 딜을 넣고 섞는다.
2 랩 위에 데쳐 놓은 근대 잎을 깔고 연어 포스미트를 올려 원형으로 말아 연어 테린을 만든다.
3 양 끝을 묶고 호일로 다시 한 번 감싸 삶은 후 차게 식힌다.
4 믹싱 볼에 레몬즙과 이탈리안 파슬리, 올리브유를 넣어 유화시키고, 마지막 단계에서 잘라놓은 망고와 소금, 후추를 넣어 망고 비네그레트를 만든다.

Finishing & Plating

1 프리제, 홍무, 와일드 아루굴라, 3색 파프리카, 셀러리 등을 접시에 가지런히 담는다.
2 익혀서 식힌 연어 테린을 일정한 두께로 잘라서 접시에 올린다.
3 망고 비네그레트를 곁들이고 딜로 장식한 후 제공한다.

APPETIZER

발사믹 소스를 곁들인

비프 카르파초

BEEF CARPACCIO WITH BALSAMIC SAUCE

Cooking Terminology

비프 카르파초(Beef Carpaccio)는 이탈리아의 전채 요리이다. 이는 1950년대에 베네딕이란 지역에서 살던 화가 카르파초가 몸이 아파 의사에게 진찰을 받았는데, 익힌 고기를 먹지 말라는 처방을 받고 단골 레스토랑을 방문하여 주방장에게 이를 얘기하자 단골고객을 위해 소고기를 익히지 않고 만들어 준 것에서 유래하였다고 한다. 이 음식의 이름은 화가의 이름을 그대로 붙여 만들어 졌다.

INGREDIENTS

For meat

소고기 안심(Beef tenderloin) 100g
겨자(Mustard) 30ml
세이지(Sage) 1sprig
딜(Dill) 1sprig
검은 통후추(Whole black pepper) 10ea
로즈마리(Rosemary) 1sprig
소금(salt) as needed

For sauce

발사믹 식초(Balsamic vinegar) 60ml
올리브유(Olive oil) 35ml
꿀(Honey) 10ml
레몬주스(Lemon juice) 5ml
소금(Salt) as needed
후추(Pepper) as needed

For tuile

밀가루(Flour) 5g
올리브유(Olive oil) 15g

For vegetable & garnish

토마토(Tomato) 50g
바질(Basil) 2sprigs

COOKING METHOD

Preparation

1. 소고기 안심은 힘줄과 기름, 핏물을 완전히 제거한 후 둥글게 만들어 준비한다.
2. 세이지, 딜, 로즈마리는 곱게 다지고 검은 통후추는 곱게 으깬다.
3. 바질은 찬물에 담가 신선하게 준비한다.

Cooking

1. 믹싱 볼에 겨자와 다진 로즈마리, 딜, 세이지, 으깬 통후추, 소금을 넣고 섞는다.
2. 소고기에 **1**을 바르고 비닐 랩으로 말아 냉장고에 보관한 후 얇은 두께로 자른다.
3. 소스팬에 발사믹 식초, 꿀을 넣고 끓여 1/2로 졸인 후 식힌다. 식으면 올리브유를 조금씩 넣으면서 유화시킨다. 농도가 생기면 레몬주스, 소금, 후추로 간을 하여 발사믹 소스를 만든다.
4. 믹싱 볼에 밀가루, 올리브유, 물 35ml를 넣고 섞은 후 프라이팬에 구워 튀일을 만든다.

Finishing & Plating

1. 얇게 자른 비프 카르파초와 토마토, 바질 잎을 접시에 가지런히 담는다. 소고기는 얇게 썰어서 부서지기 쉬우므로 주의하며 담는다.
2. 발사믹 소스를 곁들이고 튀일로 장식한 후 제공한다.

새우 카나페

SHRIMP CANAPE

Cooking Terminology

새우를 뜻하는 영어는 'Shrimp'와 'Prawn'이라는 단어가 있다. 두가지 용어 자체의 차이에 대한 과학적 근거는 부족하다. 수년에 걸쳐서 Shrimp와 Prawn은 거의 상호 교환적으로 사용되고 있다. 상업적으로 어획된 큰 종은 일반적으로 미국에서는 Shrimp, 다른 영어권 국가에서는 Prawn라고 한다. 또 다른 차이점은 Prawn은 Shrimp 보다는 크기가 큰 새우를 뜻하기도 한다.

INGREDIENTS

새우(Shrimp) 4ea 냉동 1팩당 40미

식빵(White bread) 1ea 샌드위치용, 제조일로부터 하루 경과한 것

달걀(Egg) 1ea

파슬리(Parsley) 1sprig 잎, 줄기 포함

무염 버터(Unsalted butter) 30g

토마토케첩(Tomato ketchup) 10g

레몬(Lemon) 1/8ea 길이(장축)로 등분

이쑤시개(Toothpick) 1ea

당근(Carrot) 15g 둥근 모양이 유지되게 등분

셀러리(Celery) 15g

양파(Onion) 20g 중, 150g 정도, 1/8개

소금(Salt) 5g

흰 후추(White pepper) 2g

COOKING METHOD

Preparation

1 식빵을 4cm 크기로 4개를 잘라 준비하고 파슬리는 찬물에 담가 신선하게 만든다.

2 새우는 깨끗이 손질하고 이쑤시개를 이용하여 등 쪽의 내장을 제거한다.

3 버터는 중탕하여 물컹해질 때까지만 녹여 포마드 상태로 만든다.

4 양파, 당근, 셀러리는 채 썰어 놓고 레몬은 즙을 짜 놓는다.

Cooking

1 소스팬에 달걀이 잠길 정도의 물을 붓고, 소금과 달걀을 넣고 노른자가 중앙에 가도록 약 15분 간 완숙으로 삶는다. 삶은 후 껍질을 제거하고 0.5cm 두께로 4등분한다.

2 소스팬에 물과 미르포아(양파, 당근, 셀러리), 레몬즙, 파슬리 줄기, 소금, 흰 후추를 넣고 끓여 쿠르 부용을 만든 후 내장을 제거한 새우를 넣고 삶는다. 새우가 완전히 익으면 차가운 물에 담가 빨리 식히고 머리와 껍질을 제거한다.

3 삶은 새우의 등쪽에 칼집을 넣어 준다.

4 4cm 크기로 자른 식빵을 프라이팬에 구운 후 포마드 상태의 버터를 바른다.

Finishing & Plating

1 버터를 바른 식빵 위에 달걀, 삶은 새우, 토마토케첩을 올린다.

2 파슬리로 장식한 후 깨끗한 접시에 카나페를 일정한 방향으로 가지런히 담아서 제공한다(파슬리가 너무 크지 않도록 주의한다).

수험자 요구사항 및 유의사항 시험시간 30분

양식조리 기능사

가. 새우는 내장을 제거한 후 미르포아(Mirepoix)를 넣고 삶아서 껍질을 제거하시오.

나. 달걀은 완숙으로 삶아 사용하시오.

다. 식빵은 직경 4cm 정도의 원형으로 하고 4개 제출하시오.

라. 새우를 부서지지 않도록 하고 달걀 삶기에 유의한다.

마. 식빵의 수분 흡수에 유의한다.

샐러드 부케를 곁들인

참치 타르타르와 채소 비네그레트

TUNA TARTARE WITH SALAD BOUQUET AND VEGETABLE VINAIGRETTE

Cooking Terminology

타르타르(Tartare)라는 용어는 스테이크 타르타르(Steak tartare)에서 유래한 것으로 본다. 스테이크 타르타르는 잘게 다진 익히지 않은 소고기 요리이다. 이 요리는 양파, 케이퍼, 우스터 소스, 후추, 달걀노른자를 이용해서 만들고 종종 호밀빵과 함께 제공한다. 달걀을 곁들인 스테이크 타르타르는 20세기 초반 프랑스 레스토랑에서 처음 제공되었고 파리의 레스토랑 '르 둑(Le Duc)'은 1975년에 참치 타르타르와 같이 생선에 조리법을 적용하였다. '타르타르'라는 단어가 중앙아시아 타타르인(Tartar)을 가리키고 '스테이크 타르타르'와 연결하는 이야기가 많이 있지만 스테이크 타르타르와 타르타르인은 관련이 없다고 한다.

INGREDIENTS

붉은 참치(Red Tuna) 80g 냉동지급
양파(Onion) 20g 중, 150g 정도, 1/8ea
그린 올리브(Green olive) 2ea
케이퍼(Caper) 5ea
올리브유(Olive oil) 25ml
레몬(Lemon) 1/4ea 길이(장축)로 등분
핫 소스(Hot sauce) 5ml
처빌(Chervil) 2sprigs fresh
꽃소금(Kosher salt) 5g
흰 후추(White pepper) 3g
차이브(Chive) 5sprigs fresh, 실파로 대체 가능
롤라로사(Lollo rossa) 2leaves 잎상추로 대체 가능
그린 치커리(Green chicory) 2leaves fresh
빨강 파프리카(Red paprika) 40g 5~6cm 정도 길이
노랑 파프리카(Yellow paprika) 20g fresh, 150g 정도, 1/8ea
오이(Cucumber) 20g 가늘고 곧은 것, 20cm 정도, 길이로 반을 갈라 10등분, 1/10ea
파슬리(Parsley) 1sprig 잎, 줄기 포함
딜(Dill) 3sprigs fresh
식초(Vinegar) 10ml

지참 준비물

테이블 스푼 2ea 퀜넬용, 머릿부분 가로 6cm, 세로(폭) 3.5~4cm 정도

COOKING METHOD

Preparation

1 참치는 소금물에 넣고 해동해서 깨끗한 행주에 올려 물기를 완전히 제거하고 3~4mm 정도의 작은 주사위 모양으로 썰어 놓는다.
2 타르타르를 만들기 위해 양파 10g, 그린 올리브, 케이퍼, 처빌 1줄기는 다져 놓고 레몬은 즙을 짜 놓는다.
3 샐러드 부케를 만들기 위해 롤라로사, 그린 치커리, 차이브 2줄기, 딜 2줄기, 처빌 1줄기는 찬물에 담가 신선하게 만들어 놓고 빨강 파프리카 20g은 5cm 길이로 채 썰어 놓는다. 차이브 3줄기는 끓는물에 데쳐 놓는다.
4 비네그레트를 만들기 위해 양파 10g, 빨강 · 노랑 파프리카 각각 20g, 오이 녹색 부분을 2mm 정도의 작은 주사위 모양으로 잘라주고 파슬리와 딜 1줄기는 다져 놓는다.

Cooking

1 믹싱 볼에 썰어 놓은 참치와 다져놓은 양파, 그린 올리브, 케이퍼, 처빌과 레몬즙 1/2, 핫 소스, 올리브유 10ml, 꽃소금, 흰 후추를 넣어 참치 타르타르를 만들어 준다. 테이블스푼 2개를 사용하여 퀜넬 형태로 3개를 만들어 놓는다.
2 믹싱 볼에 식초와 레몬즙 1/2, 2mm로 자른 양파, 파프리카, 오이 녹색부분, 다진 파슬리와 딜을 넣고 잘 섞어준 후 올리브유 15ml를 조금씩 넣어가며 유화시킨다. 꽃소금과 흰 후추로 양념한 후 채소 비네그레트를 만든다.
3 롤로로사에 그린치커리, 차이브, 채 썰어 놓은 빨강 파프리카, 딜, 처빌을 얹어 부케 모양으로 만든 다음 데쳐둔 차이브로 밑동을 묶어 샐러드 부케를 만든다.

Finishing & Plating

1 접시에 준비해 둔 샐러드 부케를 담고 참치 타르타르 3개를 샐러드 부케 아래 쪽에 담아준다(타르타르에 처빌, 딜, 파프리카, 레몬 제스트 등으로 장식해도 좋다).
2 채소 비네그레트를 참치 타르타르에 적당량 뿌려준 후 제공한다.

수험자 요구사항 및 유의사항

시험시간 30분

가. 참치는 꽃소금을 사용하여 해동하고, 3~4mm 정도의 작은 주사위 모양으로 썰어 양파, 그린올리브, 케이퍼, 처빌 등을 이용하여 타르타르를 만드시오.
나. 채소를 이용하여 샐러드부케를 만드시오.
다. 참치타르타르는 테이블 스푼 2개를 사용하여 퀜넬형태로 3개를 만드시오.
라. 비네그레트는 양파, 붉은색과 노란색의 파프리카, 오이를 가로세로 2mm 정도의 작은 주사위 모양으로 썰어서 사용하고 파슬리와 딜은 다져서 사용하시오.
마. 썰은 참치의 핏물제거와 색의 변화에 유의하시오.
바. 샐러드 부케 만드는 것에 유의하시오.

스터프트 에그

STUFFED EGG

Cooking Terminology

머스터드(Mustard)라는 이름은 '머스트 아덴(Mustun ardens: 불타는 것 같은 포도즙)'이라는 라틴어에서 유래되었다. 겨자씨를 으깨면 기름기가 많이 나와 유럽에서는 이것을 포도즙이나 식초에 개었다는 것에서 이름이 지어졌다고 한다. 지금과 같은 머스터드는 1720년 영국 북부 더럼(Durham)에 사는 클레멘트 부인이 처음으로 만들었다고 한다.

INGREDIENTS

달걀(Egg) 2ea
마요네즈(Mayonnaise) 10g
머스터드(Mustard) 3g
양상추(Lettuce) 10g
파슬리(Parsley) 1sprig
햄(Ham) 5g
셀러리(Celery) 10g
소금(Salt) as needed
흰 후추(White pepper) as needed

COOKING METHOD

Preparation

1 신선한 달걀을 준비해서 미지근한 물에 미리 담가 놓는다. 끓는 물에 바로 넣고 삶으면 터질 수 있다.
2 셀러리는 깨끗이 손질해서 껍질을 제거하고 곱게 다지고, 햄도 곱게 다져 놓는다.
3 파슬리, 양상추는 찬물에 담가 신선하게 만들어 놓는다.

Cooking

1 달걀은 노른자가 중앙에 오도록 15분간 삶은 후 찬물에 담가 식혀 놓는다.
2 달걀껍질을 벗겨 반으로 자른 후 노른자를 꺼내어 체에 내린다.
3 달걀노른자에 다진 셀러리, 햄, 마요네즈, 머스터드, 소금, 흰 후추를 넣고 잘 혼합한다. 이때 마요네즈를 적당히 넣어 농도가 질지 않도록 주의한다.
4 양념한 달걀노른자를 짤 주머니에 넣고 삶아서 반으로 자른 흰자에 양상추를 깔고 짜준다.

Finishing & Plating

1 스터프트 에그 4개를 일정한 간격으로 보기 좋게 담는다.
2 피슬리 잎으로 장식한 후 제공한다. 파슬리가 너무 크면 달걀이 보이지 않으니 주의해서 담는다.

채소 렐리쉬

VEGETABLE RELISH

Cooking Terminology

우리나라에서 이런 형태의 음식을 렐리쉬(Relish)라고 부르는지는 알 수 없지만 렐리쉬보다는 스틱(Stick)이라는 용어가 적합해 보인다. 렐리쉬는 조미료로 사용되는 식품 품목으로 다진 채소 또는 과일로 만든 조리되고 절인 제품이다. 북아메리카에서 렐리쉬라는 말은 잘게 다져 절인 오이로 묘사하는 데 자주 사용된다.

INGREDIENTS

당근(Carrot) 100g
오이(Cucumber) 100g
방울 토마토(Cherry Tomato) 3ea
토마토(Tomato) 50g
로메인 레터스(Romane lettuce) 30g
셀러리(Celery) 60g
치커리(Chicory) 30g
마요네즈(Mayonnaise) 60ml
이탈리안 파슬리(Italian parsley) 1sprig

COOKING METHOD

Preparation

1. 당근은 껍질을 제거하고, 오이는 소금으로 문질러 흐르는 물에 깨끗이 세척한다.
2. 셀러리는 연한 부분으로 준비해서 껍질을 제거하고 로메인 레터스와 치커리, 방울 토마토, 이탈리안 파슬리는 찬물에 담가 신선하게 준비한다.

Cooking

1. 셀러리와 당근은 5cm 길이로 잘라 준비한다.
2. 오이는 5cm 길이로 4등분하여 속을 잘라내고 가장자리를 다듬어 준비한다.
3. 물에 담가 놓은 채소는 먹기 좋은 크기로 다듬어 준비한다.
4. 토마토는 웨지형태로 잘라 준비한다.

Finishing & Plating

1. 유리컵이나 쉽게 손으로 잡을 수 있는 접시에 로메인 레터스, 치커리, 당근, 오이, 셀러리, 방울 토마토, 토마토 등의 준비해둔 채소를 가지런히 담는다.
2. 이탈리안 파슬리로 장식해 준다.
3. 고객의 기호에 따라 마요네즈나 다른 콘디멘트를 함께 제공하기도 한다.

채소로 속을 채운 훈제 연어롤

SMOKED SALMON ROLL WITH VEGETABLES

Cooking Terminology

아메리카 인디언들은 연어의 훈제 과정이 부적절하게 행해지면 그들의 주신(主神)이 연어를 가지고 떠날 것으로 믿었기 때문에 훈제하는 의식을 매우 신중하게 수행했다고 한다. 또한 훈제 연어는 역사적으로 그리스 문화와 로마 문화에서 흔히 볼 수 있는 요리였으며, 일반적으로 큰 행사에서 먹었다고 한다. 19세기에 유대인 이민자들이 동유럽에서 영국과 미국으로 생선을 훈제하는 방법을 가져왔다. 알래스카와 오레곤의 태평양 연어를 사용하는 미국 훈제 연어 산업이 급부상하였고 현재 전채 요리에 일반적으로 많이 사용되고 있다.

INGREDIENTS

훈제 연어(Smoked salmon) 150g
균일한 두께와 크기로 지급

당근(Carrot) 40g 길이방향으로 자른 모양으로 지급

셀러리(Celery) 15g

무(Radish) 15g

빨강 피망(Red pimento) 10g 중, 75g 정도, 1/8개, 길이로 잘라서

초록 피망(Green pimento) 10g
중, 75g 정도, 1/8개, 길이로 잘라서

양파(Onion) 20g 중, 150g 정도, 1/8개

홀스레디쉬(Horseradish) 10g

양상추(Lettuce) 15g

레몬(Lemon) 1/4ea 길이(장축)로 등분

생크림(Fresh cream) 50g 조리용

파슬리(Parsley) 1sprig 잎, 줄기 포함

케이퍼(Caper) 6ea

소금(Salt) 5g

흰 후추(White pepper) 5g

지참준비물

연어나이프(필요시 지참, 일반 조리용 칼 대체 가능)

COOKING METHOD

Preparation

1. 훈제 연어는 살이 갈라지지 않도록 얇게 슬라이스 한 후 키친타올을 이용하여 기름을 제거한다.
2. 당근, 셀러리, 무, 빨강 피망, 초록 피망은 0.3cm 두께로 채 썰어 놓는다.
3. 레몬은 반은 웨지 형태로 잘라주고 반은 즙을 짜 놓는다.
4. 양파는 다지고 한 입 크기로 자른 양상추와 파슬리는 물에 담가 놓는다.

Cooking

1. 슬라이스한 훈제 연어에 채 썬 재료들을 넣고 일정한 두께로 가지런히 말아준다.
2. 휘핑한 생크림과 물기를 제거한 홀스레디쉬, 레몬즙, 소금, 흰 후추를 섞어 홀스레디쉬 크림을 만든다.
3. 훈제 연어 롤을 일정한 두께로 6등분하여 자른다.

Finishing & Plating

1. 접시에 6쪽의 연어롤과 물기를 제거한 양상추와 파슬리, 레몬 웨지, 케이퍼, 다진 양파를 가지런히 담는다.
2. 홀스레디쉬 크림을 곁들여 제공한다.

수험자 요구사항 및 유의사항 시험시간 **40분**

양식조리 기능사

가. 주어진 훈제 연어를 슬라이스하여 사용하시오.
나. 당근, 셀러리, 무, 빨강 피망, 초록 피망을 0.3cm 정도의 두께로 채 써시오.
다. 채소로 속을 채워 롤을 만드시오.
라. 롤을 만든 뒤 일정한 크기로 6등분하여 제출하시오.
마. 생크림, 겨자무(홀스레디쉬), 레몬즙을 이용하여 만든 홀스레디쉬 크림, 케이퍼, 레몬 웨지, 양파, 파슬리를 곁들이시오.
바. 훈제 연어기름 제거에 유의한다.
사. 슬라이스한 훈제 연어 살이 갈라지지 않도록 한다.
아. 롤은 일정한 두께로 만든다.

케이퍼 비네그레트를 곁들인

참치를 채운 파프리카

PAPRIKA STUFFED IN TUNA WITH CAPER VINAIGRETTE

Cooking Terminology

프렌치 드레싱(French dressing)은 말 그대로 프랑스에서 만들어졌거나 프랑스 사람들이 주로 먹는 드레싱으로 짐작할 수 있지만, 프랑스에서는 프렌치 드레싱을 비네그레트(Vinaigrette)라고 부른다. 프렌치 드레싱은 1880년대부터 영국에서 유행하면서 붙여졌다는 설과 미국 인디애나주의 루시우스 프렌치라는 사람의 아내 이름을 따서 명명했다는 설이 있다. 루시우스 프렌치는 채소를 무척이나 싫어해 그의 아내는 채소를 억지로 먹이기 위해 드레싱을 개발했고, 그녀의 성을 따서 프렌치 드레싱이 됐다는 설이 있지만 출처는 불분명하다.

INGREDIENTS

For tuna

참치(Tuna) 50g
노랑 파프리카(Yellow paprika) 40g
빨강 파프리카(Red paprika) 80g
케이퍼(Caper) 10g
양파(Onion) 30g
이탈리안 파슬리(Italian parsley) 1/2sprig
마요네즈(Mayonnaise) 5g
레몬(Lemon) 1/8ea
소금(Salt) as needed
후추(Pepper) as needed

For vinaigrette

케이퍼(Caper) 5g
이탈리안 파슬리(Italian parsley) 1/2sprig
레몬(Lemon) 1/8ea
올리브유(Olive oil) 30ml
소금(Salt) as needed
후추(Pepper) as needed

For vegetable & garnish

방울 토마토(Cherry tomato) 3ea
자몽(Grape fruit) 1/4ea
블랙 올리브(Black olive) 2ea
셀러리(Celery) 30g
처빌(Chervil) 1sprig

COOKING METHOD

Preparation

1 파프리카는 석쇠 위에서 껍질을 태운 후 약 20분간 랩으로 감싸고 껍질과 씨를 제거한다.
2 참치는 기름을 빼놓는다. 참치 속을 위해 양파, 이탈리안 파슬리, 케이퍼는 다져놓고 레몬은 즙을 짜 놓는다.
3 셀러리는 필러로 얇게 잘라 물에 담가 놓고, 방울 토마토, 블랙 올리브는 반으로 자른다. 자몽은 껍질을 벗겨 속살을 도려내고 처빌은 물에 담가 놓는다.
4 비네그레트를 위해 케이퍼, 이탈리안 파슬리는 다지고 레몬은 즙을 짜 놓는다.

Cooking

1 기름기를 제거한 참치에 다진 양파, 케이퍼, 이탈리안 파슬리, 레몬즙, 마요네즈, 소금, 후추를 넣어 속을 만든다.
2 다진 케이퍼와 이탈리안 파슬리, 레몬즙, 올리브유를 믹싱 볼에 넣고 거품기로 유화시켜 케이퍼 비네그레트를 만든다.
3 껍질을 벗긴 파프리카의 수분을 제거하고 만들어 둔 참치를 채워 말아 준다.

Finishing & Plating

1 접시에 케이퍼 비네그레트를 먼저 담는다.
2 참치를 채운 파프리카를 한입크기로 3조각을 잘라 접시에 올린다.
3 방울 토마토, 셀러리, 블랙 올리브, 자몽 섹션(Section)을 담고 처빌로 장식한 후 제공한다.

APPETIZER

파인애플 머스터드 소스를 곁들인

구운 참치

SEARED TUNA WITH PINEAPPLE MUSTARD SAUCE

Cooking Terminology

시어링(Searing)은 캐러멜 껍질이 형성될 때까지 음식의 표면을 고온에서 조리하는 기술이다. 원하는 갈색 또는 검은색 크러스트를 얻으려면 고기 표면이 150°C를 초과해야 한다. 이 조리법은 캐러멜라이즈(Caramelization)와 마이라드(Maillard) 반응을 통해 바람직한 향을 만들어내기 때문에 고기 요리에 필수 기술이다. 일반적으로 굽는 과정에서 음식은 매우 높은 열에서 시작하여 그릴의 저온 영역으로 옮겨 요리를 마친다. 시어링과 같은 개념의 타타키(Tataki)는 다양한 종류의 생선이나 고기에 이용하는 일본식 조리법이다. 음식의 외부를 높은 열에서 빠르게 그을리고, 그 후에 식초에서 짧게 마리네이드하고 얇게 썰어 제공한다.

INGREDIENTS

For tuna

참치(Tuna) 80g
꽃소금(Kosher salt) 5g
식용유(Vegetable oil) 30ml
검은 통후추(Whole black pepper) 5g
타임(Thyme) 1sprig
이탈리안 파슬리(Italian parsley) 1sprig
소금(Salt) as needed

For sauce

파인애플(Pineapple) 30g
디종 머스터드(Dijon mustard) 5g
간장(Soy sauce) 2ml
오렌지주스(Orange juice) 5ml
전분(Starch) 5g
마요네즈(Mayonnaise) 15g

For vegetable & garnish

당근(Carrot) 30g
오이(Cucumber) 30g
홍무(Red radish) 1ea
설탕(Sugar) 20g
식초(Vinegar) 20ml
어린 잎(Baby leaf) 5g
딜(Dill) 1sprig
프리제(Frisee) 5g
노랑 파프리카(Yellow paprika) 10g

COOKING METHOD

Preparation

1 꽃소금을 넣은 물에 참치를 해동시킨 후 키친타올을 이용하여 물기를 제거한다.
2 접시에 식용유 20ml, 으깬 검은 통후추, 다진 타임과 이탈리안 파슬리, 소금을 넣은 후 잘 섞고, 해동한 참치를 마리네이드 시켜 놓는다.
3 설탕과 식초, 물을 섞은 후 0.2cm 두께로 자른 당근과 오이, 홍무를 절인다.
4 어린 잎과 딜, 프리제, 얇게 자른 노랑 파프리카는 물에 담가 놓는다.
5 파인애플은 갈아놓는다.

Cooking

1 갈아 놓은 파인애플과 오렌지주스, 디종 머스터드, 간장을 섞어 소스팬에 넣고 끓인다. 전분을 물에 풀어 넣은 후 계속 저어준다. 농도가 나면 불을 끄고 마요네즈를 넣어 부드러워 질 때까지 잘 섞어서 파인애플 머스터드 소스를 만든다.
2 프라이팬에 식용유 10ml를 넣고 높은 열로 가열한다. 식용유에서 연기가 날 때 마리네이드 해놓은 참치를 넣어 안까지 완전히 익지 않게 모든 겉면을 빠르게 시어링하여 색깔을 낸다.

Finishing & Plating

1 차가운 접시에 시어링한 참치 3조각과 당근, 오이, 홍무를 접시에 담는다.
2 어린 잎, 딜, 프리제, 노랑 파프리카를 조화롭게 올린다.
3 파인애플 머스터드 소스를 가운데에 올린 후 제공한다.

APPETIZER

3가지 카나페

3 KINDS OF CANAPES

Cooking Terminology

카나페(Canape)는 오드볼의 한 형태이며 작은 빵 조각이나 퍼프 패스트리 또는 크래커에 약간의 짭짤한 음식을 올려 손가락으로 집어 한입에 먹을 수 있는 음식이다. 프랑스인들은 18세기에 손님들에게 카나페를 제공하기 시작했다. 카나페의 현대적인 버전 중 하나는 아뮤즈 부슈(Amuse-bouche)이다. 아뮤즈 부슈는 말 그대로 '입을 즐겁게 하다'를 의미한다.

INGREDIENTS

For smoked salmon canape

식빵(White bread) 1ea

훈제 연어(Smoked salmon) 50g

오이(Cucumber) 20g

케이퍼(Caper) 5g

레몬(Lenon) 1/8ea

For Cream cheese canape

식빵(White bread) 1ea

방울 토마토(Cherry tomato) 3ea

크림치즈(Cream cheese) 30g

For asparagus canape

식빵(White bread) 1ea

아스파라거스(Asparagus) 50g

슬라이스 햄(Sliced ham) 3ea

소금(Salt) as needed

빨강 파프리카(Red paprika) 30g

For spread & garnish

마요네즈(Mayonnaise) 10g

빨강 파프리카(Red paprika) 6g

노랑 파프리카(Yellow paprika) 10g

딜(Dill) 1sprig

처빌(Chervil) 1sprig

COOKING METHOD

Preparation

1 장식을 위해 처빌과 딜은 찬물에 담가 놓고 빨강 파프리카와 노랑 파프리카는 얇게 잘라 물에 담가 놓는다.

2 식빵을 3~4cm 정도의 크기로 일정하게 잘라 준다.

3 아스파라거스 카나페를 위해 빨강 파프리카는 불에 구워 껍질을 제거한 후 식빵 크기로 잘라 놓는다. 아스파라거스는 껍질을 제거한 후 소금물에 데쳐 놓는다.

4 크림치즈 카나페를 위해 방울 토마토는 가로로 자른 후 속을 제거해 놓는다.

5 훈제 연어 카나페를 위해 레몬껍질은 흰색 부분을 제거하여 제스트를 만들어 놓고 오이를 0.2cm 두께로 잘라 놓는다.

Cooking

1 프라이팬을 가열하여 잘라 놓은 식빵을 구워준 후 마요네즈를 발라 준다.

2 식빵 위에 얇게 자른 오이와 동그랗게 말은 훈제 연어를 올려놓는다. 연어 위에 케이퍼, 레몬 제스트를 올리고 얇게 자른 빨강 파프리카와 딜로 장식하여 훈제 연어 카나페를 만든다.

3 크림치즈를 짤 주머니에 넣어 방울 토마토에 채운다. 구운 식빵 위에 방울 토마토를 올려 크림치즈 카나페를 만든다.

4 아스파라거스를 슬라이스 햄으로 말아 준다. 구운 식빵 위에 구워 놓은 빨강 파프리카와 햄에 말은 아스파라거스를 올리고 얇게 자른 노랑 파프리카와 처빌로 장식하여 아스파라거스 카나페를 만든다.

Finishing & Plating

1 접시에 만들어 둔 카나페를 일정한 간격으로 담는다.

● 전채조리 평가

일지평가: 실습한 내용에 대한 학습자의 일지 작성 후 평가 실시

서술형 평가

학습 내용	평가 항목
전채 재료 준비하기	전채 요리의 정의 및 종류 등 설명 및 학습
	전채 요리의 특성에 대한 설명 및 학습
	전채에 사용되는 재료, 콘디멘트에 대한 설명 및 학습
	전채 요리를 위한 조리법 설명 및 학습
	전채 조리에 필요한 조리도구 사용법 설명 및 학습
전채 조리하기	전채에 적합한 콘디멘트에 대한 설명 및 학습
	채소와 허브의 종류와 특성(명칭)에 대한 설명 및 학습
	전채 요리에 따른 적절한 채소와 허브 사용에 대한 설명 및 학습
	전채에 알맞은 양에 대한 설명 및 학습
	전채메뉴와 어울리는 조리법 설명 및 학습
전채 요리 완성하기	전채 요리에 알맞은 접시의 유형 및 제공 방법에 대한 설명 및 학습
	전채 요리 플레이팅 방법에 대한 설명 및 학습
	전채 요리 콘디멘트에 대한 플레이팅 방법 설명 및 학습
	전채를 먹는데 필요한 접시나 기물, 핑거볼에 대한 설명 및 학습
	완성된 전채의 적정한 색깔, 맛, 풍미, 온도에 대한 설명 및 학습

작업장 평가

학습 내용	평가 항목	만점	직무수행평가 점수
전채 재료 준비하기	전채조리에 필요한 도구 준비		
	전채조리에 필요한 재료에 대한 사전 전처리		
	전채 요리에 적합한 콘디멘트 준비하기		
	조리법에 따른 재료 전처리		
	전채 요리에 적합한 향신료 준비하기		
전채 조리하기	전채조리에 적합한 콘디멘트 조리하기		
	전채조리용 채소에 대한 조리하기		
	전채조리용 허브 및 장식 조리하기		
	메뉴와 어울리는 조리법에 따라 조리하기		
	전채조리에 알맞은 양을 조리하기		
전채 요리 완성하기	전채 요리 플레이팅에 대한 평가		
	완성된 전채의 색에 대한 평가		
	완성된 전채의 양에 대한 평가		
	완성된 전채의 맛에 대한 평가		
	뒷정리		
합계			

CHAPTER

5

샐러드

SALAD

● **학습목표**

어패류, 육류, 채소류, 유제품류, 가공식품류를 활용하여 단순 샐러드와 복합 샐러드, 각종 드레싱류를 조리할 수 있다.

<table>
<tr><th>능력단위 요소</th><th colspan="2">수행 준거</th></tr>
<tr><td rowspan="2">샐러드 재료 준비하기</td><td colspan="2">1. 샐러드와 어울리는 드레싱 재료를 준비할 수 있다.
2. 샐러드용 재료를 적합한 용도와 특성에 맞게 전처리할 수 있다.
3. 샐러드 조리에 필요한 조리도구를 준비할 수 있다.</td></tr>
<tr><td>【지식】
• 드레싱의 종류와 특성
• 메뉴 구성과 서비스 방식
• 샐러드와 드레싱의 구성방법
• 샐러드의 종류와 특성
• 식욕을 자극하는 재료와 색채, 맛, 향의 특징
• 육류, 어패류, 채소의 주재료 특성과 용도 방법
• 주재료 용도별 칼, 도마 사용법
• 콘디멘트의 종류와 특성</td><td>【기술】
• 냉장, 냉동고 관리 능력
• 스토브, 오븐 조작 능력
• 신선한 육류, 어패류, 채소류 선택 능력
• 재료를 메뉴의 특징에 맞게 자르는 능력
• 재료와 조리법을 중복시키지 않는 능력
• 조리실 온도 관리 능력
• 채소, 과일의 전처리하는 능력</td></tr>
<tr><td rowspan="2">샐러드 조리하기</td><td colspan="2">1. 유화에 안정을 주는 재료와 식초, 기름을 넣어 안정된 상태로 만들 수 있다.
2. 드레싱의 특징에 맞는 허브와 향신료, 콘디멘트를 첨가할 수 있다.
3. 육류, 어패류, 채소, 곡류는 따로 익혀서 조리할 수 있다.
4. 필요한 경우 드레싱에 버무리기 전 양념할 수 있다.</td></tr>
<tr><td>【지식】
• 드레싱 종류에 따른 조리법
• 샐러드 종류에 따른 조리법
• 샐러드 특성과 메뉴 구성
• 적합한 콘디멘트 선택법
• 채소와 허브의 종류와 특성(명칭)</td><td>【기술】
• 냉장, 냉동고 관리 능력
• 스토브 화력 조작과 시간조절 능력
• 신선한 채소·허브를 손질, 조리하는 능력
• 원하는 드레싱의 맛, 향, 농도, 색을 만들 수 있는 능력
• 원하는 샐러드의 맛, 향, 농도, 색을 만들 수 있는 능력
• 주재료 용도별 칼, 도마 사용 능력</td></tr>
</table>

샐러드 요리 완성하기	1. 샐러드용 재료에 드레싱을 얹거나 버무릴 수 있다. 2. 메뉴에 알맞은 허브와 향신료, 콘디멘트를 선택하여 첨가할 수 있다. 3. 샐러드는 차갑게 제공할 수 있다. 4. 마무리된 음식의 색깔과 맛, 풍미, 온도를 통해 음식의 품질을 평가할 수 있다.
	【지식】 • 다양한 색감의 음식을 접시에 담는 방법 • 샐러드에 드레싱을 버무리거나 따로 제공하는 판단력 • 접시 선택법 • 종류에 따른 질감, 향미, 색채의 특징 • 푸드 스타일 방법 • 품질 선별법
	【기술】 • 곁들임을 선택하여 조리하는 능력 • 냉장, 냉동고 관리 능력 • 드레싱을 선택하여 조리하는 능력 • 양, 색, 맛을 좋은 품질로 만드는 능력 • 질감, 향미, 색채, 온도의 조화를 고려한 제공 능력

● 교수-학습 방법

능력단위 요소	교수-학습 방법
샐러드 재료 준비하기	• 샐러드의 정의 및 분류에 대한 설명 및 학습 • 드레싱의 종류와 특성에 대한 설명 및 학습 • 샐러드용 육류, 어패류, 채소류의 종류 및 전처리 방법 설명 및 학습 • 샐러드 콘디멘트의 종류와 특성에 대한 설명 및 학습 • 샐러드 조리에 필요한 조리도구의 종류 및 사용법에 대한 설명 및 학습
샐러드 조리하기	• 드레싱 종류에 따른 조리법 설명 및 학습 • 샐러드 종류에 따른 조리법 설명 및 학습 • 샐러드와 어울리는 적합한 콘디멘트 설명 및 학습 • 육류, 어패류, 채소, 곡류 조리법 설명 및 학습 • 채소와 허브의 종류와 특성에 대한 설명
샐러드 요리 완성하기	• 샐러드용 접시 선택 및 플레이팅 방법 설명 및 학습 • 곁들임의 종류 및 조리법 설명 및 학습 • 메뉴에 알맞은 허브와 향신료 설명 및 학습 • 마무리된 샐러드의 맛, 온도에 대한 설명 및 학습 • 샐러드용 재료에 드레싱의 제공 방법에 대한 설명 및 학습

● 자가진단도구

진단 영역	진단 문항	매우 미흡	미흡	보통	우수	매우 우수
샐러드 재료 준비하기	나는 샐러드와 어울리는 드레싱 재료를 준비할 수 있다.	①	②	③	④	⑤
	나는 샐러드용 재료를 적합한 용도와 특성에 맞게 전처리 할 수 있다.	①	②	③	④	⑤
	나는 샐러드 조리에 필요한 조리도구를 준비할 수 있다.	①	②	③	④	⑤
샐러드 조리하기	나는 유화에 안정을 주는 재료와 식초, 기름을 넣어 안정된 상태로 만들 수 있다.	①	②	③	④	⑤
	나는 드레싱의 특징에 맞는 허브와 향신료, 콘디멘트를 첨가할 수 있다.	①	②	③	④	⑤
	나는 육류, 어패류, 채소, 곡류는 따로 익혀서 조리할 수 있다.	①	②	③	④	⑤
	나는 필요한 경우 드레싱에 버무리기 전 양념할 수 있다.	①	②	③	④	⑤
샐러드 요리 완성하기	나는 샐러드용 재료에 드레싱을 얹거나 버무릴 수 있다.	①	②	③	④	⑤
	나는 메뉴에 알맞은 허브와 향신료, 콘디멘트를 선택하여 첨가할 수 있다.	①	②	③	④	⑤
	나는 샐러드를 차갑게 제공할 수 있다.	①	②	③	④	⑤
	나는 마무리된 음식의 색깔과 맛, 풍미, 온도를 통해 음식의 품질을 평가할 수 있다.	①	②	③	④	⑤

● 진단결과

진단 영역	문항 수	점수	점수 ÷ 문항 수
샐러드 재료 준비하기	3		
샐러드 조리하기	4		
샐러드 요리 완성하기	4		
합계	11		

※ 자신의 점수를 문항 수로 나눈 값이 '3점' 이하에 해당하는 영역은 업무를 성공적으로 수행하는데 요구되는 능력이 부족한 것으로 교육훈련이나 개인학습을 통한 개발이 필요함.

1
샐러드의 이해

(1) 샐러드의 정의 및 유래

샐러드(Salad)란 주요리가 제공되기 전에 신선하게 제공하는 채소, 과일 등을 드레싱과 함께 섞은 요리를 말한다. 샐러드의 어원은 라틴어의 'Herba salate(소금을 뿌린 향초)'로 이는 신선한 채소 또는 향초 등을 소금만으로 간을 맞추어 먹었던 것에서 유래하였다. 이것이 점차 발전하여 현재와 같이 다양한 드레싱과 샐러드 등이 형성되었다고 할 수 있다. 또한 라틴어 'Sal(소금)'에서 유래되었다고도 하며, 16세기경 프랑스에서 'Salade'라고 불리었던 채소 그릇의 모양이 반구형 투구와 비슷한데서 유래되었다는 설이 있다.

(2) 샐러드의 기본 구성

1) 바탕(Base)

바탕은 일반적으로 잎상추, 로메인 레터스와 같은 샐러드 채소로 구성된다. 목적은 그릇을 채워주는 역할과 사용된 본체와의 색대비를 이루는 것이다.

2) 본체(Body)

본체는 샐러드의 중요한 부분이다. 샐러드의 종류는 사용된 재료의 종류에 따라 결정된다. 본체는 좋은 샐러드를 만들기 위해 지켜져야만 하는 법칙들을 준수하여 요리해야 한다.

3) 드레싱(Dressing)

드레싱은 일반적으로 모든 종류의 샐러드와 함께 차려낸다. 드레싱은 요리의 성공여부에 매우 중요한 역할을 한다. 또한 맛을 증가시키고 가치를 돋보이게 하며, 소화를 도와줄 뿐만 아니라 경우에 따라 곁들임의 역할도 한다.

4) 가니쉬(Garnish)

곁들임의 주목적은 완성된 제품을 아름답게 보이도록 하는 것이지만 경우에 따라 형태를 개선시키고 맛을 증가시키는 역할도 한다.

(3) 샐러드의 종류

1) 전채 샐러드(Appetizer salad)

가볍고 적은 양을 제공하는 샐러드로 식사의 첫 번째 과정에서 식욕을 자극하기 위해 가볍고 적은 양을 제공하는 샐러드이다.

2) 사이드 샐러드(Side salad)

메인코스의 곁들임으로 제공되는 샐러드이다.

3) 메인 샐러드(Main salad)

보통 닭 가슴살, 연어 또는 소고기 등이 포함되어 주요리로 제공되는 샐러드이다.

4) 디저트 샐러드(Dessert salad)

잎이 많은 채소는 들어 있지 않으며 과일, 젤라틴, 감미료, 휘핑크림 등이 포함된 달콤한 샐러드이다.

2

샐러드 재료 준비

(1) 샐러드의 기본 재료군

1) 육류(Meat)

육류의 경우 소 안심뿐만 아니라 최근 들어 차돌박이나 특수 부위들도 샐러드 재료로 많이 사용되고 있다. 가금류의 경우, 닭 가슴살과 닭 다리살 등을 다양한 조리법을 통해 수많은 샐러드에 활용되고 있으며, 오리 가슴살의 경우 훈제하여 많이 사용한다.

2) 어패류(Fish & Shellfish)

각종 생선류, 조개류, 갑각류, 연채류 등이 여기에 해당되며, 샐러드 재료군으로 그 어떤 식자재보다 다양하게 쓰이고 있다.

3) 치즈류(Cheese)

전 세계적으로 가장 유명한 카프레제 샐러드의 프레쉬 모차렐라 치즈(Fresh mozzarella cheese), 발사믹과 견과류가 같이 제공되는 리코타 치즈(Ricotta cheese) 등 다양한 치즈가 샐러드에 사용되고 있다. 또한 하드 치즈의 경우에는 샐러드 장식으로 많이 사용되고 있다.

4) 채소류(Vegetable)

[표 5-1] 샐러드용 대표적인 채소류

구분	내용
엽채류	각종 상추류(엽상추, 로메인 레터스), 시금치, 배추류 등 식물의 잎을 식용으로 사용하는 채소이다. 샐러드에 있어 가장 기본이 되는 채소류이다.
근채류	땅 속에서 자라는 식물의 뿌리를 이용하는 채소로 무, 양파, 생강, 야콘, 당근, 우엉, 사탕무, 연근, 고구마, 감자 등이 대표적이다.
과채류	식물학적으로는 과일로 분류되지만, 실제 채소로 알고 있는 것으로 오이, 가지, 호박, 토마토, 고추, 오크라, 피망 등이 여기에 속한다.

종실류	씨 부분을 채소로 이용하는 것으로 완두콩과 같은 두류와 곡류가 대표적이다.
화채류	각종 채소의 꽃을 식용으로 사용하는 것으로 오이꽃, 호박꽃, 유채꽃, 장미꽃 등이 많이 쓰인다. 채소 중에는 브로콜리와 콜리플라워가 대표적이다.
새싹 및 새순류	일반 채소에 비해 영양가가 6~7배로 뛰어난 새싹은 말 그대로 자란지 얼마 안 된 식물의 싹(sprout)을 말한다. 새순(baby leaves)은 싹에서 조금 더 자란 형태로 외관상으로 봤을 때 다 자란 잎과 흡사한 모양을 갖는다.
허브류	자주 쓰이는 허브로는 바질, 타임, 처빌, 실란트로, 차이브, 딜, 애플민트, 로즈마리, 파슬리 등이 있다.

(2) 드레싱의 종류

드레싱(Dressing)은 샐러드의 맛을 증가시키고 소화를 도와주는 액체 형태의 재료를 말하며, 유럽에서는 비네그레트 또는 소스라고 부르며 미국에서는 드레싱이라 부른다. 드레싱이라고 하는 것은 여자의 옷이 부드럽게 입혀지는 것처럼 채소에 옷을 입힌다는 뜻에서 유래하였다고 한다. 드레싱은 신맛을 가지고 있어야 하고 반드시 샐러드와 맛과 풍미의 조화가 이루어져야 한다.

1) 비네그레트(Vinaigrette)

오일과 식초를 주재료로 한 드레싱으로 오일, 식초, 소금, 후추를 넣고 빠르게 섞어주면 일시적으로 섞이면서 만들어지는 드레싱이다. 가장 기본적인 비율은 오일과 식초를 3:1로 만드는 것이고, 식초의 종류에 따라 레드 와인 비네그레트, 발사믹 비네그레트, 쉐리 와인 비네그레트 등 그 이름이 달라진다. 오일의 경우, 재료의 향이 강한 비네그레트는 향이 강한 올리브유 보다 일반 샐러드 오일을 사용하는 것이 더 좋을 수 있다. 일시적인 유화 현상 때문에 사용할 때마다 잘 섞어서 사용해야 제대로 된 비네그레트의 맛을 느낄 수 있다.

[표 5-2] 오일을 이용한 대표적인 드레싱

프렌치 드레싱 (French dressing)	샐러드 오일과 식초, 머스터드, 마늘, 향신료를 넣고 만든 드레싱
이탈리안 드레싱 (Italian dressing)	오일에 레드 와인, 식초, 마늘, 타라곤 등으로 만든 드레싱

2) 마요네즈(Mayonnaise)

마요네즈란 난황에 오일, 머스터드, 소금, 식초, 설탕을 넣고 잘 섞어서 유화작용에 의해 분리되지 않게 만든 차가운 드레싱을 말한다. 마요네즈를 이용한 드레싱은 비네그레트와 달리 한번 만들어지면 형태가 파괴되지 않는 특징이 있으며, 특성상 부드러운 질감과 걸쭉한 농도가 잘 나오기 때문에 샐러드 드레싱으로 많이 사용되고 있다. 대표적인 드레싱으로는 사우전 아일랜드 드레싱과 허니 머스터드 드레싱, 과일을 이용한 다양한 드레싱 등이 있다.

[표 5-3] 마요네즈를 이용한 대표적인 드레싱

앤초비 드레싱 (Anchovy dressing)	앤초비 페이스트(Anchovy paste), 달걀, 겨자, 레몬주스 등으로 만든 드레싱
블루치즈 드레싱 (Blue cheese dressing)	프렌치 드레싱에 블루치즈를 갈아서 믹스한 드레싱
과일 드레싱 (Fruits dressing)	키위, 오렌지, 딸기 등 여러 가지 과일을 이용하여 오일과 식초, 레몬주스를 이용하여 만든 드레싱
러시안 드레싱 (Russian dressing)	사우전 아일랜드 드레싱에 캐비아(Caviar) 등을 넣은 드레싱
사우전 아일랜드 드레싱 (Thousand island dressing)	마요네즈, 토마토케첩, 삶은 달걀, 양파, 후추 등을 넣어 만든 드레싱

(3) 샐러드용 채소의 손질

샐러드 채소는 재료 손질에 있어 특별한 주의가 필요하다. 먼저, 시들어진 바깥 쪽 잎을 버리고 다음과 같이 손질한다.

1) 채소 세척 단계

채소를 물에 담가 두었다가 흐르는 물로 씻어 흙이나 모래를 깨끗이 제거한다. 과거에는 채소의 위생적인 세척을 위해 치아염소산나트륨(락스)을 이용하여 소독하였으나 인체에 해로운 걸로 알려져 지금은 많이 사용되지 않고 있다. 여름철의 경우, 이 단계에서 이물질이나 벌레 등을 제거하지 않으면 음식에 혼입될 수 있으므로 주의하여 세척해야 한다.

2) 채소 정선 단계

채소의 줄기 부분은 질기므로 제거하고 원하는 크기로 잘라준 후 찬물에 40~50분 동안 담가 놓는다. 시저 샐러드에 쓰이는 로메인 레터스나 웨지 샐러드(Wedge salad)에 쓰이는 양상추는 자르지 않고 샐러드에 사용하기도 한다.

3) 채소 물기 제거 단계

콜랜더(Colander) 등을 이용하여 채소의 물기를 완전히 제거한다. 샐러드의 물기 제거를 위해 사용되는 샐러드 스피너(Salad spinner)를 사용할 경우, 샐러드가 손상될 수 있으므로 저장단계에서는 사용하지 않는 것이 좋다. 샐러드 보관 후 고객에게 제공 시 스피너를 통해 여분을 물기를 제거하는 데 사용하면 좋다.

4) 채소 보관 단계

깊이가 깊지 않은 용기에 여분의 물기 제거를 위해 드레인(Drain)을 깔고 물기를 제거한 샐러드를 담는다. 깊이가 깊은 용기는 채소가 눌려서 상할 수 있다. 채소 위에 깨끗한 젖은 행주를 올려주어 변색을 방지한다. 뚜껑을 덥고 제조 날짜와 요일, 시간 등을 표기한 후 냉장고에 보관한다.

3

샐러드 조리

(1) 샐러드 조리 방법

[표 5-4] 샐러드의 대표적인 조리 방법

조리법	특징
그릴링 (Grilling)	다양한 해산물, 닭 가슴살 등을 구워 신선한 샐러드와 함께 제공한다.
딥 프라잉 (Deep Frying)	닭 안심, 새우 등을 튀긴 후 신선한 샐러드와 함께 제공한다.
보일링 (Boiling)	샐러드에 사용되는 파스타나 쿠스쿠스, 해산물을 삶거나 감자, 브로콜리 등 다양한 채소를 삶은 후 따뜻하거나 식혀서 샐러드로 제공한다.
데치기 (Blanching)	살이 연한 연체류(오징어, 한치, 문어, 낙지) 등의 조리에 적합하다.
포칭 (Poaching)	최근 샐러드에 곁들여 제공되는 포치드 에그(Porched egg) 등을 만들기 위해 사용되는 조리법이다.
스티밍 (Steaming)	샐러드를 위한 갑각류(대게, 바다가재 등) 조리에 적합하다.
시머링 (Simmering)	오랜 시간 동안 부서지지 않게 은근히 익혀야 하는 곡류조리에 적합하다.
로스팅 (Roasting)	피망, 가지, 비트 뿌리 등의 채소를 오븐에서 구워서 만드는 샐러드 조리에 사용되는 조리법이다.

(2) 유화드레싱 만들기

액체식품에 있어서 유화는 두 개의 섞이지 않는 액체를 강력히 교반하여 한 개의 액체가 아주 작은 방울 상태로 안정하게 다른 액체에 분산되어 에멀전(Emulsion)을 형성하게 하는 조작이다. 에멀전은 파괴되며 결국 두 액체로 분리된다. 미리 만들어 놓은 비네그레트 드레싱은 일정시간이 지나면 분리되므로 고객에게 제공하기 전에 다시 한번 유화시킨 후 제공하여야 한다. 계면장력이 클수록 에멀전을 형성하기 어렵고, 에멀전은 불안정하므로 안정화시키기 위해서 일반적으로 유화제(Emulsifying agent)를 사용한다.

차가운 드레싱을 만드는 데에 사용하는 유화제는 난황, 머스터드 등이 있다. 이 유화작용은 16~18℃ 정도의 온도에서 가장 효율적으로 일어난다. 그 때문에 냉장고에 있던 차가운 달걀로 마요네즈를 만들려고 하면 잘 되지 않는다. 반대로 온도가 30℃를 넘으면 이번에는 오일의 입자가 서로 뭉치려는 작용을 일으켜 이것 또한 잘 되지 않는다. 또한 온도뿐 아니라 식초와 식용유를 넣는 방법도 중요하다. 달걀을 저으며 식초와 기름을 교대로 조금씩 넣어야 한다.

4

샐러드 요리 완성

(1) 샐러드 요리 완성 시 유의사항

① 플레이트 형태와 볼 형태의 접시 중 샐러드를 담을 접시를 선택한다. 차가운 샐러드는 차갑게, 따뜻한 샐러드는 따뜻한 접시에 제공한다.

② 신선한 재료를 사용한다.

③ 물기를 완전히 제거한다. 제거하지 않으면 드레싱과 물이 섞여 샐러드 본연의 맛이 나지 않는다.

④ 드레싱을 샐러드에 넣은 후 바로 제공하여야 한다. 드레싱의 산 성분으로 샐러드가 신선하지 않게 된다.

⑤ 주재료와 부재료의 모양과 색상, 식감을 고려하여 시각적 호감을 갖게 하여야 한다.

⑥ 드레싱의 양이 샐러드의 양보다 많지 않도록 담는다.

⑦ 드레싱은 절대 미리 뿌리지 말고 서비스타임에 뿌려준다.

⑧ 샐러드 위에 굽거나 튀긴 음식이 올라가는 샐러드는 잠재적으로 위해가 내재되어 있는 음식(Potential hazardous food)으로 만들어지면 바로 고객에게 제공되어야 한다. 그렇지 않으면 식중독이 발생할 수 있다.

⑨ 세트메뉴의 샐러드와 일품메뉴의 샐러드는 제공되는 샐러드의 양을 다르게 제공하여야 한다. 코스요리에서의 샐러드의 양은 너무 많이 제공되면 안 되지만, 메인요리의 샐러드는 충분한 한 끼 식사가 되어야 한다.

⑩ 샐러드에 뿌려지는 통후추나 치즈 등은 주방에서 뿌리지 않고 고객에게 제공된 후 서비스 담당자에 의해 뿌려져도 좋다.

리코타 치즈 샐러드

RICOTTA CHEESE SALAD

Cooking Terminology

리코타 치즈(Ricotta cheese)는 양, 암소, 염소 또는 치즈 생산에서 남겨진 이탈리아 물소 우유의 유청으로 만든 이탈리아 유청 치즈(Whey cheese)이다. 다른 유청 치즈와 마찬가지로 카제인 같은 단백질을 응고시켜 만든다. 리코타(Ricotta)는 문자 그대로 '다시 요리하다(re-cooked)'를 의미한다. 산성화된 유장을 거의 비등까지 가열한다. 낮은 pH와 높은 온도의 조합은 단백질을 변질시키고, 단백질을 침전시켜 미세한 커드를 형성한다.

INGREDIENTS

우유(Milk) 200ml
생크림(Fresh cream) 100ml
레몬(Lemon) 1/2ea
발사믹 식초(Balsamic vinegar) 100ml
꿀(Honey) 15ml
말린 블루베리(Dried blue berry) 10g
호박 씨(Pumpkin seed) 10g
해바라기 씨(Sunflower seed) 10g
노랑 파프리카(Yellow paprika) 5g
빨강 파프리카(Red paprika) 5g
홍무(Red radish) 1ea
대추 토마토(Jujube tomato) 2ea
그린 비타민(Green vitamin) 5g
베이비 루꼴라(Baby rugula) 5g
어린 잎(Baby leaf) 5g
소금(Salt) 3g
소상(Cheese cloth) 1ea

COOKING METHOD

Preparation

1 얇게 자른 홍무, 그린 비타민, 베이비 루꼴라, 어린 잎을 물에 담가 놓는다.
2 파프리카는 얇게 포를 떠서 채를 썰어 물에 담가 놓는다.
3 레몬은 즙을 짜 놓는다.

Cooking

1 발사믹 식초와 꿀을 소스팬에 넣고 높은 열에서 끓인다(설탕으로 대체해도 된다). 발사믹 식초가 1/2 정도 졸아들 때까지 시머링을 하고 차갑게 식혀 발사믹 리덕션을 만든다.
2 우유, 생크림, 소금을 두꺼운 소스팬에 넣고 중간 정도의 낮은 열에서 가끔씩 저으주며 끓인다. 우유의 온도가 90°C에 도달하면 레몬즙을 넣은 후 불을 끄고 가끔씩 저으며 10분 정도 방치한 다음, 흰색 커드와 맑은 유청으로 분리시킨다.
3 소창을 이용하여 커드와 유장을 분리시킨 후 소창을 묶는다. 치즈를 매달아 남아 있는 유장을 배수시킨다.

Finishing & Plating

1 접시에 발사믹 소스를 먼저 뿌리고 준비해 둔 리코타 치즈, 반으로 자른 대추 토마토, 베이비 루꼴라, 어린 잎, 그린 비타민 등을 놓는다.
2 말린 블루베리, 호박 씨, 해바라기 씨, 잘라놓은 파프리카를 담아서 제공한다(샐러드와 함께 빵을 제공하여도 좋다).

시저 샐러드

CAESAR SALAD

Cooking Terminology

시저 샐러드(Caesar Salad)의 창작은 멕시코와 미국에서 음식점을 운영하는 이탈리안 이민자 인 시저 칼디니(Caesar Cardini)에 의해 만들어 졌다고 한다. 그의 딸 로사(Rosa)는 1924년 7월 넷째 날 주방의 식재료가 남아 있는 것이 충분하지 않았을 때, 칼디니가 이 샐러드를 발명했다고 하였다. 요리전문가 줄리아 차일드(Julia Child)는 어린 시절인 1920년대에 칼디니의 레스토랑에서 시저 샐러드를 먹었다고 전했다. 로사에 따르면 원래 이 샐러드에 엔초비 대신에 우스터 소스를 넣었다고 한다. 칼디니는 그의 샐러드에서 멸치를 사용하는 것에 반대했다.

INGREDIENTS

- 로메인 레터스(Romane lettuce) 60g
- 파마산 치즈(Parmesan cheese) 40g
- 베이컨(Bacon) 10g
- 식빵(White bread) 1ea
- 무염 버터(Unsalted butter) 10g
- 마요네즈(Mayonnaise) 30g
- 마늘(Garlic) 1ea
- 레몬주스(Lemon juice) 5ml
- 앤초비(Anchovy) 5g
- 파슬리(Parsley) 2g
- 설탕(Sugar) 2g
- 소금(Salt) as needed
- 후추(Pepper) as needed
- 검은 통후추(Whole black pepper) as needed

COOKING METHOD

Preparation

1. 로메인 레터스는 찬물에 담가 싱싱해지면 물기를 제거하여 냉장고에 보관한다.
2. 마늘과 파슬리는 다지고, 식빵은 원하는 모양으로 자른다.
3. 베이컨은 가로, 세로 1cm 정도의 크기로 잘라 오븐이나 팬에서 바삭하게 구운 후 기름을 제거해 준다.

Cooking

1. 물 10ml와 다진 마늘, 레몬주스, 앤초비, 검은 통후추를 핸드 블랜더로 갈아 준다. 이를 마요네즈에 다진 파슬리, 파마산 치즈 20g과 같이 넣은 후 설탕과 소금, 후추로 간을 하여 시저 드레싱을 만든다.
2. 프라이팬에 버터를 녹이고 원하는 모양으로 자른 식빵을 넣고 갈색을 내어 크루통을 만든다.
3. 둥근 볼에 로메인 레터스를 담고 베이컨, 시저 드레싱으로 잘 버무린다.

Finishing & Plating

1. 버무린 로메인 레터스를 접시에 담는다.
2. 바삭하게 구운 베이컨, 크루통, 남은 파마산 치즈 20g을 올린 후 제공한다.

SALAD

월도프 샐러드

WALDORF SALAD

Cooking Terminology

월도프 샐러드(Waldorf Salad)는 일반적으로 신선한 사과, 셀러리, 포도 및 호두와 마요네즈로 만든 샐러드이다. 이 샐러드는 1893년과 1896년 사이에 뉴욕시에 위치한 월도프 호텔(1897년에 오픈한 Waldorf-Astoria Hotel의 전신)에서 창안되었다. 월도프 호텔의 주인인 오스카 츠키키(Oscar Tschirky)는 많은 요리법을 개발하였고, 1896년 출판된 '월도프의 오스카(Oscar of the Waldorf)'라는 요리책에 레시피가 실렸다. 원래 레시피에는 견과류가 포함되어 있지 않았지만, 1928년 출판된 '목사의 요리책(The Rector Cook Book)'에서 추가되었다.

INGREDIENTS

사과(Apple) 1ea 200~250g 정도

셀러리(Celery) 30g

호두(Walnut) 2ea 중, 겉껍질 제거한 것

레몬(Lemon) 1/4ea 길이(장축)로 등분

마요네즈(Mayonnaise) 60g

양상추(Lettuce) 20g 2잎 정도, 잎상추로 대체 가능

이쑤시개(Toothpick) 1ea

소금(Salt) 2g

흰 후추(White pepper) 1g

COOKING METHOD

Preparation

1 물을 끓여서 그릇에 붓고, 호두를 넣어 껍질이 잘 벗겨지도록 불린다. 이쑤시개로 껍질을 제거한 후 1cm 크기로 자른다.

2 레몬은 즙을 짜 놓고 반은 마요네즈에, 반은 사과의 변색 방지를 위해 사용한다.

3 사과는 껍질을 제거 후 1cm 정육면체로 잘라 레몬즙에 담가 변색을 방지한다.

4 양상추는 물에 담가 놓고, 셀러리는 껍질을 제거한 후 1cm의 정육면체로 썰어 놓는다.

Cooking

1 사과와 양상추의 물기를 제거한다.

2 믹싱 볼에 사과와 호두, 셀러리, 마요네즈, 레몬 즙을 넣고 잘 섞은 후 소금과 흰 후추를 넣어 양념을 한다.

Finishing & Plating

1 접시에 양상추 잎을 올려 놓은 다음, 샐러드를 담아 제공한다.

수험자 요구사항 및 유의사항 시험시간 **20분**

양식조리 기능사

가. 사과, 셀러리, 호도알을 사방 1cm 정도의 크기로 써시오.

나. 사과의 껍질과 호도알의 속껍질을 벗겨 사용하시오.

다. 상추를 깔고 놓으시오.

라. 사과의 변색에 유의한다.

카프레제 샐러드

CAPRESE SALAD

Cooking Terminology

카프레제 샐러드(Caprese Salad)는 얇게 썬 신선한 모차렐라(버팔로 모차렐라), 토마토 및 녹색 바질로 만드는 간단한 이탈리아 샐러드이다. 빨간색, 흰색 및 녹색의 이탈리아 국기 색상과 유사하게 만들어졌으며, 이탈리아 캄파냐 지역의 카프리에서 유래하였다고 해서 카프레제 샐러드라 불리고 있다. 카프레제 샐러드는 전통적으로 올리브유와 바질로 맛을 낸 반면, 최근에는 이탈리아 드레싱과 같은 소스 또는 페스토를 곁들여 내기도 한다. 또한 바질을 루꼴라로 대체하여 사용하기도 한다.

INGREDIENTS

바질(Basil) 4sprigs
올리브유(Olive oil) 15ml
잣(Pine nut) 3g
파마산 치즈(Parmesan cheese) 10g
마늘(Garlic) 1/2ea
모차렐라 치즈(Mozzarella cheese) 125g
삼색 토마토(Cherry tomato) 100g
와일드 루꼴라(Wild rucula) 10g
말린 자두(Dried plum) 30g
소금(Salt) as needed
후추(Pepper) as needed

COOKING METHOD

Preparation

1. 삼색 토마토는 반으로 자른다.
2. 모차렐라 치즈는 토마토의 크기로 자른다.
3. 바질과 와일드 루꼴라는 찬물에 담가 놓는다.

Cooking

1. 잣은 프라이팬에서 갈색이 나게 굽는다.
2. 절구통에 바질, 마늘, 잣을 넣고 절구 방망이로 빻는다. 모든 재료를 빻으면 올리브유를 조금씩 넣어 가면 계속 빻고, 마지막으로 파마산 치즈, 소금을 넣은 후 바질 페스토를 만든다.
3. 믹싱 볼에 잘라 놓은 모차렐라 치즈, 말린 자두, 삼색 토마토, 바질 페스토를 넣은 후 잘 섞는다.

Finishing & Plating

1. 소금과 후추로 간을 한다.
2. 접시에 담고 와일드 루꼴라로 장식한 후 제공한다.

쿠스쿠스 샐러드

COUSCOUS SALAD

Cooking Terminology

쿠스쿠스(Couscous)는 세몰리나로 만든 좁쌀모양의 작은 볼을 찐 음식으로 모로코, 알제리, 튀니지, 이탈리아의 시실리 등 북아프리카 전반에 걸친 주식으로, 이 요리를 준비하는 데 필요한 10세기의 고고학적 증거들(주방용품)이 발견되었다. 쿠스쿠스의 기원은 불확실하지만 대표 유래설은 아랍어 단어 'Kaskasa' 또는 베르베르족(Berber)의 단어 'Keskes'에서 파생되었다는 설이 있으며, 이는 요리가 준비된 요리 냄비를 의미한다. 쿠스쿠스는 원래 기장(millet)으로 만들어졌고, 현재도 계속 사용하고 있지만 20세기에 세몰리나가 기장의 사용을 대체하여 만들어지고 있다.

INGREDIENTS

치킨 스톡(Chicken stock) 300ml
쿠스쿠스(Couscous) 100g
노랑 파프리카(Yellow paprika) 30g
방울 토마토(Cherry tomato) 3ea
주키니 호박(Zucchini) 30g
와일드 루꼴라(Wild rugula) 5g
바질(Basil) 1sprig
브로콜리(Broccoli) 30g
당근(Carrot) 30g
설탕(Sugar) 2g
디종 머스터드(Dijon mustard) 2g
레몬주스(Lemon juice) 5ml
레드 와인 식초(Red wine vinegar) 15ml
올리브유(Olive oil) 30ml
소금(Salt) as needed
후추(Pepper) as needed

COOKING METHOD

Preparation

1 브로콜리와 당근은 한입 크기로 자르고, 끓는 물에 소금을 넣고 익힌 후 식힌다. 주키니 호박은 그릴에 구운 후 한입 크기로 자른다.

2 노랑 파프리카는 껍질을 태워서 벗긴 후 1cm×5cm의 크기로 자른다.

3 방울 토마토는 껍질을 벗겨 놓고, 와일드 루콜라와 바질은 찬물에 담가 놓는다.

Cooking

1 소스팬에 쿠스쿠스를 넣고 따뜻한 치킨 스톡 100ml을 넣고 뚜껑을 덮는다. 남은 여분의 치킨 스톡을 2회에 나눠서 넣은 후 반복한다.

2 설탕과 디종 머스터드, 레몬주스, 레드 와인 식초를 믹싱 볼에 넣고 섞은 후 올리브유를 천천히 넣어주며 젓는다.

3 믹싱 볼에 쿠스쿠스를 옮겨 담고, 쿠스쿠스가 덩어리지지 않게 포크로 분리시킨다.

4 준비해둔 방울 토마토, 주키니 호박, 노랑 파프리카, 당근, 브로콜리와 쿠스쿠스를 잘 섞는다.

Finishing & Plating

1 만들어 놓은 드레싱을 넣고 잘 섞은 후 소금과 후추로 간을 한다.

2 접시에 담고 와일드 루콜라와 바질을 올린 후 제공한다.

파스타 샐러드

PASTA SALAD

Cooking Terminology

파마산(Parmesan)은 Parmigiano-Reggiano(이하 PR)의 다양한 흉내 내기에 일반적으로 사용되는 단어이다. PR은 파르마(Parma), 레지오 에밀리아(Reggio Emilia), 볼로냐(Bologna), 모데나(Modena), 만투아(Mantua) 등의 생산 지역의 이름을 따서 명명되었고, 이탈리아 법에 따라 이 지방에서 생산된 치즈만이 ''Parmigiano-Reggiano'라는 라벨을 붙일 수 있다. Parmigiano는 Parma의 형용사이며, Reggiano는 Reggio Emilia의 형용사이다. 유럽 이외의 많은 지역에서 '파마산'이라는 이름은 많은 이탈리아 스타일의 그레이팅 치즈를 나타내기 위해 일반적으로 사용되지만, '파마산'이 PR을 위한 일반 명칭으로 사용될 수 없다는 판결이 나기도 하였다.

INGREDIENTS

푸실리(Fusilli) 90g
식용유(Vegetable oil) 50ml
홍무(Red radish) 1ea
방울 토마토(Cherry tomato) 30g
파마산 치즈(Parmesan cheese) 20g
빨강 파프리카(Red paprika) 20g
노랑 파프리카(Yellow paprika) 20g
이탈리안 파슬리(Italian parsley) 5g
어린 잎(Baby leaf) 10g
올리브유(Olive oil) 45ml
식초(Vinegar) 15ml
마늘(Garlic) 1ea
말린 오레가노(Oregano, dried) 2g
머스터드(Mustard) 2g
화이트 와인 식초(White wine vinegar) 5ml
설탕(Sugar) 2g
소금(Salt) as needed
후추(Pepper) as needed
검은 통후추(Whole black pepper) as needed

COOKING METHOD

Preparation

1 얇게 자른 홍무와 어린 잎은 찬물에 담가 놓는다. 빨강, 노랑 파프리카 각각 15g을 껍질을 태워 제거한 후 0.5×5cm의 크기로 자르고, 남은 분량은 드레싱용으로 다져 놓는다.
2 이탈리안 파슬리와 마늘은 다지고, 방울 토마토는 4등분하여 자른다.

Cooking

1 물에 소금과 식용유 20ml를 넣고 끓인 후 푸실리를 넣어 8~10분 동안 삶고 물기를 제거한 후 찬물에 헹구고 식용유 30ml를 뿌려 달라붙지 않게 한다.
2 믹싱 볼에 다진 마늘과 식초, 다진 파프리카, 이탈리안 파슬리, 머스터드, 화이트 와인 식초, 말린 오레가노를 넣고 거품기로 잘 저은 후 올리브유를 한 방울씩 넣으며 유화시킨다. 소금과 후추, 설탕을 넣어 간을 하여 이탈리안 드레싱을 만든다.
3 믹싱 볼에 식혀놓은 푸실리와 방울 토마토, 홍무, 껍질을 태워 잘라놓은 파프리카, 이탈리안 드레싱을 넣고 잘 혼합한 후 냉장고에 약 8시간 동안 차게 보관한다.

Finishing & Plating

1 접시에 차게 보관한 파스타를 담는다.
2 푸실리 위에 파마산 치즈와 어린 잎을 올려주고 갈은 통후추를 뿌린 후 제공한다.

포테이토 샐러드

POTATO SALAD

Cooking Terminology

마요네즈(Mayonnaise)의 어원 중 하나는 스페인의 마농(Mahón)이라는 마을 이름에서 유래하였다고 한다. 이 마을은 1756년 프랑스령으로 되었다. 마요네즈는 스페인에서 'Salsa mayonesa'로 알려져 있고, 카탈로니아에서는 'Maonesa'로 알려져 있어서 후에 마요네즈는 프랑스에서 대중화되었다. 라루스 가스트로노미크(Larousse Gastronomique)는 마요네즈가 달걀노른자를 의미하는 아주 오래된 프랑스 단어인 'Moyeu'에서 파생된 'Mooyuna'의 변형이라고 주장하였다.

INGREDIENTS

감자(Potato) 150g 1개
양파(Onion) 25g 중, 150g 정도, 1/6개
파슬리(Parsley) 1sprig 잎, 줄기 포함
마요네즈(Mayonnaise) 50g
흰 후추(White pepper) 1g
소금(Salt) 5g

COOKING METHOD

Preparation

1 감자는 깨끗이 씻어서 껍질을 제거한 후 1cm 크기의 정육면체로 잘라 찬물에 담가 놓는다.
2 양파는 곱게 다진 후 찬물에 담가 매운 맛을 제거하고, 소창을 이용하여 물기를 제거한다.
3 파슬리는 물에 담가 물기를 제거하여 곱게 다지고, 소창에 싸서 찬물에 충분히 헹구어 꽉 짠 후 그릇에 담는다.

Cooking

1 소스팬에 물과 소금을 넣고, 끓으면 감자를 넣고 삶는다.
2 이쑤시개나 포크 등을 이용하여 익은 정도를 확인한 후 다 익으면 체에 걸러 물기를 제거하고 식힌다.
3 믹싱 볼에 감자, 양파, 다진 파슬리 절반을 넣고 알맞은 양의 마요네즈를 넣어 양파와 파슬리가 뭉치지 않도록 잘 버무린다. 버무릴 때는 감자가 부서지지 않게 살살 버무린다.

Finishing & Plating

1 소금과 흰 후추로 양념을 한다.
2 접시에 잘 버무린 감자 샐러드를 담고, 남겨둔 다진 파슬리를 뿌려 완성하여 제공한다.

수험자 요구사항 및 유의사항 시험시간 **30분**

양식조리 기능사

가. 감자는 껍질을 벗긴 후 1cm 정도의 정육면체로 썰어서 삶으시오.
나. 양파는 곱게 다져 매운맛을 제거하시오.
다. 파슬리는 다져서 사용하시오.
라. 감자는 잘 익고 부서지지 않도록 유의하고 양파의 매운 맛 제거에 유의한다.
마. 양파와 파슬리는 뭉치지 않도록 버무린다.

해산물 샐러드

SEAFOOD SALAD

Cooking Terminology

비네그레트(Vinaigrette)는 식초나 레몬주스와 같은 산성 물질과 오일을 혼합하여 만든다. 오일과 식초 외에 소금, 허브 또는 향신료로 맛을 향상시킨다. 가장 일반적으로 샐러드 드레싱에 사용되지만 육류나 어패류를 마리네이드(Marinade)할 때 사용하기도 한다. 전통적으로 비네그레트는 오일과 식초의 3:1의 비율로 만들어진다. 'Vinaigrette'는 식초를 의미하는 프랑스어 단어 'Vinaigre'의 지소어이다. 19세기에 프렌치 드레싱으로 알려졌다.

INGREDIENTS

새우(Shrimp) 3ea 냉동 1팩당 40미

관자(Scallop) 1ea 개당 50~60g 정도, 해동 지급

홍합(Mussel) 3ea 길이 7cm 이상

중합(Clam) 3ea 지름 3cm 정도

양파(Onion) 40g 중, 150g 정도, 1/4개

마늘(Garlic) 1ea 중, 깐 것

실파(Green onion) 20g 1 뿌리

치커리(Chicory) 2sprigs

양상추(Lettuce) 10g

롤로로사(Lollo rosa) 2leaves 잎상추로 대체 가능

올리브유(Olive oil) 20ml

레몬(Lemon) 1/4ea 길이(장축)로 등분

식초(Vinegar) 10ml

딜(Dill) 2sprigs fresh

월계수 잎(Bay leaf) 1ea

셀러리(Celery) 10g

당근(Carrot) 15g 둥근 모양이 유지되게 등분

흰 통후추(Whole white pepper) 3ea 검은 통후추 대체 가능

소금(Salt) 5g

흰 후추(White pepper) 5g

COOKING METHOD

Preparation

1 양파 30g은 채 썰고 10g은 다져 놓는다.

2 당근, 셀러리는 채 썰고, 마늘과 딜은 다져 놓는다.

3 레몬은 즙을 짜 놓고, 껍질은 흰색 부분을 제거하여 레몬 제스트를 만들어 놓는다.

4 양상추, 치커리, 롤로로사, 실파는 찬물에 담가 놓는다.

5 새우는 내장을 제거하고, 관자는 질긴 막을 제거한다. 홍합은 해초 및 이물질을 제거하고, 중합을 소금물에 담가 해감을 토해내게 한다.

Cooking

1 소스팬에 물, 채 썰어 놓은 양파, 당근, 셀러리, 흰 통후추, 월계수 잎, 준비해둔 레몬즙 1/2, 소금, 흰 후추를 넣고 끓여 쿠르 부용을 만든다. 준비해둔 해산물을 넣고 완전히 익힌 후 찬물에 담가 식힌다. 새우는 껍질을 제거한다.

2 믹싱 볼에 다진 양파, 마늘, 딜, 레몬 제스트, 준비해둔 레몬즙 1/2, 식초를 넣고 올리브유를 한 방울씩 넣으며 잘 섞어 유화시키고, 소금과 흰 후추로 간을 하여 레몬 비네그레트를 만든다. 익힌 해산물에 1/2의 레몬 비네그레트를 넣어 마리네이드한다.

Finishing & Plating

1 물기를 제거한 샐러드 채소(치커리, 양상추, 롤로로사)와 마리네이드한 해산물을 접시에 담는다.

2 남은 레몬 비네그레트를 접시에 끼얹고 실파로 장식하여 완성한다.

수험자 요구사항 및 유의사항 시험시간 30분

양식조리 기능사

가. 미르포아(Mirepoix), 향신료, 레몬을 이용하여 쿠르 부용(Court Bouillon)을 만드시오.

나. 준비된 쿠르 부용(Court Bouillon)에 해산물을 질기지 않도록 익히시오.

다. 샐러드 채소는 깨끗이 손질하여 싱싱하게 하시오.

라. 레몬 비네그레트는 양파, 레몬즙, 올리브유 등을 사용하여 만드시오.

● **샐러드 조리 평가**

일지평가: 실습한 내용에 대한 학습자의 일지 작성 후 평가 실시

서술형 시험

학습 내용	평가 항목
샐러드 재료 준비하기	샐러드의 정의 및 분류에 대한 이해도 평가
	드레싱의 종류와 특성에 대한 이해도 평가
	샐러드용 육류, 어패류, 채소류의 종류 및 전처리 방법 이해도 평가
	샐러드 콘디멘트의 종류와 특성에 대한 이해도 평가
	샐러드 조리에 필요한 조리도구의 종류 및 사용법에 대한 이해도 평가
샐러드 조리하기	드레싱 종류에 따른 조리법에 대한 이해도 평가
	샐러드 종류에 따른 조리법에 대한 이해도 평가
	샐러드와 어울리는 적합한 콘디멘트에 대한 이해도 평가
	육류, 어패류, 채소, 곡류 조리법에 대한 이해도 평가
	채소와 허브의 종류와 특성에 대한 이해도 평가
샐러드 요리 완성하기	샐러드용 접시 선택 및 플레이팅 방법에 대한 이해도 평가
	곁들임의 종류 및 조리법에 대한 이해도 평가
	메뉴에 알맞은 허브와 향신료에 대한 이해도 평가
	마무리된 샐러드의 맛, 온도에 대한 이해도 평가
	샐러드용 재료에 드레싱의 제공 방법에 대한 이해도 평가

작업장 평가

학습 내용	평가 항목	만점	직무수행평가 점수
샐러드 재료 준비하기	샐러드조리에 필요한 도구 준비		
	샐러드조리에 필요한 재료에 대한 사전 전처리		
	드레싱에 필요한 재료 준비하기		
	샐러드 신선하게 준비하기		
	샐러드용 육류, 어패류 등을 전처리하기		
샐러드 조리하기	메뉴에 필요한 드레싱 조리하기		
	메뉴에 필요한 샐러드 물기 제거하기		
	샐러드에 필요한 향신료 준비하기		
	샐러드에 필요한 가니쉬 조리하기		
	샐러드에 필요한 육류, 어패류 등 조리하기		
샐러드 요리 완성하기	완성된 샐러드의 플레이팅에 대한 평가		
	완성된 샐러드의 색에 대한 평가		
	완성된 샐러드의 양에 대한 평가		
	완성된 샐러드의 맛에 대한 평가		
	뒷정리		
합계			

CHAPTER

6

어패류

FISH & SHELLFISH

● **학습 목표**

생선류, 조개류, 갑각류 등을 활용하여 각각의 특성에 맞게 조리하고, 곁들여지는 소스 등을 조리할 수 있다.

<table>
<tr><th>능력단위 요소</th><th colspan="2">수행 준거</th></tr>
<tr><td rowspan="2">어패류 재료 준비하기</td><td colspan="2">1. 어패류의 원산지, 조리법을 고려하여 선별할 수 있다.
2. 조리에 요구되는 신선도를 갖고 있는지 검사할 수 있다.
3. 구입 후 조리 이전까지 신선한 상태를 유지하도록 보관할 수 있다.
4. 생선류, 조개류, 갑각류를 손질하여 용도에 맞는 크기로 자를 수 있다.
5. 요리에 알맞은 부재료와 소스를 준비할 수 있다.
6. 필요한 경우 오일과 향신료를 이용하여 마리네이드할 수 있다.
7. 어패류 조리에 필요한 조리도구를 준비할 수 있다.</td></tr>
<tr><td>【지식】
• 메뉴에 따른 부재료와 소스의 특징
• 메뉴의 특성에 맞는 어패류 손질 관리법
• 메뉴의 특성에 맞는 전처리, 마리네이드 방법
• 어패류의 원산지, 조리법
• 어패류의 특징
• 주재료 용도별 칼, 도마 사용법</td><td>【기술】
• 가스레인지 조작 능력
• 냉장, 냉동고 관리 능력
• 메뉴에 따른 어패류 선택 능력
• 부재료, 소스 선택 능력
• 오븐 사용 능력
• 특성에 맞게 전처리, 마리네이드할 수 있는 능력</td></tr>
<tr><td rowspan="2">어패류 조리하기</td><td colspan="2">1. 재료에 적합한 조리방식과 조리도구를 결정할 수 있다.
2. 재료가 눌어붙거나 부서지지 않도록 조리할 수 있다.
3. 화력을 조절하여 살이 오그라들거나 덜 익혀지지 않도록 할 수 있다.
4. 용도에 알맞게 향신료와 와인을 사용하여 조리할 수 있다.
5. 요리에 알맞은 부재료와 소스를 조리할 수 있다.</td></tr>
<tr><td>【지식】
• 부재료와 소스
• 양식 기초 직무능력
• 어패류조리 방법
• 익힘 정도
• 특성과 용도
• 향신료 종류와 쓰임 방법</td><td>【기술】
• 냉장, 냉동고 관리 능력
• 부재료와 소스를 조리할 수 있는 능력
• 오븐 사용 능력
• 적정한 상태로 조리할 수 있는 능력
• 향신료 종류에 따라 활용할 수 있는 능력</td></tr>
</table>

어패류 요리 완성하기	1. 요리에 알맞은 맛과 풍미를 이끌어 낼 수 있는 소스를 제공할 수 있다. 2. 주재료에 어울리는 부재료, 가니쉬를 제공할 수 있다. 3. 마무리된 음식의 색깔과 맛, 풍미, 온도를 통해 음식의 품질을 평가할 수 있다.	
	【지식】 • 맛과 풍미를 이끌어내는 부재료와 소스 선택 방법 • 메뉴에 따른 어패류 조리법 • 메뉴에 따른 제공기물 선택법 • 완성된 요리를 담는 푸드 스타일 방법 • 지정된 색, 맛, 풍미, 온도를 유지하는 방법	【기술】 • 메뉴에 따른 부재료 활용 능력 • 메뉴에 따른 어패류 조리 능력 • 색깔과 맛, 풍미, 온도를 고려한 제공 능력 • 양, 색, 맛을 좋은 품질로 만드는 능력 • 요리에 따른 그릇 선택 능력

● 교수-학습 방법

능력단위 요소	교수-학습 방법
어패류 재료 준비하기	• 어패류의 원산지, 조리법을 고려한 선별 방법에 대한 설명 및 이해 • 어패류의 신선도를 검사하는 방법에 대한 설명 및 이해 • 어패류 보관방법에 대한 설명 및 이해 • 요리에 알맞은 부재료와 소스의 준비 방법에 대한 설명 및 이해 • 오일과 향신료를 이용한 마리네이드 방법에 대한 설명 및 이해 • 어패류 조리에 필요한 조리도구 종류에 대한 설명 및 이해
어패류 조리하기	• 재료에 적합한 조리방식과 조리도구 결정 방법 설명 및 이해 • 어패류 조리를 위한 향신료와 와인에 대한 설명 및 이해 • 요리에 알맞은 부재료 조리 방법에 대한 설명 및 이해 • 요리에 알맞은 소스 조리 방법에 대한 설명 및 이해
어패류 요리 완성하기	• 어패류 요리에 알맞은 소스 제공에 대한 설명 및 이해 • 어패류 요리에 어울리는 부재료, 가니쉬 제공 방법 설명 및 이해 • 어패류 요리의 색깔, 맛, 풍미, 온도 등에 대한 설명 및 이해

● 자기진단평가서

진단 영역	진단 문항	매우 미흡	미흡	보통	우수	매우 우수
어패류 재료 준비하기	나는 어패류의 원산지, 조리법을 고려하여 선별할 수 있다.	①	②	③	④	⑤
	나는 조리에 요구되는 신선도를 갖고 있는지 검사할 수 있다.	①	②	③	④	⑤
	나는 구입 후 조리 이전까지 신선한 상태를 유지하도록 보관할 수 있다.	①	②	③	④	⑤
	나는 생선류, 조개류, 갑각류를 손질하여 용도에 맞는 크기로 자를 수 있다.	①	②	③	④	⑤
	나는 요리에 알맞은 부재료와 소스를 준비할 수 있다.	①	②	③	④	⑤
	나는 필요한 경우 오일과 향신료를 이용하여 마리네이드할 수 있다.	①	②	③	④	⑤
	나는 어패류 조리에 필요한 조리도구를 준비할 수 있다.	①	②	③	④	⑤
어패류 조리하기	나는 재료에 적합한 조리방식과 조리도구를 결정할 수 있다.	①	②	③	④	⑤
	나는 재료가 눌어붙거나 부서지지 않도록 조리할 수 있다.	①	②	③	④	⑤
	나는 화력을 조절하여 살이 오그라들거나 덜 익혀지지 않도록 할 수 있다.	①	②	③	④	⑤
	나는 용도에 알맞게 향신료와 와인을 사용하여 조리할 수 있다.	①	②	③	④	⑤
	나는 요리에 알맞은 부재료와 소스를 조리할 수 있다.	①	②	③	④	⑤
어패류 요리 완성하기	나는 요리에 알맞은 맛과 풍미를 이끌어 낼 수 있는 소스를 제공할 수 있다.	①	②	③	④	⑤
	나는 주재료에 어울리는 부재료, 가니쉬를 제공할 수 있다.	①	②	③	④	⑤
	나는 마무리된 음식의 색깔과 맛, 풍미, 온도를 통해 음식의 품질을 평가할 수 있다.	①	②	③	④	⑤

● 진단결과

진단 영역	문항 수	점수	점수 ÷ 문항 수
어패류 재료 준비하기	7		
어패류 조리하기	5		
어패류 요리 완성하기	3		
합계	15		

※ 자신의 점수를 문항 수로 나눈 값이 '3점' 이하에 해당하는 영역은 업무를 성공적으로 수행하는데 요구되는 능력이 부족한 것으로 교육훈련이나 개인학습을 통한 개발이 필요함.

1

어패류의 이해

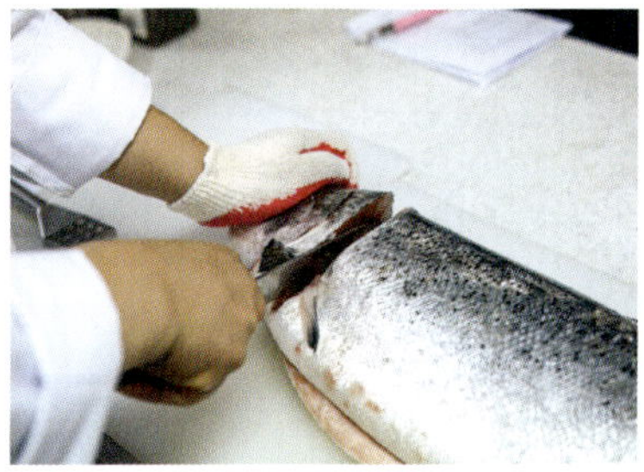

어패류 중 생선으로 만든 음식은 서양식 정찬을 먹을 때 수프를 먹은 후 육류로 만든 음식이 나오기 전에 제공되며, 정찬이 아닐 경우에 생략하기도 한다. 경우에 따라서는 생선 요리가 훌륭한 주요리로 제공된다. 특히 서양의 가톨릭 신자들은 금요일에 육식을 하지 않고 주로 생선을 먹기 때문에 일반 식당이나 호텔 식당에서는 금요일의 스페셜 메뉴(Special menu)로 다양한 생선 요리를 판매한다. 어패류는 육류로 만든 음식보다 지방 성분과 섬유질이 적고 응집력이 약하여 소화도 잘되며 비타민과 칼슘이 풍부하다. 식재료로는 바다 생선, 민물고기, 연체류, 갑각류, 조개류 등 여러 가지를 사용하고, 식용 개구리와 달팽이를 생선코스에 제공하기도 한다. 어패류는 다음과 같이 분류된다.

[표 6-1] 어패류의 분류

분류			종류	특징
어류	해수어	흰 살 생선	가자미, 광어, 도미, 민어 등	• 지방 함량 2% 이하 • 수온이 낮고 깊은 바다에서 살며 운동량이 적음
		붉은 살 생선	고등어, 멸치, 뱀장어, 연어, 청어	• 지방 함량 5% 이상 • 바다 표면 가까운 곳에서 활동함 • 운동량이 많고 산소공급량이 많아 미오글로빈 양도 많음
	담수어	흰 살 생선	메기, 붕어, 빙어, 잉어	• 강에서 서식하고, 양식도 많이 함 • 튀김이나 매운탕에 많이 사용함
		붉은 살 생선	송어	• 물이 맑고 차가운 강의 상류에 서식 • 한국, 중국, 러시아, 일본에 많음

연체류	꼴뚜기, 낙지, 문어, 오징어, 해삼, 해파리	• 몸에 뼈가 없고 부드러우며 마디가 없음
갑각류	가재, 게, 새우	• 여러 조각의 마디로 구분됨
조개류	가리비, 굴, 대합, 모시조개, 바지락, 소라, 우렁이, 전복, 홍합	• 딱딱한 외피에 싸여 있고 연한 조직을 가짐

2 어패류 재료 준비

(1) 어패류 검수

어패류의 사후변화는 육류나 가금류보다 빠르게 일어나므로 선도의 저하 속도가 빠르다. 또한 어패류는 조직이 연하여 세균의 침투가 용이하여 변질이 쉽게 일어난다. 따라서 어패류를 선택할 때 반드시 선도가 좋은 것을 선택해야 하고 보관 시 유의한다.

[표 6-2] 생선의 선도 판정 기준

분류	기준
눈	• 안구가 외부로 돌출하고 투명한 생선의 눈은 신선하다. • 상할수록 눈이 흐리고 각막은 눈 속으로 내려앉는다.
아가미	• 신선한 생선의 아가미는 선명한 적색이며 냄새도 불쾌하지 않다. • 선도가 떨어지면 적색에서 회색에 가까운 색이 되고 점액질의 분비가 많아지고 부패취가 증가한다.
표면	• 비늘은 밀착되어 있고, 신선한 생선의 표면은 광택이 있다. • 선도가 저하되면 점액질의 분비가 증가해서 불쾌한 냄새가 난다.
복부	• 신선한 생선의 복부는 탄력성이 있다.

근육	• 신선한 생선의 근육은 탄력성이 있고, 살이 뼈에서 쉽게 떨어지지 않는다.
냄새	• 신선한 생선은 바닷물 냄새가 난다. • 신선도가 떨어지면 비린내가 나고 더 심하면 시큼한 냄새와 암모니아 냄새가 난다.

(2) 어패류 손질

어패류는 우리나라, 일본, 서양조리에 따라 전처리 방법이 다르다. 우리나라와 일본에서는 습열 조리를 많이 사용하므로 조림용의 통썰기나 전, 지지기용의 포뜨기를 많이 하고, 서양에서는 굽기, 튀기기를 많이 사용하므로 포뜨기(Fillet)나 토막 썰기(Fish steak)를 많이 한다.

1) 생선류

① 생선을 기절, 방혈시킨다.
② 비늘을 벗기고 머리와 내장을 제거한다. 깨끗이 씻은 후 키친타월로 물기를 제거한다.
③ 원하는 크기로 뼈에서 살을 발라낸다(껍질 제거 여부는 조리법에 따른다).
④ 손질하여 냉장 보관한다.

2) 조개류

① 홍합은 껍데기에 묻어 있는 이물질과 족사(홍합 털)를 제거하고 깨끗이 세척한다.
② 모시조개는 소금물에 약 30분간 담근 후 해감을 제거한다.
③ 키조개는 입을 벌려 껍질 사이에 얇은 조개 칼(Clam knife)을 넣어 입을 벌린다. 관자 상단부와 하단부의 연결을 끊고 내장을 제거한다. 관자는 껍질과 심을 제거하여 사용하기 좋게 손질한다.

3) 바다가재

① 머리쪽 중앙으로 칼집을 넣어 반으로 자른다.

② 꼬리 쪽을 단단히 잡고, 머리의 중앙에 칼을 수직으로 집어넣는다. 칼을 머리 앞쪽으로 잡아당기며, 중앙을 기준으로 1/2로 자른다.

③ 꼬리쪽 중앙으로 칼집을 넣어 반으로 자른다.

4) 새우

① 머리를 제거한다.

② 이쑤시개를 이용하여 등 쪽의 내장을 제거한다.

③ 껍질을 몸통의 위쪽부터 제거한다. 제일 마지막 꼬리 마디는 재료의 사용 여부에 따라 그 모양을 살리기도 한다.

④ 껍질과 머리는 비스큐 등 수프나 소스용으로 사용하기 위해 모아 둔다.

5) 오징어

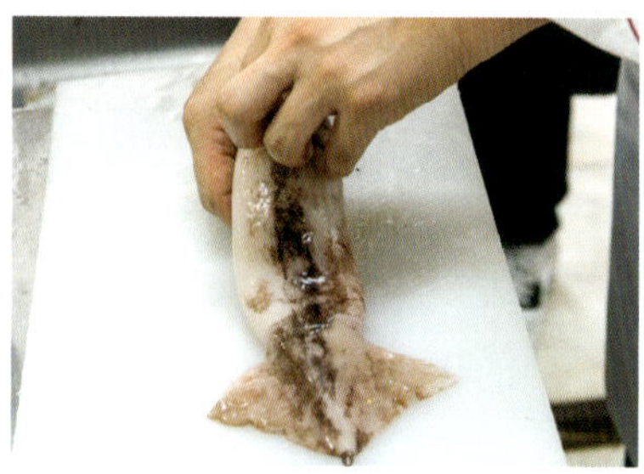

① 오징어는 표면과 빨판 등을 깨끗이 씻는다.

② 다리를 잡아 당겨 내장을 제거한다.

③ 몸통의 내장과 투명한 연골(깃)을 제거한다.

④ 몸통의 껍질을 벗기고 촉수와 눈을 제거한다.

(3) 어패류 마리네이드

마리네이드(Marinade)는 맛과 풍미, 연육을 주재료에 부여하는 것으로 건조한 마리네이드(Dry Marinade)와 젖은 마리네이드(Wet Marinade)가 있으며, 대부분의 마리네이드는 산(Acid)을 포함하고 있다. 건조한 마리네이드(일명 Rub이라고 부름)와 젖은 마리네이드는 구운 음식에 향을 더하기 위한 좋은 방법이다. 그러나 어떠한 때에 건조한 마리네이드를 사용하고, 젖은 마리네이드를 사용해야 하는 지가 중요하다.

젖은 마리네이드는 허브, 향신료 및 산(일반적으로 감귤류, 식초 또는 알코올)으로 만들어진 액체로, 어패류에 풍미를 더할 뿐만 아니라 마리네이드에 포함시킨 산은 결합 조직을 파괴하고 어패류를 더 부드럽게 만들어 준다.

건조한 마리네이드는 가루 형태와 페이스트 형태로 구분하며, 영어로 '문지르다'의 뜻을 가진 'Rub'라고 불린다. 가루형태의 건조한 마리네이드는 향신료와 조미료를 혼합한 마른 분말형태로서 풍미를 더하기는 하지만 부드럽게 하지는 않는다. 페이스트 형태의 건조한 마리네이드는 간장, 오일, 머스터드와 같은 젖은 재료에 향신료와 조미료를 충분히 섞어서 만든다. 두 종류의 건조한 마리네이드가 어패류에 잘 코팅되기 위해서 부드럽게 두드려야 한다(너무 강하게 두드리면 안 된다).

어패류 마리네이드는 요리하기 전에 특별한 풍미와 수분을 추가하기 위해 매우 짧은 시간에 몇 가지 간단한 재료만을 가지고 할 수 있는 매우 쉬운 방법이다. 각각의 재료들은 간단하고 다른 재료들과 잘 어울려야 한다. 한 가지 성분이 전체 음식의 맛이나 향을 압도하는 것은 좋지 않다. 약간의 올리브유와 감귤류(Citrus)는 어패류를 위한 훌륭한 마리네이드가 될 수 있다.

마리네이드 시간은 마리네이드의 강도, 어패류의 크기와 종류, 그리고 어패류의 조리법 등에 의해 결정된다. 생선류는 육류 또는 가금류보다 훨씬 민감하므로 지나치게 오래 마리네이드하지 않도록 한다. 오랜 시간 마리네이드하면 산이 화학적으로 생선을 요리하기 시작하여 세비체(Ceviche)처럼 된다. 어패류는 유리, 플라스틱 또는 스테인리스 스틸 용기에 담는 것이 좋으며, 알루미늄 용기는 마리네이드에 사용되는 산과 반응하기 때문에 사용해서는 안 된다.

[표 6-3] 어패류의 마리네이드 시간

구분	모양	마리네이드 시간
단단한 생선	스테이크(Steaks)	1~2시간
	필렛(Fillets)	30분~1시간
부서지기 쉬운 생선	필렛(Fillets)	30분
새우	큰 사이즈(Large)	30분~45분
	작은 사이즈(Small)	15~30분

어패류를 마리네이드하는 데 사용되는 세 가지 기본 성분은 산, 오일, 허브와 향신료이다.

[표 6-4] 마리네이드를 위한 세 가지 성분

성분	사용 방법
산(Acids)	산은 레몬, 라임, 식초, 과일주스, 와인, 사이다, 우유 또는 요구르트 등이다. 레몬과 라임, 오렌지, 파인애플이 가장 많이 사용된다. 화이트 와인은 레드 와인처럼 어패류를 변색시키지 않기 때문에 주로 사용된다.
오일(Oils)	올리브유, 식물성 오일, 또는 땅콩 오일 등이 사용된다. 실온에서 고체 상태인 버터 또는 동물성 오일은 많이 사용되지 않는다. 오일은 어패류에 수분을 추가시켜 주고 양념(Seasoning)이 어패류에 잘 달라붙어 흡수되는 것을 도와준다.
허브와 향신료 (Herbs and spices)	허브와 향신료는 어패류의 맛을 만들어 준다. 고수풀(Cilantro), 딜(Dill), 세이지(Sage), 오레가노(Oregano), 캐러웨이(Caraway), 파슬리(Parsley), 로즈마리(Rosemary), 타라곤(Tarragon), 셀러리(Celery) 등이 자주 사용된다.

3
어패류 조리

(1) 어패류 조리법

1) 습열을 이용한 조리(Moist heat cooking)

수분을 이용한 가열 조리 방법은 끓이기, 졸이기, 찌기, 데치기 등의 방법이 있다. 끓이기와 찌기의 경우 주로 조개류나 연체류 등의 조리에 많이 사용된다. 생선류의 경우 모양을 유지하기 위해 포칭(Poaching)이 주로 사용된다.

2) 건열을 이용한 조리(Dry heat cooking)

건열을 이용한 가열 조리 방법은 불에서 바로 굽기(Grilling, Broiling), 오븐에서 굽기(Baking, Roasting), 볶기(Sauteing), 튀기기(Frying), 파치먼트(Parchment) 종이에 싸서 굽기(en papillote) 등 다양하게 적용된다.

바스팅(Basting)은 굽기(Grilling), 로티세리(Rotisserie), 로스팅(Roasting)과 같이 장시간 가열되는 육류 및 어패류를 위해 널리 사용되는 조리기술로, 요리 과정에서 준비해 놓은 소스나 마리네이드 용액 등을 조리되는 고기에 주기적으로 코팅되게 하여 육류를 촉촉하게 유지하고 풍미를 향상시킨다. 그러나 부적절하게 행해진 바스팅은 육류 및 어패류의 수분손실을 초래할 수 있으므로 유의한다.

(2) 어패류를 위한 소스

홀랜다이즈 소스, 노르망디 소스, 베르시 소스 등과 같이 다양한 소스가 어패류 요리에 주로 사용되며, 대표적인 소스는 다음과 같다.

[표 6-5] 어패류를 위한 소스

소스명	특징
엔초비 소스 (Anchovy sauce)	전통적인 노르망디 소스(Normandy sauce)와 비슷한 맛의 소스로서 마무리할 때 엔초비 버터(Anchovy butter)를 사용하여 완성시킨다는 차이점이 있다.
베르시 소스 (Bercy sauce)	프랑스 파리의 동쪽에 있는 지역의 이름을 딴 것으로 생선 및 해산물 요리를 위해 완성된 소스이다. 화이트 와인에 다진 샬롯(Shallot)을 넣어 졸인 것을 생선 벨루테 소스에 넣어 끓여서 만든다.
뵈르 블랑 (Beurre blanc)	생선이나 해산물과 잘 어울리는 간단한 버터 유화 소스이다. 와인과 버터를 이용하여 쉽게 만들 수 있기 때문에 비상시에 이상적인 소스이다.
허브 해산물 소스 (Herb seafood sauce)	간단하고 크리미한 허브 소스는 신선한 파슬리(Parsley), 차이브(Chive), 타라곤(Tarragon)을 기본 화이트 와인 소스에 첨가하여 만든다. 만약 허브가 없다면 가지고 있는 말리지 않은 신선한 허브를 사용하여도 된다.
홀랜다이즈 소스 (Hollandaise sauce)	레몬과 버터 맛이 나는 훌륭한 소스로서 달걀과 채소뿐만 아니라 포칭한 생선 요리(Poached fish)와 그릴에 구운 생선(Grilled fish)과 함께 제공된다.
버섯 소스 (Mushroom sauce)	기본 화이트 와인 소스를 좀 더 다양한 소스로 쉽게 변형시킬 수 있는 방법의 예이다. 이 버섯 소스는 기본적인 화이트 와인 소스에 볶은 버섯을 추가하여 만든다.
노르망디 소스 (Normandy sauce)	다진 버섯을 생선 벨루테 소스에 넣고 달걀노른자와 생크림을 섞어 만든 리에종(Liaison)으로 농도를 낸 생선과 해산물을 위한 고전적인 소스이다.
화이트 와인 소스 (White wine sauce)	생선 및 해산물 요리를 위해 가장 기본적인 소스 중 하나이다. 또한 허브 소스(Herb sauce), 새우 소스(Shrimp sauce) 또는 베네치아 소스(Venetian sauce)와 같이 다양한 다른 소스가 만들어지는 기반이기도 하다.

(3) 어패류를 위한 곁들임

1) 스타치 또는 곡물(Starches and grains)

프렌치 프라이는 전통적으로 생선 튀김과 함께 제공된다. 그러나 튀기거나 구운 고구마 또는 으깬 감자를 제공해도 좋다. 또한 리소토(Risotto)나 다양한 콩 음식을 같이 제공해도 좋다.

2) 샐러드(Side salads)

비네그레트로 맛을 낸 토마토, 아루굴라 또는 프리세와 같은 매운 맛이 나는 샐러드, 홍무 등과 같은 샐러드는 생선 요리에 잘 어울린다.

3) 조리된 채소(Cooked vegetable)

구운 파(Roasted leek)나 구운 회향(Roasted fennel) 같이 강한 향의 채소요리를 함께 제공하면 좋다. 또한 당근, 가지, 피망 등 다양한 채소를 구워서 따뜻하게 제공하면 좋다.

4) 처트니(Chutney)

망고나 파파야로 만든 열대과일 살사나 토마토 살사 또는 사과 처트니, 플럼 처트니 등을 같이 제공하여도 좋다.

4

어패류 요리 완성

(1) 소스 제공

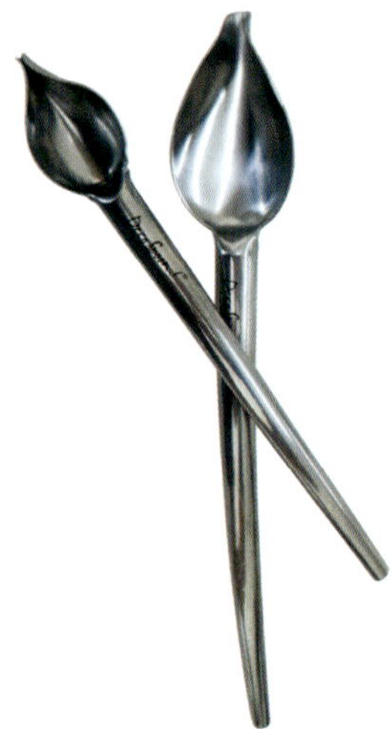

소스는 어패류 요리의 수분을 유지하고 접시의 균형을 잡을 색과 향을 제공하는 역할을 한다. 접시에 소스를 담는 다양한 방법이 있는데, 페이스트리 붓으로 진한 소스를 닦는 방법, 오늘날 현대 요리에서 더욱 인기가 있는 숟가락이나 국자로 선을 그리는 방법 등이 있다. 숟가락을 이용하여 소스를 담을 때는 숟가락이 흔들리지 않게 앞쪽 부분을 가볍게 잡아주는 것이 좋다. 또한 소스를 보다 다양한 모양으로 접시에 담기 위해 데코레이션 스푼 등이 사용되고 있다. 보다 자세한 내용은 전채 요리 파트를 참고한다.

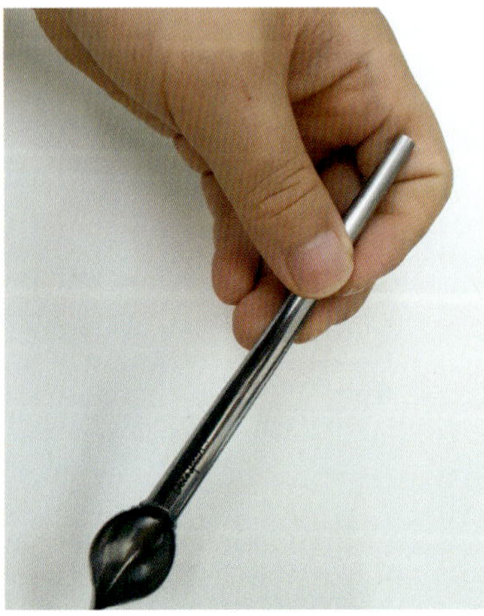

올바르지 않은 방법

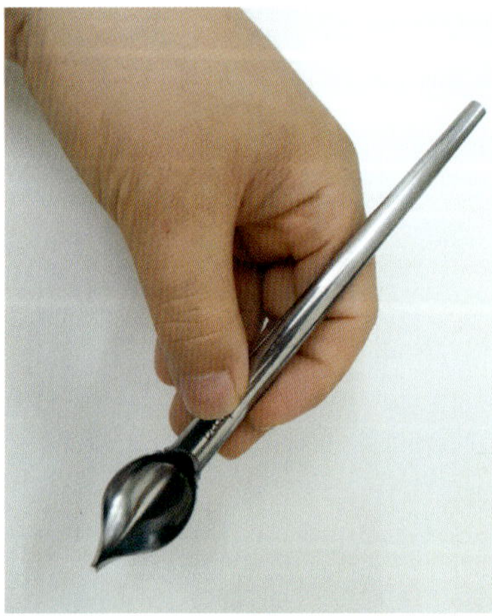

올바른 방법

[그림 6-1] 소스 제공을 위한 스푼 잡는 방법

(2) 어패류 가니쉬

음식을 장식하는 것은 하나의 과일 조각을 사용하는 것처럼 때로는 간단하고 채소로 새를 조각하여 사용하는 것처럼 복잡하다. 전자를 선택하든 후자를 시도하든 무엇보다도 중요한 것은 요리와 잘 어울려야 한다는 것이다. 어패류를 위한 가니쉬에는 전통적으로 딜, 바질, 타임, 고수 같은 허브류나 레몬, 라임, 사과, 오렌지 같은 과일류가 주로 사용되었으며, 최근에는 완두 순, 한련화 잎, 레드 베인드 소렐같은 녹색 잎(Greens)이나 식용 장미(Roses), 팬지(Pansies) 및 한련화꽃 등 식용꽃도 많이 사용되고 있다.

솔 모르네

SOLE MORNAY

Cooking Terminology

모르네 소스(Mornay sauce)는 잘게 자린 그뤼에르 치즈(Gruyere cheese)가 추가된 베샤멜 소스(Bechamel sauce)이다. 일부 변형된 레시피에는 에멘탈 치즈(Emmental cheese), 체다 치즈(Cheddar cheese) 등이 사용되기도 한다. 체다 치즈가 들어간 모르네 소스는 일반적으로 마카로니와 같이 사용된다. 'Mornay' 소스는 주지사이자 작가 및 외교관을 지낸 필리프 드 모르네(Philippe de Mornay) 공작의 이름에서 유래하였다는 설이 있다. 이 시기의 치즈 소스는 베샤멜 소스가 개발되지 않았기 때문에 벨루테 소스(Veloute sauce)를 기반으로 해서 만들어졌다고 한다.

INGREDIENTS

가자미(Sole) 1ea 250~300g 정도, 해동 지급

치즈(Cheese) 1ea 가로, 세로 8cm 정도

카옌 페퍼(Cayenne pepper) 2g

중력분(Medium flour) 30g

무염 버터(Unsalted butter) 50g

우유(Milk) 200ml

양파(Onion) 50g 중, 150g 정도, 1/3개

정향(Clove) 1ea

레몬(Lemon) 1/4ea 길이(장축)로 등분

월계수 잎(Bay leaf) 1ea

파슬리(Parsley) 1sprig 잎, 줄기 포함

흰 통후추(White whole pepper) 3ea 검은 통후추 대체 가능

소금(Salt) 2g

COOKING METHOD

Preparation

1 가자미의 비늘, 머리, 내장을 제거하고 깨끗이 씻은 후 키친타월을 이용하여 물기를 제거한다. 뼈는 찬 물에 깨끗이 씻어 스톡용으로 준비한다.

2 레몬은 웨지 모양으로 자르고 즙을 낸다.

3 양파 10g에 정향을 이용하여 월계수 잎을 고정시켜 양파 피케를 만들고, 남은 40g 양파는 채를 썬다.

Cooking

1 가자미는 5장 뜨기 하여 소금, 레몬즙으로 마리네이드한다.

2 소스팬에 버터를 녹여 채 썬 양파 20g과 손질하고 남은 가자미 뼈를 볶다가 물을 붓고 파슬리 줄기를 넣어 끓인다. 소창에 걸러 피시 스톡을 완성한다.

3 소스팬에 버터, 중력분, 우유, 양파 피케를 넣고 베샤멜 소스를 만든다. 베샤멜 소스에 치즈를 넣어 녹여준 후 소금으로 간을 하여 모르네 소스를 완성한다.

4 소스팬에 채 썬 양파 20g과 피시 스톡, 으깬 흰 통후추를 넣고 그 위에 손질한 가자미를 올린다. 뚜껑을 덮고 포칭한다. 익은 가자미는 살이 부서지지 않게 조심히 꺼낸다.

Finishing & Plating

1 접시에 익힌 가자미 4조각을 올리고 모르네 소스를 끼얹는다.

2 카옌 페퍼로 장식하여 완성한다.

수험자 요구사항 및 유의사항 시험시간 **40**분

양식조리 기능사

가. 피시스톡(fish stock)을 만들어 생선을 포우칭(poaching)하시오.

나. 베샤멜 소스를 만들어 치즈를 넣고 모르네 소스(mornay sauce)를 만드시오.

다. 수량은 같은 크기로 4개 제출하시오.

라. 카이엔 페퍼를 뿌려내시오.

마. 소스의 농도에 유의한다.

바. 생선살이 흐트러지지 않도록 5장 뜨기를 한다.

사. 생선뼈는 지급된 생선으로 사용한다.

토마토 소스를 곁들인

감자로 싸서 구운 적도미와 카포나타

POTATO-CRUSTED RED SNAPPER WITH TOMATO SAUCE AND CAPONATA

Cooking Terminology

카포나타(Caponata)는 볶은 가지와 다양한 조리된 야채를 섞어 식초와 케이퍼를 넣어 달고 신맛이 나게 만든 시칠리아의 가지요리이다. 오늘날 카포나타는 일반적으로 생선 요리의 사이드 음식 또는 전채 요리로 사용된다. 카포나타의 어원은 정확하게 알려지지 않았지만 어떤 사람은 카탈로니아어(Catalan)에서 파생되었다고도 하고 어떤 사람은 선원들의 주점이라는 뜻을 가진 'Caupone'에서 유래하였다고 한다.

INGREDIENTS

For fish
적도미(Red snapper) 120g
무염 버터(Unsalted butter) 30g
감자(Potato) 150g
밀가루(Flour) 10g

For caponata
올리브유(Olive oil) 30ml
양파(Onion) 10g
마늘(Garlic) 5g
피망(Pimento) 10g
주키니 호박(Zucchini) 15g
가지(Egg plant) 30g
건포도(Raisin) 20g
잣(Pine nut) 5g
방울 토마토(Cherry tomato) 15g
레드 와인(Red wine) 30ml
이탈리안 파슬리(Italian parsley) 1sprig
레드 와인 식초(Red wine vinegar) 30ml
설탕(Sugar) 5g
케이퍼(Caper) 5g

For sauce
토마토소스(Tomato sauce) 50ml

For vegetable
대저 토마토(Daejeo tomato) 30g
식용유(Vegetable oil) 10ml
타임(Thyme, dried) 1sprig

For seasoning & garnish
파미지아노 레지아노(Parmigiano reggiano) 10g
한련화 잎(Nasturtium leaf) 5ea
딜(Dill) 1sprig
소금(Salt) as needed
후추(White pepper) as needed

COOKING METHOD

Preparation
1 감자는 껍질을 벗겨 채 썰고 물에 담가 놓는다.
2 대저 토마토는 반으로 자른 후 식용유와 타임, 소금과 후추를 넣고 버무린 후 120°C로 예열된 오븐에서 1시간 정도 넣어 미리 반건조 시켜 오븐 건조 토마토를 만든다.
3 카포나타 재료를 0.5cm 정도의 크기로 잘라 놓는다. 마늘과 이탈리안 파슬리는 다져 놓는다.
4 한련 잎과 딜은 찬물에 담가 놓는다.

Cooking
1 적도미살은 오일링을 한 후 소금과 후추로 양념한다. 프라이팬을 가열한 후 버터를 녹여 적도미를 굽는다.
2 프라이팬에 채 썬 감자를 가지런히 놓고 소량을 밀가루를 뿌린 후 구워놓은 적도미를 올려놓는다. 살짝 눌러가며 이를 반복하여 감자를 적도미의 양쪽 면에 잘 부쳐준다.
3 프라이팬에 올리브유를 넣고 가열한 후 양파, 마늘을 넣고 볶아 준 후 피망, 주키니, 호박, 가지, 건포도, 잣, 방울 토마토를 넣고 같이 볶아 주고 소금과 후추로 양념한다. 레드 와인을 넣고 수분이 증발할 때까지 가열하고 다진 이탈리안 파슬리를 넣는다. 불을 끄고 레드 와인 식초, 설탕, 케이퍼를 넣고 잘 섞어 주어 카포나타를 만들어 준다.
4 파미지아노 레지아노를 그레이터에 간 후 프라이팬에 구워 파마산 비스킷을 만들어 놓는다.

Finishing & Plating
1 카포나타를 접시에 담은 후 구워둔 생선을 올려준다.
2 오븐건조 토마토와 한련 잎, 딜, 파마산 비스킷 등을 올려 놓고 토마토소스를 곁들인 후 제공한다.

팔루와즈 소스를 곁들인

광어구이와 쿠스쿠스

BAKED HALIBUT WITH PALOISE SAUCE AND COUSCOUS

Cooking Terminology

베어네이즈 소스(Bearnaise sauce)는 달걀노른자와 버터, 화이트 와인 식초를 유화시킨 소스로서 전통적으로 스테이크용 소스로 제공되며, 어원은 프랑스의 도시이름인 '베아른(Bearn)'에서 유래하였다고 한다. 홀랜다이즈 소스의 파생소스로 간주되는데, 두 소스의 차이는 단지 사용되는 향료에 있다. 베어네이즈 소스는 샬롯(Shallot), 처빌(Chervil), 통후추(Peppercorn), 타라콘(Tarragon)을 사용하고 홀랜다이즈 소스는 레몬주스 또는 화이트 와인을 사용한다. 팔루와즈 소스(Palois sauce)는 베어네이즈 소스의 파생소스로 타라곤 대신에 민트를 사용한다.

INGREDIENTS

For fish

광어(Halibut) 80g
마늘(Garlic) 5g
바질(Basil) 1sprig
올리브유(Olive oil) 30ml
화이트 와인(White wine) 10ml
레몬주스(Lemon juice) 5ml
무염 버터(Unsalted butter) 30g
빵가루(Bread crumbs) 20g

For sauce

무염 버터(Unsalted butter) 60g
월계수 잎(Bay leaf) 1ea
레몬주스(Lemon juice) 10ml
민트(Mint) 1sprig
검은 통후추(Whole black pepper) 2g
양파(Onion) 10g
달걀(Egg) 1ea
스위트 칠리소스(Sweet Chili sauce) 20ml

For couscous

쿠스쿠스(Couscous) 20g
치빌(Chervil) 1sprig

For vegetable

단호박(Sweet pumpkin) 50g
무염 버터(Unsalted butter) 10g
양파(Onion) 10g
느타리버섯(Oyster Mushroom) 30g
양송이버섯(Button mushroom) 30g
밀가루(Flour) 5g
생크림(Fresh cream) 30ml

For seasoning & garnish

처빌(Chervil) 1sprig
소금(Salt) as needed
후추(Pepper) as needed

COOKING METHOD

Preparation

1 광어는 내장과 비늘을 제거한 후 살을 발라내고 껍질을 제거해 준다.
2 손질한 광어는 다진 마늘, 바질, 올리브유, 화이트 와인, 레몬주스, 소금, 후추로 마리네이드 해 놓는다.
3 양파는 다지고 양송이버섯은 4등분하고, 느타리버섯은 작게 잘라 놓는다.

Cooking

1 프라이팬에 버터를 넣고 마리네이드 해 놓은 광어를 굽는다. 구운 광어 위에 빵가루를 덮어 오븐에서 색을 내어 굽는다.
2 물에 소금, 후추를 넣고 끓여 쿠스쿠스에 부어주고 처빌을 다져서 넣는다.
3 끓는 소금물에 단호박을 삶아 체에 내려 준 후 버터, 소금, 후추로 간을 한다.
4 버터를 중탕으로 녹인다. 물, 월계수 잎, 레몬주스, 민트, 양파, 검은 통후추는 으깨서 넣고 1/3로 졸여 허브에센스를 만들어 준다. 믹싱 볼에 달걀노른자, 허브에센스를 넣고 중탕으로 저어준 후 거품이 없어지고 뻑뻑해지면 불에서 꺼내 녹인 버터를 조금씩 넣어주며 잘 저어 준다. 뜨거운 물로 농도를 맞춘 후 소금과 후추로 간을 하여 팔루와즈 소스를 만들어 준다.
5 프라이팬에 버터를 넣고 다진 양파, 버섯을 볶고 밀가루, 생크림을 넣고 졸여준 후 소금, 후추로 간을 하여 버섯 라구를 만든다.

Finishing & Plating

1 준비해둔 쿠스쿠스, 버섯 라구를 접시에 가지런히 담는다.
2 구운 광어와 단호박을 위에 올리고 팔루와즈 소스, 스위트 칠리소스를 뿌려준다.
3 처빌로 장식한 후 제공한다.

피시 뫼니에르

FISH MEUNIERE

Cooking Terminology

솔 뫼니에르(Sole à la meunière)는 전통적인 프랑스 생선음식이다. 프랑스어 'Meuniere'는 밀러 아내의 방법(In the style of a miller`s wife)이라는 뜻이다. 이는 통 가자미 또는 필렛에 밀가루를 뿌린 후 버터에서 팬 프라잉(Pan frying)한 전통적인 프랑스 생선 요리로서 브라운 버터 소스와 파슬리, 레몬과 함께 제공된다. 이 음식을 준비할 때 도브 솔(Dover sole)이 자주 이용되며 2장 보다는 4장 필렛을 떠서 사용하는 것이 좋다.

INGREDIENTS

가자미(Sole) 1ea 250~300g 정도, 해동 지급

중력분(Medium flour) 30g

무염 버터(Unsalted butter) 50g

레몬(Lemon) 1/2ea 길이(장축)로 등분

파슬리(Parsley) 1sprig 잎, 줄기 포함

소금(Salt) 2g

흰 후추(White pepper) 2g

COOKING METHOD

Preparation

1 가자미의 비늘, 머리, 내장을 제거하고 깨끗이 씻은 후 키친타월을 이용하여 물기를 제거한다.

2 파슬리 1/2은 물에 담가 놓고 1/2은 다져 놓는다. 레몬 1/2은 즙을 짜놓고 나머지는 웨지 모양으로 잘라 놓는다.

Cooking

1 가자미를 5장 뜨기 한 후 소금, 흰 후추, 레몬즙으로 마리네이드한 후 중력분을 골고루 입힌다.

2 프라이팬에 버터를 녹인 후 뼈 쪽을 먼저 구워준다.

3 뒤집어서 껍질 쪽을 구운 후 생선이 다 익으면 접시에 담아 놓는다(뼈 쪽이 위로 오게 하여 담아 준다).

4 가자미를 굽고 남은 버터에 추가로 버터를 조금 더 넣고 레몬즙, 다진 파슬리, 소금, 흰 후추를 넣어 레몬버터 소스를 만든다.

Finishing & Plating

1 물에 담갔던 파슬리와 레몬 웨지로 장식한 후 구워놓은 4쪽의 가자미 필렛의 안쪽이 위로 오게 접시에 가지런히 담는다.

2 레몬 버터 소스를 끼얹은 후 제공한다.

수험자 요구사항 및 유의사항 시험시간 30분

양식조리 기능사

가. 생선은 길이를 일정하게 하여 4쪽을 구워 내시오.

나. 소스와 함께 레몬과 파슬리를 곁들여 내시오.

다. 생선살은 흐트러지지 않게 5장 포뜨기를 한다.

라. 생선의 담는 방법에 유의한다.

홀스레디쉬 소스를 곁들인

연어 스테이크와 사프란 리소토

SALMON STEAK WITH HORSERADISH SAUCE, SAFFRON RISOTTO

Cooking Terminology

리소토(Risotto)는 스톡을 넣어 크림 상태로 조리된 북부 이탈리아의 쌀요리이다. 리소토의 어원은 쌀(Rice)을 뜻하는 이탈리아어 'Riso'와 조금을 뜻하는 접미사 'tto'가 합쳐진 용어이다. 이탈리아의 리소토는 일반적으로 코스요리에서 메인 이전에 제공되는 프리모(Primo)이지만 때로는 메인요리의 곁들임으로 같이 제공된다. 특히 사프란 리소토(Risotto alla milanese)는 송아지 정강이 요리인 오소부코(Ossobuco)와 전통적으로 같이 제공된다.

INGREDIENTS

For fish
연어(Salmon) 120g
무염 버터(Unsalted butter) 30g

For sauce
샤워 크림(Sour cream) 30ml
마요네즈(Mayonnaise) 10g
홀스레디쉬(Horseradish) 5g
레몬주스(Lemon juice) 5ml
간장(Soy sauce) 2ml

For risotto
쌀(Rice) 50g
양파(Onion) 10g
화이트 와인(White wine) 20ml
치킨 스톡(Chicken stock) 200ml
사프란(Saffron) 1g
파마산 치즈(Parmesan cheese) 15g
무염 버터(Unsalted butter) 5g

For vegetable
무염 버터(Unsalted butter) 50g
미니 양배추(Brussel sprout) 30g
브로콜리(Broccoli) 20g
콜리플라워(Cauliflower) 20g
당근(Carrot) 20g
설탕(Sugar) 20g
블랙 올리브(Black olive) 2ea

For seasoning & garnish
딜(Dill) 1sprig
레몬(Lemon) 1/8ea
올리브유(Olive oil) 15ml
밀가루(Flour) 5g
소금(Salt) as needed
후추(Pepper) as needed

COOKING METHOD

Preparation
1 쌀은 깨끗이 씻는다.
2 브로콜리, 콜리플라워, 미니 양배추는 한입크기로 자르고, 당근은 껍질을 벗겨 원형으로 자른다.
3 딜은 물에 담그고, 레몬은 슬라이스 한 후 오븐에 살짝 굽는다.

Cooking
1 연어를 오일링을 한 후 소금과 후추로 양념을 한다. 프라이팬에 버터를 녹이고 연어를 굽는다.
2 프라이팬에 버터를 넣고 다진 양파와 쌀을 볶은 후 화이트 와인을 넣어 졸인다. 치킨 스톡과 사프란을 넣고 끓인 후 스톡을 졸인다. 버터와 파마산 치즈, 소금과 후추를 넣어 샤프란 리소토를 만든다.
3 소금물에 데친 브로콜리, 콜리플라워, 미니 양배추와 블랙 올리브는 버터에 볶는다.
4 당근은 삶아서 버터와 설탕을 넣어 글레이징한다.
5 믹싱 볼에 샤워 크림, 마요네즈, 홀스레디쉬, 레몬주스, 간장을 넣어 잘 혼합하여 홀스레디쉬 크림 소스를 만든다.
6 믹싱 볼에 밀가루, 물 30ml, 올리브유를 넣고 섞은 후 프라이팬에 구워 튀일을 만든다.

Finishing & Plating
1 접시에 사프란 리소토와 준비해둔 채소, 구운 연어를 가지런히 담는다.
2 홀스레디쉬 크림소스를 페이스트리 백에 넣어 짜고, 레몬과 딜, 튀일 등으로 장식하여 제공한다.

바다가재 텔미도르

LOBSTER TERMIDOR

Cooking Terminology

바다가재 텔미도르(**Lobster Termidor**)는 1880년경에 오귀스트 에스코피에(Auguste Escoffier)가 프랑스 파리에 위치한 '메종 마이어(Maison Maire)' 레스토랑에서 만든 것으로 알려져 있다. 이 음식이 만들어지던 시기에 극장에서 혁명정부해체 쿠데타를 그린 '텔미도르'라는 연극을 하고 있었는데 이 연극 제목에서 유래하여 바다가재 텔미도르가 탄생했다고 한다.

INGREDIENTS

바다가재(Lobster) 1/2ea
무염 버터(Unsalted butter) 10g
양파(Onion) 20g
화이트 와인(White wine) 20ml
생크림(Fresh cream) 60ml
피시 스톡(Fish stock) 100ml
머스터드(Mustard) 3g
레몬(Lemon) 1/4ea
파슬리(Parsley) 1sprig
모차렐라 치즈(Mozzarella cheese) 50g
파마산 치즈(Parmesan cheese) 10g
소금(Salt) as needed
후추(Pepper) as needed

COOKING METHOD

Preparation

1 바다가재는 끓는 물에 3~5분 정도 삶고 얼음물에 빠른 속도로 식힌다.
2 바다가재를 길이로 반 자르고 집게발과 꼬리, 관절, 머리로부터 살을 발라내어 준비한다.
3 양파는 다지고, 레몬은 즙을 짠다.
4 오븐을 180°C로 예열한다.

Cooking

1 프라이팬에 버터와 양파를 넣고 볶는다. 양파가 부드럽게 익으면 화이트 와인을 넣고 반으로 졸인다.
2 와인이 반으로 졸여지면 피시 스톡과 생크림을 넣고 반으로 졸인다. 반으로 졸여지면 머스터드, 레몬즙, 다진 파슬리를 넣고 끓인 후 소금과 후추로 양념을 하여 크림소스를 준비한다.
3 준비해둔 바다가재 살을 한입크기로 자른 후 꼬리와 머리 껍질에 넣는다.
4 바다가재를 오븐용 팬에 넣고 준비해둔 크림 소스를 바다가재 살 위에 발라준다.
5 모차렐라 치즈와 파마산 치즈를 위에 올린다
6 180°C로 예열된 오븐에서 치즈가 녹을 때까지 익힌다.

Finishing & Plating

1 접시에 담아 제공한다(레몬과 같이 제공하면 좋다).

새우 비스큐 소스를 곁들인

대게살 튀김과 새우 케이크

FRIED KING CRAB WITH SHRIMP BISQUE SAUCE AND PRAWN CAKE

Cooking Terminology

튀기기(Frying)의 종류에는 팬 프라잉(Pan frying)과 딥 팻 프라잉(Deep fat frying)으로 나누어진다. 팬 프라잉은 소테와 비슷하게 프라이팬에 소량의 오일을 넣고 소테의 온도보다는 낮은 온도에서 재료를 튀겨내는 방법이다. 딥 팻 프라잉은 많은 양의 오일에 내용을 넣어 튀겨 내는 방법으로 바스켓 없이 바로 오일에 넣어서 튀겨내는 방법(Swimming method)과 바스켓을 이용하여 튀겨내는 방법(Basket method)이 있다.

INGREDIENTS

For seafood

대게(King crab) 60g
새우(King Prawn) 3ea
오징어(Squid) 40g
화이트 와인(White wine) 20ml
바질(Basil) 5leaves
레몬주스(Lemon juice) 10ml
달걀(Egg) 2ea
밀가루(Flour) as needed
빵가루(Bread crumbs) 30g
식용유(Vegetable oil) 400ml
생크림(Fresh cream) 30ml
올리브유(Olive oil) 20ml

For sauce

버터(Butter) 20g
마늘(Garlic) 5g
양파(Onion) 20g
대파(Leek) 10g
토마토 페이스트(Tomato paste) 30g
화이트 와인(White wine) 10ml
월계수 잎(Bay leaf) 1ea

For creamed corn

버터(Butter) 20g
옥수수(Sweet corn) 30g
마늘(Garlic) 3g
양파(Onion) 5g
빨강 피망(Red pimento) 5g
생크림(Fresh cream) 20ml
바질(Basil) 1leaf

For vegetable

감자(Potato) 100g
버터(Butter) 30g
애호박(Squash) 20g
양송이버섯(Button mushroom) 10g
올리브유(Olive oil) 20ml

For seasoning & garnish

소금(Salt) as needed
후추(Pepper) as needed

COOKING METHOD

Preparation

1 새우 케이크를 만들기 위해 새우와 오징어를 손질하여 화이트 와인 10ml, 바질 3잎, 레몬주스 5ml, 소금, 후추로 마리네이드한 후 브랜드 믹서에 달걀흰자와 생크림을 넣고 갈아 준다. 새우 머리와 껍질은 소스를 위해 버리지 않는다.
2 대게 튀김을 만들기 위해 대게는 손질하여 화이트 와인 10ml, 레몬주스 5ml, 바질 2잎, 소금, 후추로 마리네이드한 후 밀가루, 달걀, 빵가루를 묻힌다.
3 크림드 콘을 만들기 위해 마늘과 바질을 다지고, 양파, 빨강 피망을 스몰 다이스로 썬다.
4 감자는 채 썰어 물에 담가 놓는다.
5 새우 비스큐 소스를 만들기 위해 마늘, 양파, 대파를 다져 놓는다.

Cooking

1 프라이팬에 올리브유를 넣고 갈아 놓은 해산물을 모양을 잡아 구워 새우 케이크를 만든다.
2 준비해둔 대게를 식용유에 갈색이 나게 튀겨준 후 키친타월에 올려 기름을 제거한다.
3 프라이팬에 버터를 넣고 다진 마늘, 빨강 피망, 양파, 옥수수를 넣고 볶디기 생크림을 넣는다. 끓으면 다진 바질, 소금, 후추로 양념을 하여 크림드 콘을 만든다.
4 애호박과 양송이버섯은 썰어서 올리브유, 소금, 후추로 마리네이드한 후 팬에 굽는다.
5 감자는 물기를 제거한 후 프라이팬에 버터를 넣고 볶고 감자가 익으면 소금, 후추로 양념을 한다.
6 팬에 버터를 넣고 다진 마늘, 양파, 대파, 새우껍질을 볶는다. 새우가 색이 나면 토마토 페이스트 넣고 볶는다. 페이스트의 신맛이 없어지면 화이트 와인을 넣고 졸인 후 물과 월계수 잎을 넣고 끓여준다. 농도가 나면 체에 걸러준 후 소금, 후추로 간을 하여 새우 비스큐 소스를 만든다.

Finishing & Plating

1 접시에 크림드 콘, 감자, 애호박, 새우 케이크, 튀긴 대게 살 등을 가지런히 담는다.
2 새우 비스큐 소스를 뿌리고 허브로 장식한 후 제공한다.

토마토 소스 해산물 스파게티

SEAFOOD SPAGHETTI WITH TOMATO SAUCE

Cooking Terminology

스파게티(Spaghetti)는 길고 얇은 원통형의 이탈리아 파스타의 한 종류이다. 'Spaghetti'는 얇은 끈(Thin string) 또는 실(Twine)을 의미하는 'Spago'의 지소어 'Spaghetto'의 복수형이다. 다른 파스타와 마찬가지로 스파게티는 제분된 밀과 물로 만들어진다. 전통적으로 파스타는 세몰리나(Semolina)로 만들어지지만 상업적인 목적의 파스타는 세몰리나가 아닌 일반 밀가루로 만들어진다. 20세기 후반에서야 인기를 얻기 시작하였으며 25~30cm 길이로 제공된다.

INGREDIENTS

스파게티면(Spaghetti) 70g 건조면

토마토(캔)(Peeled tomato) 300g 홀필드, 국물 포함

마늘(Garlic) 3ea

양파(Onion) 80g 중, 150g 정도, 1/2개

바질(Basil) 4leaves 신선한 것

파슬리(Parsley) 1sprig 잎, 줄기 포함

방울 토마토(Cherry tomato) 2ea 붉은색

올리브유(Olive oil) 40ml

새우(Shrimp) 3ea 껍질 있는 것

모시조개(Clam) 3ea 지름 3cm 정도, 바지락 대체 가능

오징어(Squid) 50g 몸통

관자살(Scallop) 50g 50g 정도 1개, 작은 관자 3개 정도

화이트 와인(White wine) 20ml

식용유(Vegetable oil) 20ml

소금(Salt) 5g

흰 후추(White pepper) 5g

COOKING METHOD

Preparation

1 토마토(캔)는 다져서 국물과 함께 준비하고 방울 토마토는 4등분한다.

2 마늘과 양파, 파슬리는 다지고, 바질 세 잎은 채 썰고 한 잎은 물에 담가 놓는다.

3 새우는 내장을 제거한 후 껍질을 제거하고, 모시조개는 소금물에서 담가 해감을 제거한다. 오징어는 껍질을 제거한 후 0.8cm×5cm 정도 크기로 썰고 관자살은 편으로 썰어서 준비한다.

Cooking

1 끓는 물에 소금과 식용유를 넣고 스파게티를 약 7분간 알단테로 삶은 후 물기를 제거하고, 면이 서로 붙지 않게 식용유를 두른 후 식힌다.

2 소스팬에 올리브유와 다진 마늘 한 개와 다진 양파 50g을 넣고 갈색이 날 때까지 볶는다. 갈색이 나면 다져 놓은 토마토(캔)와 채 썰어 놓은 바질 두 잎을 넣은 후 끓인다. 소금과 흰 후추로 양념을 하여 자작한 토마토 소스를 만들어 놓는다.

3 프라이팬에 식용유를 넣고 다진 마늘 두 개와 다진 양파 30g을 넣고 갈색이 나게 볶은 후 새우, 오징어, 관자살, 모시조개를 넣고 볶은 후 화이트 와인을 넣어 준다.

4 화이트 와인이 반으로 졸아들면 토마토 소스와 방울 토마토, 스파게티와 채 썰어 놓은 바질 한 잎을 넣고 끓인다.

5 소스와 면이 잘 어우러지면 소금과 흰후추로 양념을 하고 불을 끈다.

Finishing & Plating

1 파스타 접시에 스파게티를 산처럼 쌓아 담는다.

2 물에 담가 놓은 바질과 다진 파슬리를 뿌려준 후 제공한다.

수험자 요구사항 및 유의사항 시험시간 **35분**

양식조리 기능사

가. 스파게티 면은 al dante(알 단테)로 삶아서 사용하시오.

나. 조개는 껍질째, 새우는 껍질을 벗겨 내장을 제거하고, 관자살은 편으로 썰고, 오징어는 0.8cm×5cm 정도 크기로 썰어 사용하시오.

다. 해산물은 화이트 와인을 사용하여 조리하고, 마늘과 양파는 해산물 조리와 토마토 소스 조리에 나누어 사용하시오.

라. 바질을 넣은 토마토 소스를 만들어 사용하시오.

마. 스파게티는 토마토 소스에 버무리고 다진 파슬리와 슬라이스한 바질을 넣어 완성하시오.

바. 토마토 소스는 자작한 농도로 만들어야 한다.

사. 스파게티는 토마토 소스와 잘 어우러지도록 한다.

프렌치 프라이드 쉬림프

FRENCH FRIED SHRIMP

Cooking Terminology

프렌치 프라잉(French frying)은 많은 양의 오일에 내용물을 담가 튀겨내는 것을 의미하는 '딥 프라잉(Deep-frying)'을 의미한다. '프렌치 프라이드 포테이토(French fried potatoes)'는 1856년에 발간된 요리책에 처음 레시피가 공개되어 지금까지 감자 요리의 대명사로 사용되고 있지만, 20세기 초반부터는 '프렌치 프라이드(French fried)'는 양파 링이나 닭고기와 같은 재료를 'Deep fried'한 음식에도 용어가 사용되기 시작했다. 그러므로 '프렌치 프라이드 쉬림프(French fried shrimp)'는 새우를 많은 양의 오일에 담가 튀겨낸 음식을 의미한다.

INGREDIENTS

새우(Shrimp) 4ea 중하
중력분(Medium flour) 80g
백설탕(White sugar) 2g
달걀(Egg) 1ea
식용유(Vegetable oil) 500ml
레몬(Lemon) 1/6ea 길이(장축)로 등분
파슬리(Parsley) 1sprig 잎, 줄기 포함
냅킨(Napkin) 2ea 흰색, 기름제거용
소금(Salt) 2g
흰 후추(White pepper) 2g
이쑤시개(Toothpick) 1ea

COOKING METHOD

Preparation

1 새우는 이쑤시개를 이용하여 내장, 머리, 껍질, 물주머니를 제거하고 몸통 살에 꼬리가 붙도록 손질하여 4개를 준비한다.
2 익었을 때 구부러지지 않게 안쪽에 2~3회 칼집을 낸 후 소금과 흰 후추로 밑간을 한다.
3 파슬리는 물에 담가 놓고 레몬은 웨지 모양으로 자른다.

Cooking

1 믹싱 볼에 달걀노른자와 흰자를 분리한다.
2 흰자는 거품기를 이용하여 거품을 단단하게 올린다.
3 달걀노른자에 백설탕을 넣고 백설탕이 녹을 때까지 잘 섞고, 물 30ml를 넣어 잘 섞는다. 중력분을 체에 쳐서 넣고 섞은 후 흰자 거품을 넣어 가볍게 섞어 튀김반죽을 만든다.
4 손질한 새우에 밀가루를 입힌 후 튀김 반죽을 입힌다.
5 식용유를 180°C로 가열하여 새우를 구부러지지 않게 튀긴다. 갈색이 나면 건져서 냅킨에 올려 기름기를 제거한다.

Finishing & Plating

1 접시에 파슬리와 레몬을 담는다.
2 튀긴 새우를 4개 올려준 후 제공한다.

수험자 요구사항 및 유의사항 시험시간 **25분**

양식조리 기능사

가. 새우를 구부러지지 않게 튀기시오.
나. 새우튀김은 4개를 제출하시오.
다. 레몬과 파슬리를 곁들이시오.
라. 새우는 꼬리쪽에서 1마디 정도만 껍질을 남긴다.
마. 튀김반죽에 유의하고, 튀김의 색깔이 깨끗하게 한다.

● 어패류 조리 평가

일지평가: 실습한 내용에 대한 학습자의 일지 작성 후 평가 실시

서술형 시험

학습 내용	평가 항목
어패류 재료 준비하기	어패류의 원산지, 조리법을 고려한 선별 방법에 대한 이해도 평가
	조리에 요구되는 신선도를 검사하는 방법에 대한 이해도 평가
	재료를 신선한 상태로 유지하도록 보관하는 방법에 대한 이해도 평가
	요리에 알맞은 부재료와 소스를 준비하는 방법에 대한 이해도 평가
	오일과 향신료를 이용하여 마리네이드 방법에 대한 이해도 평가
	어패류 조리에 필요한 조리도구 종류에 대한 이해도 평가
어패류 조리하기	재료에 적합한 조리방식과 조리도구 결정 방법에 대한 이해도 평가
	어패류 조리를 위한 향신료와 와인에 대한 이해도 평가
	요리에 알맞은 부재료 조리 방법에 대한 이해도 평가
	요리에 알맞은 소스 조리 방법에 대한 이해도 평가
어패류 요리 완성하기	어패류 요리에 알맞은 소스 제공에 대한 이해도 평가
	주재료에 어울리는 부재료, 가니쉬에 대한 이해도 평가
	음식의 색깔, 맛, 풍미, 온도 등에 대한 이해도 평가

작업장 평가

학습 내용	평가 항목	만점	직무수행평가 점수
어패류 재료 준비하기	어패류 조리에 필요한 도구 준비		
	어패류 조리에 필요한 재료에 대한 사전 전처리		
	재료를 신선한 상태를 유지하도록 보관하는 방법 평가		
	부재료와 소스를 준비하는 방법 평가		
	오일과 향신료를 이용하여 마리네이드 방법 평가		
어패류 조리하기	어패류 익힘 정도 평가		
	용도에 알맞은 향신료와 와인의 사용 평가		
	요리에 알맞은 부재료 조리 평가		
	요리에 알맞은 소스 조리 평가		
어패류 요리 완성하기	어패류 요리에 알맞은 소스, 부재료, 가니쉬 제공 평가		
	완성된 어패류 요리의 색에 대한 평가		
	완성된 어패류 요리의 맛에 대한 평가		
	완성된 어패류 요리의 온도에 대한 평가		
	뒷정리		
합계			

CHAPTER

7

육류

MEAT & POULTRY

● **학습 목표**

육류와 가금류 등을 활용하여 육류, 가금류 조리와 곁들여지는 소스 등을 조리할 수 있다.

<table>
<tr><th>능력단위 요소</th><th colspan="2">수행 준거</th></tr>
<tr><td rowspan="2">육류 재료 준비하기</td><td colspan="2">1. 조리법과 질김 정도, 향미를 고려하여 육류, 가금류의 종류와 메뉴에 맞는 부위를 선택할 수 있다.
2. 메뉴의 종류에 따라 육류, 가금류의 종류와 조리 부위를 선택할 수 있다.
3. 용도에 맞게 재료를 발골, 절단하여 손질할 수 있다.
4. 요리에 알맞은 부재료와 소스를 준비할 수 있다.
5. 로스팅할 재료는 끈을 사용하여 감쌀 수 있도록 묶을 수 있다.
6. 필요에 따라 마리네이드 방법과 향신료와 채소를 채워 넣는 방법을 사용할 수 있다.
7. 육류 조리에 필요한 조리도구를 준비할 수 있다.</td></tr>
<tr><td>【지식】
• 메뉴에 따른 부재료와 소스
• 육류, 가금류 특징
• 재료의 발골, 절단 방법
• 전처리, 마리네이드 방법
• 주재료 용도별 칼, 도마 사용법</td><td>【기술】
• 가스레인지 조작 능력
• 냉장, 냉동고 관리 능력
• 발골, 절단 능력
• 부재료와 소스 선택 능력
• 오븐 사용 능력
• 육류, 가금류를 선택 능력
• 전처리, 마리네이드를 할 수 있는 능력</td></tr>
<tr><td rowspan="2">육류 조리하기</td><td colspan="2">1. 육류, 가금류 요리 시 재료에 적합한 조리 방식과 조리도구를 결정할 수 있다.
2. 재료가 눌어붙거나 부서지지 않도록 조리할 수 있다.
3. 육류, 가금류 요리에 알맞은 가니쉬와 소스를 조리할 수 있다.
4. 화력과 시간을 조절하여 원하는 익힘 정도로 조리할 수 있다.
5. 향신료를 사용하여 향과 맛을 조절할 수 있다.</td></tr>
<tr><td>【지식】
• 메뉴에 따른 육류 조리 방법
• 부재료와 소스
• 양식 기초 직무능력
• 육류 요리의 익힘 정도
• 육류의 특성과 용도
• 향신료 종류와 쓰임 방법</td><td>【기술】
• 냉장, 냉동고 관리 능력
• 부재료와 소스 조리 능력
• 오븐 사용 능력
• 적정한 상태의 육류 조리 능력
• 향신료 종류에 따라 활용할 수 있는 능력</td></tr>
</table>

<table>
<tr><td rowspan="2">육류 요리 완성하기</td><td colspan="2">1. 육류, 가금류 요리에 알맞은 맛과 풍미를 이끌어 낼 수 있는 요리를 제공할 수 있다.
2. 주재료에 어울리는 가니쉬를 제공할 수 있다.
3. 마무리된 음식의 색깔과 맛, 풍미, 온도를 통해 음식의 품질을 평가할 수 있다.</td></tr>
<tr><td>【지식】
• 가니쉬와 소스 선택법
• 메뉴에 따른 육류 조리법
• 메뉴에 따른 제공 기물 선택법
• 완성된 요리를 담는 푸드 스타일 방법
• 지정된 색, 맛, 풍미, 온도를 유지하는 방법</td><td>【기술】
• 메뉴에 따른 육류 조리 능력
• 부재료 활용 능력
• 색깔과 맛, 풍미, 온도를 고려한 제공 능력
• 요리에 따른 그릇 선택 능력</td></tr>
</table>

● 교수-학습 방법

능력단위 요소	교수-학습 방법
육류 재료 준비하기	• 육류의 정의, 종류에 대한 설명 및 이해 • 육류의 부위별 명칭 및 손질방법에 대한 설명 및 이해 • 육류의 마리네이드 방법에 대한 설명 및 이해 • 육류의 스터핑 방법에 대한 설명 및 이해 • 육류 요리에 어울리는 소스와 채소의 전처리 방법에 대한 설명 및 이해
육류 조리하기	• 육류 조리 시 조리방식에 대한 설명 및 이해 • 육류 조리 시 화력조절과 익힌 정도에 대한 설명 및 이해 • 육류 요리에 어울리는 소스의 조리 방법에 대한 설명 및 이해 • 육류 요리에 어울리는 곁들임의 조리 방법에 대한 설명 및 이해 • 육류 조리 시 사용되는 향신료에 대한 설명 및 이해
육류 요리 완성하기	• 육류 요리에 어울리는 가니쉬의 제공 방법에 대한 설명 및 이해 • 육류 요리에 어울리는 소스의 제공 방법에 대한 설명 및 이해 • 마무리된 육류 요리의 색깔과 맛, 풍미에 대한 설명 및 이해 • 마무리된 육류 요리의 온도에 대한 설명 및 이해 • 마무리된 육류 요리의 플레이팅에 대한 설명 및 이해

● 자가진단도구

진단 영역	진단 문항	매우 미흡	미흡	보통	우수	매우 우수
육류 재료 준비하기	나는 조리법과 질김 정도, 향미를 고려하여 육류, 가금류의 종류와 메뉴에 맞는 부위를 선택할 수 있다.	①	②	③	④	⑤
	나는 메뉴의 종류에 따라 육류, 가금류의 종류와 조리 부위를 선택할 수 있다.	①	②	③	④	⑤
	나는 용도에 맞게 재료를 발골, 절단하여 손질할 수 있다.	①	②	③	④	⑤
	나는 요리에 알맞은 부재료와 소스를 준비할 수 있다.	①	②	③	④	⑤
	나는 로스팅할 재료는 끈을 사용하여 감쌀 수 있도록 묶을 수 있다.	①	②	③	④	⑤
	나는 필요에 따라 마리네이드 방법과 향신료와 채소를 채워 넣는 방법을 사용할 수 있다.	①	②	③	④	⑤
	나는 육류 조리에 필요한 조리도구를 준비할 수 있다.	①	②	③	④	⑤
육류 조리하기	나는 육류, 가금류 요리 시 재료에 적합한 조리 방식과 조리 도구를 결정할 수 있다.	①	②	③	④	⑤
	나는 재료가 눌어붙거나 부서지지 않도록 조리할 수 있다.	①	②	③	④	⑤
	나는 육류, 가금류 요리에 알맞은 가니쉬와 소스를 조리할 수 있다.	①	②	③	④	⑤
	나는 화력과 시간을 조절하여 원하는 익힘 정도로 조리할 수 있다.	①	②	③	④	⑤
	나는 향신료를 사용하여 향과 맛을 조절할 수 있다.	①	②	③	④	⑤
육류 요리 완성하기	나는 육류, 가금류 요리에 알맞은 맛과 풍미를 이끌어 낼 수 있는 요리를 제공할 수 있다.	①	②	③	④	⑤
	나는 주재료에 어울리는 가니쉬를 제공할 수 있다.	①	②	③	④	⑤
	나는 마무리된 음식의 색깔과 맛, 풍미, 온도를 통해 음식의 품질을 평가할 수 있다.	①	②	③	④	⑤

● 진단결과

진단 영역	문항 수	점수	점수 ÷ 문항 수
육류 재료 준비하기	7		
육류 조리하기	5		
육류 요리 완성하기	3		
합 계	15		

※ 자신의 점수를 문항 수로 나눈 값이 '3점' 이하에 해당하는 영역은 업무를 성공적으로 수행하는데 요구되는 능력이 부족한 것으로 교육훈련이나 개인학습을 통한 개발이 필요함.

1 육류의 이해

(1) 육류의 정의

육류(Meat)는 음식으로 먹는 동물의 육체이다. 인간은 선사시대부터 산이나 들에서 야생하는 들짐승이나 새들을 사냥하여 단백질을 섭취하였다. 불을 발견하면서 고기를 구워 먹게 되었고, 그 후부터 육류는 인간의 식생활에서 빠질 수 없는 고급단백질 공급원으로 자리 잡게 되었다. 식문화가 발달하면서 사람은 야생동물을 순치, 개량하여 집에서 기르기 시작하였다. 이를 가축이라고 부르며, 현재 다양한 동물들이 사육되고 있다. 이러한 가축에서 생산되는 도체를 육류라고 한다. 단어 'Meat'는 'Food(음식)'를 의미하는 옛 영어 단어인 'Mete'에서 유래하였다. 이 용어는 'Food(음식)'를 의미하는 덴마크어 'Mad', 스웨덴어와 노르웨이어에서는 'Mat', 아이슬란드어와 페로어에서는 'Matur'와 연관이 있다.

(2) 육류의 종류와 특징

고기는 근육 섬유의 미오글로빈(Myoglobin) 농도에 따라 크게 '적색' 또는 '백색'으로 분류할 수 있다. 미오글로빈이 산소에 노출되면 붉은 옥시미오글로빈(Oxy-myoglobin)이 발생하여 고기가 빨갛게 보인다. 일반적으로 소, 양, 말과 같은 포유동물의 고기는 적색이며, 닭고기와 칠면조고기는 흰색으로 간주된다. 우리나라에서 주로 식용하는 육류에는 소고기, 돼지고기, 양고기 등이다. 그 외에 염소, 말, 물소 등의 육류를 식용으로 한다. 가금류로는 닭, 칠면조, 오리, 거위, 메추리, 꿩 등이 있다. 나라마다 육류에 대한 선호도는 식습관, 공급의 용이성, 종교적 금기 등에 따라 다르다. 종교에 따라 유대교와 이슬람교는 돼지고기를 금기하고, 인도의 힌두교는 소고기를 금기한다.

1) 소고기(Beef)

소고기는 양질의 단백질과 필수영양소의 훌륭한 원천으로 인간은 선사시대부터 소고기를 먹고 있다. 소고기는 1년 이상된 소의 고기로 과거에는 오늘날처럼 항상 인기가 있지 않았다. 미국은 1500년 중반 이래 소를 키웠으나 대부분의 이민자들은 돼지고기나 닭고기를 더 좋아했다. 남북전쟁 동안 돼지고기와 닭고기의 부족으로 소고기가 갑자기 수요가 많게 된 이후부터 소고기의 인기는 계속 되었다. 비프(Beef)는 소의 고기를 뜻하는 이름이다.

[표 7-1] 미국산 소고기의 품질등급 기준

구분	내용
프라임(Prime)	• 최상급으로 미국 내에서 생산되는 소고기 중 3.3%를 차지함 • 육즙이 풍부하고 마블링이 우수함
초이스(Choice)	• 미국 내에서 생산되는 소고기 중 59.7%를 차지함 • 육질이 연하고 육즙이 풍부함
실렉트(Select)	• 미국 내에서 생산되는 소고기 중 37%를 차지함 • 지방 함량이 적고 수축이 덜 되며 향미가 적음
스탠더드(Standard)	• 지방 함량이 적고 맛이 떨어짐
커머셜(Commercial)	• 성숙한 소에서 생성되어 질김
유틸리티(Utility)	• 가공용
커터(Cutter)	• 가공용
캔너(Canner)	• 가공용 또는 사료용

2) 돼지고기(Pork)

돼지는 일찍이 기원전 5000년 전부터 길들여진 가장 오래된 형태의 가축 중 하나이며, 전 세계적으로 음식을 위해 가장 흔히 사용되는 고기이다. 특히 지방 함량과 쾌적한 질감으로 아시아 요리에서 높은 평가를 받고 있지만 유대인과 이슬람 국가에서는 법에 의해 식용이 금지되어 있다. 돼지고기는 거의 모든 부위가 다 사용되며, 베이컨이나 햄, 소시지 같은 육가공품 생산에도 사용된다.

3) 양고기(Lamb)

양고기는 램(Lamb)과 머튼(Mutton)으로 나누어진다. 램은 생후 1년 이하의 것으로 육질이 연하고 냄새가 적어 고급으로 취급되며, 머튼은 2년 이상의 것으로 가정에서나 단체 급식 등에서 주로 사용하는 것으로 냄새가 약간 나는 것이 특징이다. 문헌을 살펴보면 양고기는 성질이 따뜻하고 단맛이 있어 음을 보하며 신체를 풍성하게 하고 피부를 윤택하게 하는 등 보양식으로도 손색이 없는 식품으로 알려져 있다. 양고기를 많이 먹는 지역은 미국, 유럽, 지중해, 아프리카, 중동, 남아시아, 중국 등이다. 우리나라는 수입에 의존하고 있다.

4) 가금류(Poultry)

닭은 원래 들닭(野鷄)이였으나 지금으로부터 약 4000년 전에 인도, 말레이시아, 미얀마 등지에서 가금화(家禽化)되어 사람들이 기르기 시작하였다고 기록되어 있다. 식용으로 하는 가금류에는 닭(Chicken), 칠면조(Turkey), 오리(Duck), 거위(Goose), 비둘기(Pigeon), 꿩(Pheasant), 메추리(Quail) 등이 있다. 인간이 가장 많이 식용하는 고기 중 하나가 바로 닭고기이다. 프랑스에서는 거위와 오리의 간인 푸아 그라(Foie gras)가 유명하다. 오리는 다른 가금류에 비해 색이 붉고 탄력이 있다.

'치킨(Chicken)' 은 적색 야계(Gallus gallus) 종에 속하는 모든 닭을 총칭하여 부르는 이름이다. 우리나라에서도 닭을 일반적으로 치킨이라고 부르지만 보다 자세하게 살펴보면 다음과 같다. 영국과 아일랜드에서는 1세 이상의 수컷을 주로 'Cock' 이라고 부르며 미국, 호주 및 캐나다에서는 'Rooster' 라고 불린다. 1세 미만의 수컷은 'Cockerel' 이라고 부르며 거세한 Rooster는 'Capon' 이라고 부른다. 1살 이상의 암컷은 'Hen' 이라고 하며, 1년 미만의 암컷을 'Pullet' 이라 한다. 'Pullet' 이 16~20주의 연령대에 알을 낳기 시작하면 'Hen' 이 된다. 호주와 뉴질랜드(때로는 영국에서도)에서는 모든 연령과 남녀를 묘사하는 일반적인 용어로 'Chook' 이 사용된다.

2 육류 재료 준비

(1) 소고기 안심 손질

① 사이드 날개 부분을 분리한다.
② 안심 머리 부분에 있는 실버 스킨(Silver skin)부터 분리한다.
③ 제거가 안 된 실버 스킨 및 지방 부분을 모두 제거한다.
④ 손질된 안심을 스테이크용으로 썰어 준비한다.

[그림 7-1] **소 안심의 부위별 명칭**

안심은 보통 소의 갈비 안쪽에 붙어 있는 연한 고기이며, 안심은 다시 헤드(Head), 샤토브리앙(Chateaubriand), 투르느도(Tournedos), 필렛 미그뇽(Filet mignons), 필렛 팁(Filet tip)의 5개 부분으로 나뉜다. 특히 샤토브리앙 부위는 단 500g 정도로 2인분을 조리할 수 있는 양이 나오는데, 소고기 안심 중에서도 최고의 부위로 알려져 있다. 이 명칭은 프랑스의 소설가 샤토브리앙 집의 요리사가 개발하여 붙은 이름이라고 한다.

(2) 양 갈비 손질

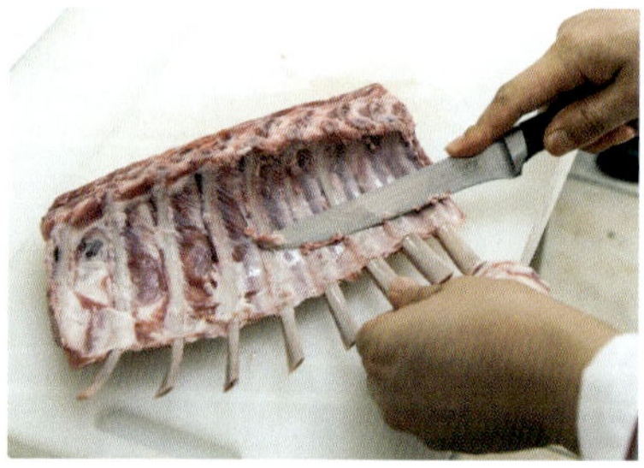

① 양 갈비의 포장을 벗긴 후 기름기가 많은 부위에 칼집을 넣어 제거한다.
② 뼈와 뼈 사이의 지방을 제거한다.
③ 양 갈비 뒤쪽 갈비뼈를 덮은 얇은 막을 베어 낸다.
④ 뼈에 붙어 있는 살을 제거한다.
⑤ 뼈와 뼈 사이를 스테이크용으로 잘라 준비한다.
⑥ 경우에 따라 올리브유, 마늘, 로즈마리, 타임 등으로 마리네이드를 한다.

(3) 가금류 손질

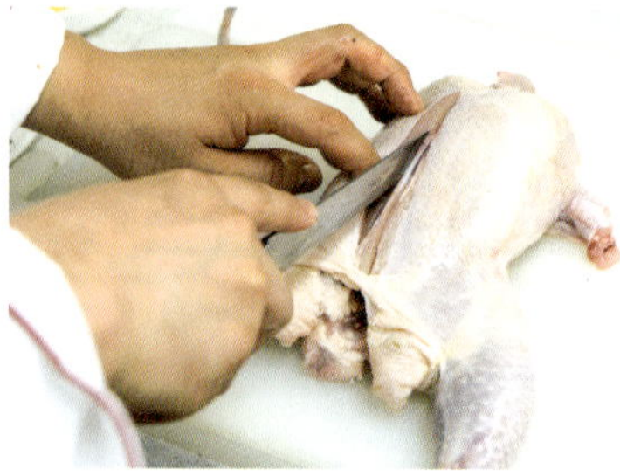

가금류는 통째로 로스팅을 하여 사용하거나 부위별로 잘라내어 가슴살은 스테이크용으로, 다리살은 스튜나 브레이징으로 조리하여 사용한다. 모든 뼈를 발라내어 넓게 펴고 내용물을 채워 오븐에 굽거나 삶아서 사용하기도 한다.

[표 7-2] 닭고기의 부위 및 특징

부위	특징
가슴살 (Breast)	지방이 매우 적고 근육섬유로만 되어 있어 육색이 부드럽고 맛도 부드럽다. 다이어트 식품으로도 매우 좋으며, 조리 시 열을 너무 가하면 퍽퍽하게 되기 때문에 유의할 필요가 있다.
안심 (Tenderloin)	가슴살 안쪽 부위에 대나무 잎 모양으로 길게 생겼으며, 지방이 아주 적기 때문에 담백하고 육질이 매우 부드럽다. 소화가 빠르며 영양 면에서도 뛰어나 환자식에 매우 좋은 부위이다.
윙 (Wing)	중앙관절 부위와 날개 끝부분을 함께 자른 것으로, 살은 적으나 소량의 지방으로만 구성되어 있고, 젤라틴 성분도 많아 쫄깃한 맛이 매우 좋다.
다리 (Leg)	다리와 넓적다리가 합쳐진 것으로, 탄력이 좋고, 지방과 글리코겐이 적당량 포함되어 있으며 맛이 제일 좋다.

(4) 육류 마리네이드

마리네이드란 육류에 향을 첨가하고 보다 더 부드럽게 만들기 위해서 양념을 한 액체에 담가 두는 일련의 조리행위로 매우 다양한 방법이 있다. 마리네이드를 위한 구성성분과 마리네이드 시간은 다음과 같다.

단백질 가수분해 효소(Enzyme)는 콜라겐과 엑토미오신을 가수분해하여 고기의 연화를 증가시킨다. 단백질 분해 효소로 사용되는 것은 파파야의 파파인(Papain), 파인애플의 브로멜린(Bromelin), 무화과의 피신(Ficin), 키위의 액티니딘(Actinidin)으로 연육 작용을 한다. 연육소를 너무 많이 사용하면 고기가 물러지게 되므로 주의한다.

[표 7-3] 육류 마리네이드의 구성성분

구분	역할	종류
산 또는 효소 (Acid or enzyme)	• 풍미의 토대 • 식육 연화제의 역할	• 산 : 식초, 와인 또는 맥주, 버터밀크, 복숭아 넥타, 감귤류 주스, 크랜베리주스, 럼 등 • 효소 : 요거트, 파인애플주스, 파파야, 꿀, 무화과, 키위 등
유지(Fat)	• 풍미의 강화 • 그릴에 음식이 붙는 것을 방지	엑스트라 버진 올리브유, 송로 버섯 오일, 칠리 오일, 바질 오일, 참기름, 마요네즈, 아몬드 오일 등
허브와 향신료 (Herbs & Spices)	• 풍미를 강화 • 냄새 제거	마늘, 양파 또는 샬롯, 쪽파, 생강, 감귤류의 껍질, 메이플 시럽, 페퍼 플레이크, 로즈마리, 타임, 바질 등

[표 7-4] 마리네이드 시간

소고기, 양고기	닭고기, 돼지고기	채소	어패류
3~24시간	3~12시간	30분	2시간 이내

육류를 마리네이드 할 때 다음 사항을 주의한다.

① 믹서기를 사용하여 모든 것을 함께 섞어주어야 한다. 특히 오일과 산 성분을 유화시켜줘야 한다.

② 감귤류와 식초를 이용한 마리네이드는 마요네즈나 버터밀크를 이용한 마리네이드 보다 더 빠르게 음식을 부드럽게 해준다.

③ 달콤한 성분(당밀, 갈색 설탕, 꿀 등)을 마리네이드 용액에 첨가하면 그릴로 구운 육류에 캐러멜로 된 파삭파삭 한 코팅을 형성할 수 있다.

④ 마리네이드에 소금을 넣으면 음식이 삼투압 작용에 의해 마른다. 그러므로 소금은 그릴에서 굽기 바로 전에 사용하여야 한다.

⑤ 모든 음식이 마리네이드 용액에 의해 덮여 있는지 확인하여야 하며, 마리네이드하는 동안 음식을 적어도 한 번 뒤집어야 한다.

⑥ 마리네이드는 요리시간에 영향을 준다. 12시간 이상 담그면 조리시간이 1/3 정도 줄어들므로 그릴을 계속 주시하여야 한다.

⑦ 마리네이드 용액에 의해 반응이 없는 플라스틱 또는 유리와 같은 재질의 용기를 사용하여야 한다. 알루미늄으로 만든 용기는 사용하면 안 된다. 알루미늄은 산에 의해 반응하여 색을 변화시킬 수도 있고 메탈 향이 음식에 들어갈 수 있다.

⑧ 음식을 마리네이드 용액에 담그면 항상 뚜껑을 덮어서 냉장고에 보관하여야 한다. 음식을 제거하고 남은 마리네이드 용액은 3분 안에 바로 끓여서 유해한 박테리아를 죽이지 않았으면 소스로 사용하지 말아야 한다.

3

육류 조리

(1) 육류 조리법

1) 습열 조리법(Moist heat methods)

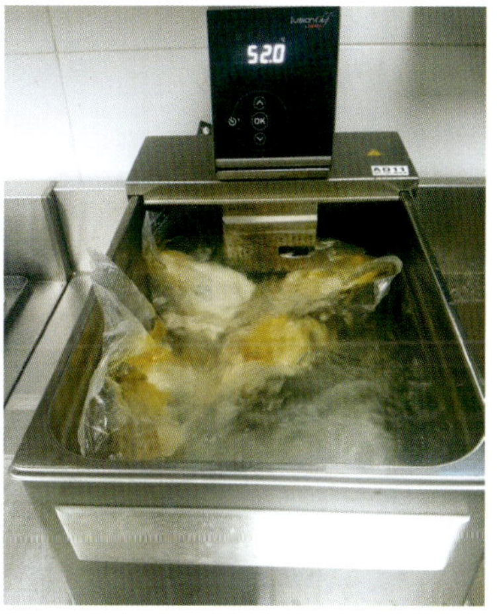

육류 중 목심, 양지, 사태, 갈비 등은 결체조직이 많아 물과 함께 장시간 가열하는 습열 조리법이 적합하다. 최근 많이 사용되고 있는 진공 포장 조리(Sous vide)는 '진공 포장(Under vacuum)' 이라는 의미의 프랑스어로 흔히 저온조리라고 칭한다. 보다 적합한 표현은 가압-진공 포장 조리로 압력을 가해서 진공 포장한 식재료에 뜨거운(재료/시간에 따라 다르지만, 약 45~70℃의 물) 물을 순환시켜서 재료가 골고루 익게 만드는 방법이다.

2) 건열 조리법(Dry heat methods)

수분이나 액체를 가하지 않고 익히는 방법으로 건열조리법에 사용되는 고기의 부위는 운동량이 많지 않은 안심, 등심 등의 연한 부위나 결합조직이 거의 없고 마블링이 잘 된 고기를 위해 주로 사용된다.

① 구이(Broiling/grilling)

불에 직접 올려 단시간에 가열한다. 서양조리에서는 브로일러나 바비큐 시설에서 불꽃 가까이 굽는다. 내부의 익은 정도를 알기 위해 손으로 눌러 보거나, 온도계를 사용하기도 한다. 열원이 위에 있으면 브로일링(Broiling), 열원이 아래에 있으면 그릴링(Grilling)이라고 한다.

② 로스팅(Roasting)

오븐에 고기를 굽는 방법이다. 로스팅에 사용하는 고기는 연한 부위를 사용하며 큰 덩어리를 사용한다. 고기는 뚜껑이 없는 팬에서 구우며, 고기의 표면은 바삭바삭하게 구워지고, 고기의 내부에는 육즙이 풍부하다.

③ 소테(Sauteing) 및 튀김(Frying)

소테는 식품을 요리하기 위해 약간의 기름을 사용하여 빠르게 고온에서 조리하는 방법이다. 튀김은 고온의 기름에서 튀김옷을 입힌 음식을 익혀내는 방법이다. 대표적으로 커틀릿(Cutlet)이 있다.

3) 복합 조리법(Combination cooking methods)

① 브레이징(Braising)

브레이징은 서양요리의 대표적인 조리 방법으로 육질이 질긴 부위나 지방이 적게 함유된 고기를 사용한다. 브레이징은 건열로 조리한 육류에 소스와 향신료 등을 넣고 간접 열을 이용하여 180℃ 정도의 오븐 속에서 가열한다. 온도가 너무 높으면 고기의 육질이 질겨지므로 소스를 계속 뿌리면서 익힌다. 브레이징할 때 발생한 주스는 따로 모아서 소스로 사용한다.

② 스튜잉(Stewing)

스튜(Stew) 역시 건열과 습열을 겸해서 사용하는 조리 방법이다. 브레이징이 큰 덩어리의 육류를 사용하는 것이고, 스튜잉은 육류를 잘게 썰어 센 불로 앞뒤 색을 낸 다음에 소스를 넣고 습열 조리를 하는 것이 특징이다. 재료가 잠길 정도의 소스를 넣어 걸쭉하게 끓여야 하며, 육류의 크기가 작아 브레이징 보다 조리시간이 비교적 짧다.

(2) 육류를 위한 부재료와 소스, 향신료

1) 육류를 위한 감자 요리

육류 요리를 위해 곁들여지는 부재료 중에 가장 중요한 것은 전분(Starch)을 함유한 곁들임이다. 양식에서 전통적인 전분 음식으로 감자 요리가 많이 제공된다.대표적인 감자 요리는 다음과 같다.

[표 7-5] 대표적인 감자 요리

	**프렌치 프라이드 포테이토**(French fried potato) 감자의 껍질을 깎은 다음 사방 1cm×6cm 정도의 크기로 자른다. 끓는 물에 소금을 약간 넣고 살짝 삶아 건져서 수분을 제거한다. 식용유를 180℃ 정도까지 데운 후 엷은 브라운 색이 날 때까지 튀긴다. 믹싱 볼에 담고 소금과 다진 파슬리를 뿌려 완성한다.
	**매취스틱 포테이토**(Matchstick potato) 감자의 껍질을 제거한 다음 성냥개비 길이와 굵기로 썰어서 끓는 소금물에 살짝 삶아서 기름에 튀긴다. 샌드위치나 메인 디쉬 곁들임에 사용한다.
	**올리베토 포테이토**(Olivette potato) 감자를 길게 1/4로 가른 다음 올리브 형으로 끝을 뾰족하게 잘라서 소금물에 살짝 삶는다. 다시 180℃ 기름에 튀기거나 오븐에 구워서 메인 디쉬에 곁들인다.
	**샤토 포테이토**(Chateau potato) 감자를 길게 1/4로 가른 다음 약 5cm 정도 길이와 굵기의 럭비공 모양으로 만들어 소금물에 살짝 삶는다. 다시 180℃ 기름에 튀기거나 오븐에 구워서 메인 디쉬에 곁들인다.
	**안나 포테이토**(Anna potato) 감자의 껍질을 벗긴 후 기구를 이용하여 직경 3cm 정도에 두께 0.2cm로 썰어 살짝 삶은 후 기름에 튀겨서 원형으로 돌려 쌓은 다음 오븐에 구워서 육류 요리나 가금류의 곁들임 요리로 사용한다.
	**맥심 포테이토**(Maxim potato) 감자 껍질을 제거한 다음 사방 2cm 정도 주사위 형태로 썰어서 끓는 소금물에 살짝 삶는다. 다시 180℃ 기름에 튀긴 후 소금과 다진 파슬리를 뿌려서 완성한다.

베이키드 포테이토(Baked potato)
중간 크기의 통감자를 깨끗이 씻은 다음, 소금을 약간 뿌려 쿠킹 호일로 감싼다. 180~200℃ 정도로 예열된 오븐에서 약 50분가량 굽는다. 꺼낸 후 모양을 잡아서 열십자형으로 칼집을 낸다. 장미꽃 모양으로 벌린 다음 샤워크림과 베이컨, 다진 파슬리를 뿌려 완성한다.

베르니 포테이토(Berni potato)
감자 크로켓 반죽을 지름 2.5cm 정도의 크기로 둥글게 빚는다. 다시 밀가루에 굴린 후 풀어 놓은 달걀에 담가서 건져 낸 다음 빵가루와 아몬드를 묻힌다. 180℃로 데운 기름에 튀겨서 완성한다.

윌리엄 포테이토(Williams potato)
감자 크로켓 반죽을 30g 정도 떼어 낸 다음 표주박 모양으로 만든다. 다시 밀가루에 굴린 후 풀어 놓은 달걀에 담가서 건져낸 다음 빵가루를 묻힌다. 180℃로 데운 기름에 튀겨서 완성한다.

크로켓 포테이토(Croquette potato)
감자 크로켓 반죽을 지름 1.5cm×4cm의 크기로 만든다. 밀가루, 달걀, 빵가루를 묻혀서 180℃로 데운 기름에서 튀겨서 완성한다.

더치스 포테이토(Duchess potato)
삶은 감자를 체에 내린 다음 달걀노른자와 소금, 넛멕을 넣어 맛을 낸다. 페이스트리 백에 넣고 예쁜 탑 모양으로 짠 후 180℃도로 예열된 오븐에서 10분 정도 굽는다.

2) 육류 요리를 위한 채소

① 곡류

쌀 등의 미곡류, 보리, 밀, 귀리, 메밀 등의 맥류와 조, 기장, 수수, 옥수수 등 잡곡류 등이 있다. 육류 요리의 곁들임으로 밥(Steamed rice), 리소토(Risotto), 볶음밥(Fried rice) 등이 제공된다.

② 서류

식물의 뿌리 일부가 비대해진 것으로 전분 함량이 높고 다당류를 함유하여 주식 대용으로 이용되는 식품이다. 감자, 고구마, 토란, 마, 곤약, 야콘 등이 있다. 육류 요리의 대표적인 곁들임으로 감자를 전통적으로 많이 사용하였지만, 최근 햄프 씨드(Hemp seed), 치아 씨드(Chia seed), 아마란스(Amaranth), 퀴노아(Quinoa) 등 고대의 곡물들(Ancient grains), 밀가루가 함유되지 않은 누들이나 파스타(Non–wheat noodles/pasta), 흑미(Black rice), 통보리(Farro) 등을 이용한 스타치 곁들임에 대한 관심이 높아지고 있다.

③ 두류

대두, 팥, 강낭콩, 잠두, 녹두, 리마 콩 등 완숙종자와 그린피스나 풋콩 등 미숙한 종자, 대두와 녹두를 발아시킨 콩나물이나 숙주나물 등으로 구분할 수 있다. 육류 요리에는 두류를 이용한 스튜요리를 곁들여 내거나 버터에 볶아서 제공한다.

④ 채소류

전 세계적으로 약 800여종의 채소가 존재하고 있으며 엽채류, 근채류, 인경채류, 과채류, 화채류 등으로 분류한다. 육류 요리에는 프랑스식 채소요리인 라따뚜이(Ratatouille)가 대표적이다. 또한 채소류 각각의 특징을 살려 굽거나(Grilling or baking), 볶거나(Sauteing), 삶거나(Boiling), 글레이징(Glazing)하거나, 튀겨서(Frying) 육류 요리와 함께 제공된다. 최근 단호박, 당근, 비트 등을 이용한 퓨레(Puree)가 육류 요리를 위해 많이 제공되고 있다.

⑤ 버섯류

전 세계적으로 18,000여종의 버섯 중 200여종이 식용 가능하며, 일반적으로 20~30여종이 식품으로 사용된다.

⑥ 과일류

꽃의 씨방이나 주변 부위가 과육으로 발달된 것으로 발달 부위에 따라 인과류, 준인과류, 핵과류, 장과류, 견과류로 구분한다. 전 세계적으로 2,500여종이 존재하며, 300여종이 재배된다.

3) 육류 요리를 위한 소스

서양조리에서 소스는 매우 다양하고 조리사마다 선호하는 소스가 다르다. 육류 요리에 사용되는 소스 중 대표적인 소스에 대한 특징을 살펴보면 다음과 같다.

[표 7-6] 육류 요리와 어울리는 대표적인 소스

소스명	특징
케이퍼 소스 (Caper sauce)	양고기 뼈를 끓여서 졸인 후 와인, 케이퍼와 약간의 레몬 주스를 넣어서 만든다. 로스트한 양고기 다리와 함께 제공하는 것이 이상적이다.
샤쿠티에 소스 (Charcuti□re sauce)	돼지 고기 간 또는 돼지 도살자의 뜻에서 알 수 있듯이, 구운 돼지고기 요리를 위한 또 다른 위대한 소스이다. 기본적으로 다진 식초에 절인 작은 오이(Cornichons)와 로버트 소스를 이용하여 만든다.
샤세르 소스 (Chasseur sauce)	사냥꾼을 위한 프랑스 단어에서 유래된 샤세르 소스는 사슴고기, 토끼 및 기타 게임 요리와 함께 제공한다. 볶은 버섯과 샬롯, 졸인 화이트 와인을 이용하여 만든다.
크랜베리 소스 (Cranberry sauce)	전통적으로 미국의 추수감사절 음식에 빠져서는 안 되는 칠면조(Turkey) 구이에 같이 제공한다.
베어네이즈 소스 (Bearnaise sauce)	샬롯, 타라곤, 으깬 검은 후추와 버터, 달걀노른자로 만든 홀랜다이즈와 유사한 유화 소스이다. 일반적으로 그릴에 구운 스테이크와 함께 제공한다. 타라곤 대신에 민트 잎을 사용하면 팔루와즈 소스(Palois sauce)가 된다.
베르시 소스 (Bercy sauce)	파리의 동쪽에 있는 지역의 이름을 따서 명명된 베르시 소스는 로스트한 고기와 그릴에 구운 고기와 잘 어울린다. 레드 와인 소스와 매우 흡사하며, 단지 레드 와인 대신 화이트 와인을 졸여서 만든다.
비가라드 소스 (Bigarade sauce)	세비야 오렌지(Seville orange)를 뜻하는 프랑스어로, 설탕과 오렌지주스, 오렌지 제스트(Zest), 데미글라스 소스 등으로 만드는 고전적인 프랑스 소스이다. 일반적으로 오리고기를 이용한 요리에 주로 사용한다.
리오네즈 소스 (Lyonnaise sauce)	고전 요리에서 'Lyonnaise'는 양파가 관련되어 있다. 따라서 리오네즈 소스는 양파와 화이트 와인 식초로 만든 데미글라스 소스 등을 넣어 만드는 소스로, 프랑스 제2의 도시인 리옹의 지명을 따서 붙여진 소스이다. 로스트한 고기, 그릴에 구운 돼지고기, 가금류 요리에 많이 사용한다.
버섯 소스 (Mushroom sauce)	스테이크를 포함한 모든 종류의 구운 고기 요리에 제공한다. 볶은 버섯과 양파, 셰리 와인(Sherry wine)으로 만든다.

레드 와인 소스 (Red wine sauce)	데미글라스 소스와 졸인 적포도주와 다진 샬롯을 이용하여 만든 소스이다. 로스트한 육류와 그릴에 구운 스테이크를 위해 가장 많이 사용되는 소스 중 하나이다. 대표적인 레드 와인 소스에는 마데이라 와인을 이용한 마데이라 와인 소스(Madeira wine sauce), 포트 와인을 이용한 포트 와인 소스(Port wine sauce), 브르도 와인을 이용한 보르델레즈 소스(Bordelaise sauce) 등이 있다.
로버트 소스 (Robert sauce)	양파, 겨자(Mustard) 및 화이트 와인으로 만든 소스이다. 로버트 소스는 모든 종류의 고기와 함께 제공할 수 있지만, 특히 구운 돼지고기(Grilled pork)와 잘 어울린다.

4) 육류 요리를 위한 향신료

[표 7-7] 육류 요리를 위한 향신료

	**로즈마리**(Rosemary) 열을 가해도 향이 보존되기 때문에 세이지, 타임과 함께 육류 요리에 많이 이용되며, 방향이 강하므로 주요리의 풍미를 살리려면 적게 사용하는 것이 좋다. 생선, 로스트, 양고기, 닭고기, 돼지고기, 소고기, 오리고기 등에 많이 사용된다.
	**세이지**(Sage) 그리스, 로마시대부터 만병통치약으로 이용되어 왔다. '세이지를 정원에 심어 놓은 집에서는 죽은 사람이 나오지 않는다'라는 속담이 있을 정도이다. 세이지는 고기나 생선의 지방분을 중화시켜 냄새를 제거하므로 요리에 매우 중요하게 쓰인다.
	**오레가노**(Oregano) 유럽과 서남아시아가 원산지이며, 건조시키면 생잎 특유의 풋내가 없어지고 은은한 향만 남게 된다. 요리에서는 멕시코요리, 이탈리아 요리, 스튜, 칠리 파우더, 토마토 소스, 피자파이, 치즈, 육류, 생선, 채소 등에 폭 넓게 이용된다.
	**주니퍼 베리**(Juniper berry) 삼나무과에 속하는 관목상록수로 완두콩 크기 정도의 열매를 향신료로 사용한다. 주로 육류나 생선을 양념에 재울 때 사용하며, 특히 양배추와 샤워 크라우트, 피클, 돼지고기, 사슴고기, 양고기, 오리고기 등을 로스트 요리할 때 많이 이용된다.
	**케이안 페퍼**(Cayenne pepper) 칠리의 생 것을 잘 건조시켜 만든 것이다. 칠리는 타바스코 소스의 주원료이기도 하며 독특한 매운 맛이 있다. 옛 목동들이 맛없는 고기를 식사할 때 고기 맛을 감추기 위해 요리에 넣기 시작한 것에서 유래되어 현재까지 향신료로 쓰이고 있다. 육류, 생선, 가금류, 소스 등을 요리할 때 사용한다.

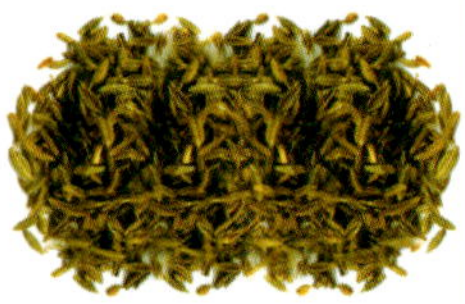

큐민(Cumin)
씨앗을 향신료로 이용하는 식물로 노랑 또는 연한 갈색을 띠고 있다. 로마시대부터 양고기, 소고기, 조류, 돼지고기 등에 후추처럼 사용하는 향신료이다.

후추(Pepper)
후추는 검은 것과 흰 것이 있다. 후추는 고기나 생선의 누린내, 비린내를 없애주며 미각을 자극해 식욕증진의 효과가 있다. 흰 후추는 생선 요리에 주로 쓰이며, 육류 요리에는 주로 통으로 된 검은 후추를 으깨어(Crushed) 사용한다.

(3) 육류의 익힘 정도

육류의 익힘 정도(Doneness)는 고기를 요리할 때 고기의 내부 색상(Color), 내부 온도(Temperature) 그리고 견고도(Firmness)에 기초하여 고기를 얼마나 완벽하게 조리했는지를 나타내는 척도이다. 등급 및 관련 온도 범위 등과 관련된 내용은 다음과 같이 나눌 수 있다.

[표 7-8] 육류의 익힘 정도

용어	내부 색	내부 온도
블루(Blue)	매우 적색(Very red)	46~49℃
레어(Rare)	적색(red)	52~55℃
미디움 레어(Medium rare)	따뜻한 적색(Warm red)	55~60℃
미디움(Medium)	핑크색(Pink)	60~65℃
미디움 웰(Medium well)	약간의 핑크색(Small amount of pink)	65~69℃
웰 던(Well done)	그레이 갈색(Gray-brown)	71℃
오버 쿡(Overcooked)	전체적으로 검정색(Blacken throughout)	71℃ 이상

익힘 정도를 견고도를 통해 알 수 있는 방법에는 손바닥, 주먹, 얼굴을 터치하는 세 가지 기본 터치 테스트가 있다. 고기 온도계를 사용할 수 있지만 고기에 구멍을 내고 육즙이 빠져 나올 수 있기 때문에 일반적으로 스테이크 터치 테스트를 선호한다.

[표 7-9] 육류의 터치 테스트 방법

방법	내용
손바닥 테스트	엄지손가락과 나머지 손가락이 맞닿았을 때 손바닥의 견고도를 가지고 판단하는 방법이다. 손바닥의 엄지손가락 부분을 눌렀을 때의 견고도는 굽기 전의 견고도이다. 집게손가락과 엄지손가락을 맞닿았을 때 손바닥은 조금 단단해졌을 것이다. 이를 레어라 한다. 가운데 손가락과 엄지손가락으로 맞닿았을 때의 견고도는 미디움 레어이다. 다음으로 약지 끝을 엄지손가락으로 맞닿았을 때의 견고도는 미디움이다. 마지막으로, 새끼손가락과 엄지손가락을 맞닿았을 때의 견고도는 웰 던이다.
주먹 만들기	편안한 주먹을 쥐고 엄지손가락과 집게손가락 사이에 있는 부분을 눌러주었을 때의 견고도는 레어이다. 주먹을 약간 움츠리면 미디움이고, 주먹을 아주 단단히 잡으면 웰 던이다.
얼굴 테스트	일반적으로 손바닥 테스트와 주먹 만들기가 가장 많이 사용되지만 얼굴을 만지는 방법 또한 사용되고 있다. 얼굴을 편안히 하고 뺨을 손가락으로 눌렀을 때의 견고도는 레어이다. 다음으로 턱을 눌렀을 때의 견고도는 미디움이고, 마지막으로 이마를 눌렀을 때의 견고도는 웰 던이다.

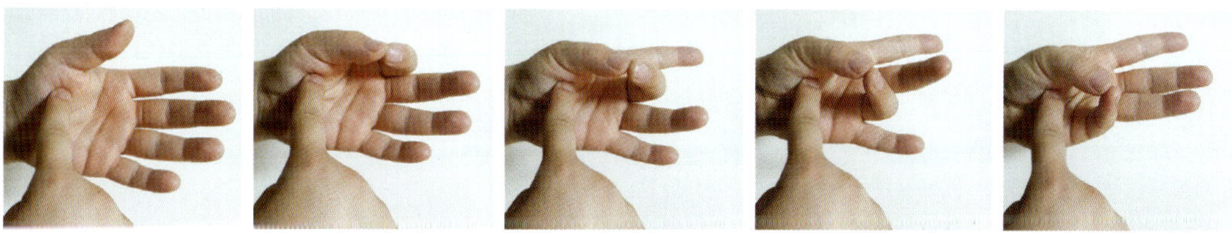

로우 (Raw) | 레어 (Rare) | 미디움 레어 (Medium rare) | 미디움 (Medium) | 웰 던 (Well done)

[그림 7-2] 손바닥 테스트 방법

4

육류 요리 완성

(1) 육류 요리를 위한 곁들임과 가니쉬

가니쉬(Garnish)는 준비된 음식에 장식으로 사용되는 물질이다. 일부 가니쉬는 주로 접시의 시각적 효과를 증가시키기 위해 주로 선택되는 반면, 다른 가니쉬는 육류 요리와 함께 제공하여 풍미를 향상시키기 위해 사용된다. 육류 요리를 위한 곁들임과 가니쉬를 위해 다음 내용을 고려해야 한다.

1) 식용 가능성

모든 음식이 그러하듯이 육류 요리 또한 먹을 수 있는 장식만 육류 요리와 같이 제공되어야 한다.

2) 전분

육류 요리 제공 시 탄수화물 공급원의 제공은 서양조리에서 필수이다. 그러므로 반드시 한 가지 이상의 전분(Starch) 곁들임이 접시에 담겨져야 한다.

3) 조리법과 질감

육류와 대조되는 질감을 사용하여 육류 요리와 함께 제공하여야 한다. 육류 요리에 사용되는 곁들임은 한두 가지의 조리법만을 이용하면 안 되고 다양한 조리법을 사용하여 제공하여야 한다. 예를 들어 감자, 애호박, 버섯 등을 일괄적으로 그릴에 구워 제공하는 것보다 감자는 오븐에 굽고(Baking), 애호박은 글레이징(Glazing)하고, 버섯은 그릴링(Grilling)하여 다양한 질감을 고객에게 제공하는 것이 더 좋다.

4) 색

곁들임으로 제공되는 채소의 색을 고려하여야 한다. 적어도 3~4개 이상의 색을 가지는 채소를 사용하여야 고객에게 시각적인 어필을 할 수 있다. 특히 사용된 육류와 대조되는 색상의 채소를 사용하여야 한다. 또한 소스는 음식의 맛을 향상시켜주기도 하지만 육류 요리 전체에 장식을 좋게 하여 준다.

5) 모양

각각의 곁들임 또는 가니쉬의 모양을 다르게 조리하는 것을 고려하여야 한다. 모양을 내기 위해 칼을 이용할 수도 있지만 필러(Peeler), 제스터(Zester), 볼러(Baller), 쿠키 커터(Cookie cutter) 등과 같은 다양한 도구를 사용할 수 있다.

6) 허브 가니쉬

가장 대표적인 가니쉬로 로즈마리, 타임, 세이지 등의 허브가 사용된다. 허브는 육류 요리 전체의 향을 부여하기도 하지만 장식의 효과도 있다. 또한 가니쉬는 식사의 일부이기 때문에 허브 가니쉬가 어떻게 섭취될지를 고려하여야 한다.

리오네즈 소스를 곁들인

비프 텐더로인 스테이크

BEEF TENDERLOIN STEAK WITH LYONNAISE SAUCE

Cooking Terminology

텐더로인(Tenderloin)은 소고기나 돼지고기 등의 등심(Loin) 중에서 가장 부드러운(Tender) 부분이다. 안심은 소고기 부위 중 가장 인기가 높은 부위로, 소 한 마리에서 약 2%(약 5kg)밖에 얻을 수 없는 최고급 부위이다. 운동량이 가장 적은 복강 안쪽에 위치한 부위로, 다른 부위에 비해 지방이 적어 담백하면서도 육즙이 풍부하다. 필레 미뇽(Fillet mignon), 투르느도(Tournedos), 샤토브리앙(Chateaubriand) 등으로 구분된다.

INGREDIENTS

For meat

소고기 안심(Beef tenderloin) 120g
검은 통후추(Whole black pepper) as needed
식용유(Vegetable oil) 30ml

For sauce

무염 버터(Unsalted butter) 30g
양파(Onion) 30g
마늘 10g
데미글라스 소스(Demiglace sauce) 100ml
화이트 와인(White wine) 30ml

For potato

감자(Potato) 100g
마늘(Garlic) 20g
버터(Butter) 10g
생크림(Fresh cream) 10ml

For vegetable

콜리플라워(Cauliflower) 30g
브로콜리(Broccoli) 30g
당근(Carrot) 40g
설탕(Sugar) 20g
버터(Butter) 30g

For seasoning & garnish

레드 베인드 소렐(Red veined sorrel) 5leaves
로즈마리(Rosemary) 1sprig
밀가루(Flour) 5g
올리브유(Olive oil) 15ml
소금(Salt) as needed
후추(Pepper) as needed

COOKING METHOD

Preparation

1. 소고기 안심은 지방 부분을 제거한다.
2. 로즈마리와 레드 베인드 소렐은 물에 담가 놓는다.
3. 브로콜리와 콜리플라워는 한 입 크기로 자른다.
4. 소스를 만들기 위해 양파는 채 썰어 놓고, 마늘은 다진다.

Cooking

1. 소고기 안심에 식용유와 소금, 검은 통후추를 으깨서 양념한 후 원하는 익힘 정도 까지 굽는다.
2. 끓는 물에 감자와 마늘, 소금을 넣고 감자가 완전히 익을 때까지 끓인다. 체에 내린 후 버터를 넣고 버터가 완전히 녹을 때까지 섞는다. 생크림과 소금, 후추로 양념하여 으깬 감자를 만든다.
3. 소스팬에 버터를 넣고 다진 마늘과 채 썬 양파를 볶는다. 양파가 갈색이 나면 데미글라스 소스와 화이트 와인을 넣고 끓인 후 소금과 후추로 양념을 하여 리오네즈 소스를 만든다.
4. 브로콜리와 콜리플라워는 끓는 소금물에 데친 후 10g의 버터에 볶는다.
5. 당근은 원형으로 잘라서 삶은 후 20g의 버터와 설탕을 넣어 글레이징 한다.
6. 밀가루, 올리브유, 물 35ml을 섞어서 프라이팬에 구워 튀일을 만든다.

Finishing & Plating

1. 페이스트리 백에 으깬 감자를 넣고 접시에 짠다.
2. 으깬 감자 위에 당근, 브로콜리, 콜리플라워를 올린다.
3. 구운 소고기 안심을 잘라 접시에 올리고, 리오네즈 소스를 으깬 감자 사이에 채운다.
4. 로즈마리, 레드 베인드 소렐 잎, 튀일로 장식한 후 제공한다.

보르드레즈 소스를 곁들인

비프 웰링턴과 흑미 리소토

BEEF WELLINGTON WITH BORDELAISE SAUCE & BLACK RICE RISOTTO

Cooking Terminology

비프 웰링턴(Beef wellington)은 안심 스테이크를 퍼프 페이스트리 반죽으로 감싸서 구운 영국 요리이다. 비프 웰링턴의 어원은 정확히 알려진 것은 없으나 웰링턴 공작으로 알려진 아서 웰슬리(Arthur Wellesley)와 연관된 이름으로 보는 견해가 지배적이다. 아서 웰즐리는 워털루(Waterloo)전투에서 나폴레옹(Napoleon)의 군대를 격파하고 제1대 웰링턴 공작 작위를 받은 영국의 군인이다. 국민적 영웅이 된 웰링턴 공작의 업적을 기리고자 그의 요리사는 특별한 요리를 만들어 저녁 식사에 선보였다. 그러나 웰링턴 공작은 정작 이 요리에 큰 관심을 보이지 않았던 반면, 세간의 이목을 끌었고 오늘날의 비프 웰링턴이 되었다는 것이다.

INGREDIENTS

For meat & dough

소고기 안심(Beef tenderloin) 120g
검은 통후추(Whole black pepper) as needed
밀가루(Flour) 100g
달걀(Egg) 2ea
무염 버터(Unsalted butter) 20g
베이컨(Bacon) 100g
식용유(Vegetable oil) 30ml

For sauce & duxelle

무염 버터(Unsalted butter) 20g
마늘(Garlic) 10g
양파(Onion) 20g
양송이버섯(Button mushroom) 100g
보르도 레드 와인(Bordeaux red wine) 60ml
데미글라스 소스(Demiglace sauce) 100ml
타임(Thyme) 1sprig

For risotto

흑미(Black rice) 50g
양파(Onion) 10g
식용유(Vegetable oil) 10ml
치킨 스톡(Chicken stock) 200ml
화이트 와인(White wine) 30ml
파마산 치즈(Parmesan cheese) 20g
바질(Basil) 2leaves

For vegetable

토마토(Tomato) 30g
마늘(Garlic) 30g
줄기 콩(String bean) 20g
무염 버터(Unsalted butter) 5g

For seasoning & garnish

식용유(Vegetable oil) 30ml
로즈마리(Rosemary) 1sprig
올리브유(Olive oil) 15ml
밀가루(Flour) 5g
소금(Salt) as needed
후추(Pepper) as needed

COOKING METHOD

Preparation

1 소고기 안심은 지방 부분을 제거하여 준비해 준다.
2 밀가루와 달걀 한 개, 물 5ml, 소금을 넣고 반죽한 후 냉장고에 휴지시켜 준다. 휴지가 끝난 반죽을 밀어 편 후에 버터 5g을 넣고 감싸 밀어준 후 냉장고에 휴지시켜 준다. 이를 3~4회 반복하여 퍼프 페이스트리 반죽을 만든다.
3 로즈마리 1줄기는 장식을 위해 찬물에 담가 놓는다.

Cooking

1 소고기 안심에 식용유, 소금, 으깬 검은 통후추를 뿌린 후 원하는 익힘 정도의 전 단계까지 굽는다.
2 프라이팬에 10g의 버터와 다진 마늘 5g, 양파 10g, 다진 양송이버섯을 볶은 후 보르도 레드 와인 30ml를 넣고 1/2로 졸인 후 데미글라스 소스 40ml와 다진 타임을 넣는다. 소스가 완전히 졸아들면 소금, 후추를 넣어 양념하여 버섯 뒥셀을 만든다.
3 프라이팬에 10g의 버터와, 다진 마늘 5g, 양파 10g을 볶은 후 보르도 레드 와인 30ml를 넣고 1/2로 졸인다. 와인이 졸아들면 데미글라스 소스 60ml를 넣고 끓인 후 소금과 후추로 양념을 한다. 체에 걸러 보르드레즈 소스를 만든다.
4 베이컨을 가지런히 깔고 **2**의 버섯뒥셀을 바른다. 버섯뒥셀 위에 구워둔 안심을 올려 준 후 둥글게 말아준다.
5 준비해둔 퍼프 페이스트리 반죽에 베이컨으로 감싼 안심을 올려주고 말아준다. 달걀노른자를 발라준 후 200°C로 예열된 오븐에서 페이스트리 반죽이 갈색이 날 때까지 굽는다.
6 프라이팬에 식용유, 다진 양파와 흑미를 넣고 볶은 후 화이트 와인을 넣고 졸인다. 와인이 1/2로 줄어들면 치킨 스톡을 2~3번 나눠서 넣는다. 밥이 원하는 정도로 익으면 파마산 치즈와 바질, 소금, 후추를 넣어 흑미 리소토를 만든다.
7 마늘과 토마토는 식용유를 바른 후 오븐에 굽고, 줄기 콩은 소금물에 데친 후 버터에 볶는다.
8 밀가루, 올리브유, 물 35ml를 섞어서 프라이팬에 구워 튀일을 만든다.

Finishing & Plating

1 준비해둔 더운 채소와 흑미 리소토를 접시에 가지런히 담는다.
2 구워진 비프 웰링턴을 3등분으로 잘라준 후 접시에 담는다.
3 보르드레즈 소스를 담고 로즈마리와 튀일로 장식한 후 제공한다.

비프 스튜

BEEF STEW

Cooking Terminology

스튜(Stew)는 고기와 채소를 중간 불에서 천천히 끓이는 것 또는 천천히 끓여서 만든 음식을 뜻한다. 스튜는 수프와 비슷하며 어떤 경우에는 이 둘 사이에 명확한 구별이 없을 수 있다. 일반적으로 스튜는 수프보다 액체가 적고 진하며 수프보다 낮은 열에서 요리시간이 더 길다. 수프는 거의 항상 볼(Bowl)에 담아서 제공하지만, 스튜는 고형 성분을 그레이비 소스로 덮어 접시(Plate)에 제공할 수도 있다.

INGREDIENTS

소고기(Beef) 100g 살코기 덩어리
당근(Carrot) 70g 둥근 모양이 유지되게 등분
양파(Onion) 35g 중, 150g 정도, 1/4개
셀러리(Celery) 30g
감자(Potato) 50g 150g 정도, 1/3개
마늘(Garlic) 1ea 중, 깐 것
토마토 페이스트(Tomato paste) 20g
중력분(Medium flour) 25g
무염 버터(Unsalted butter) 30g
파슬리(Parsley) 1sprig 잎, 줄기 포함
월계수 잎(Bay leaf) 1ea
정향(Clove) 1ea
소금(Salt) 2g
검은 후추(Black pepper) 2g

COOKING METHOD

Preparation

1 소고기는 사방 2cm 정도의 정육면체로 자르고 소금과 검은 후추로 양념을 한 후 중력분을 살짝 묻힌다.
2 당근, 양파 25g, 셀러리, 감자는 1.8cm 정도의 정육면체로 자른다.
3 마늘은 다지고, 파슬리는 물에 담가 이물질을 제거한 후 다져 놓는다.
4 월계수 잎은 정향을 이용하여 양파 10g에 고정시켜 양파 피퀘를 만든다.

Cooking

1 프라이팬을 가열한 후 소고기를 갈색이 나도록 시어링한다.
2 프라이팬에 버터를 넣고 마늘, 양파, 당근, 셀러리, 감자 순으로 볶는다.
3 소스팬에 버터와 중력분을 넣고 볶아서 브라운 루를 만들고, 토마토 페이스트를 넣고 볶은 후 물 300ml를 조금씩 넣어가며 덩어리를 풀어준다.
4 소스가 끓으면 볶아 둔 소고기와 채소, 양파 피퀘를 넣는다.
5 거품을 제거하며 시머링한다.

Finishing & Plating

1 농도가 원하는 정도로 걸쭉해지면 양파 피퀘를 건지고, 소금과 검은 후추로 간을 한다.
2 접시에 담고 다진 파슬리를 뿌린 후 제공한다.

수험자 요구사항 및 유의사항 시험시간 **40분**

양식조리 기능사

가. 완성된 소고기와 채소의 크기는 1.8cm 정도의 정육면체로 하시오.
나. 브라운 루(Brown roux)를 만들어 사용하시오.
다. 그릇에 비프스튜를 담고 파슬리 다진 것을 뿌려 내시오.
라. 소스의 농도와 분량에 유의한다.
마. 고기와 채소는 형태를 유지하면서 익히는데 유의한다.

서로인 스테이크

SIRLOIN STEAK

Cooking Terminology

서로인(Sirloin)이라는 단어는 오래된 프랑스어인 'Surloigne'에서 변형된 중세 영어 'Surloine'에서 유래되었다는 설이 있다. '보다 위에(Above)'를 의미하는 'Sur'와 'Loin'을 의미하는 'Longe'의 합성어인 것이다. 또 하나의 설은 고기를 좋아한 영국 국왕 찰스 2세(Charles II)가 식사를 하던 중 자신이 항상 먹는 고기의 부위가 궁금해 시종에게 물었더니 시종은 등심(Loin)이라고 답했다. 국왕은 매일 식사 때마다 즐겁게 해주니 공적에 보답하는 것으로 기사(Knight) 직위를 수여하겠다고 하면서 그때부터 존칭어인 Sir를 등심인 Loin 앞에 붙여 서로인(Sirloin)으로 불리게 됐다.

INGREDIENTS

소고기 등심(Sirloin) 200g 덩어리
감자(Potato) 80g 150g 정도, 1/2개
당근(Carrot) 70g 둥근 모양이 유지되게 등분
시금치(Spinach) 70g
양파(Onion) 25g 중, 150g 정도, 1/6개
식용유(Vegetable oil) 150ml
무염 버터(Unsalted butter) 50g
백설탕(White sugar) 25g
소금(Salt) 2g
검은 후추(Black pepper) 1g

COOKING METHOD

Preparation

1 소고기 등심은 지방 부분을 제거한 후 식용유를 뿌리고, 소금과 검은 후추로 양념을 한다.
2 감자는 1cm×1cm×5cm 크기로 자른 후 물에 담가 놓는다.
3 당근은 껍질을 벗겨 원형으로 자르고, 모서리를 제거하여 비시 스타일로 준비한다.
4 시금치는 줄기부분을 제거하고 잎 부분만 자른다. 양파는 곱게 다져 놓는다.

Cooking

1 프라이팬에 식용유를 두르고 스테이크의 모든 면이 갈색이 날 때까지 미디움으로 굽는다.
2 시금치는 끓는 물에 소금을 넣고 데친 후 프라이팬에 버터 10g을 넣고, 다진 양파와 같이 볶고 소금과 검은 후추로 양념을 한다.
3 감자는 끓는 물에 반만 삶고 식용유에 튀긴 후 키친타월에 올려 기름기를 제거하고 소금을 뿌린다.
4 당근은 끓는 물에 완전히 삶고, 소량의 물과 백설탕, 버터 40g을 넣고 윤기가 날 때까지 글레이징한다.

Finishing & Plating

1 접시에 글레이즈한 당근, 볶은 시금치, 튀긴 감자를 담는다.
2 구워놓은 소고기 등심 스테이크를 담은 후 제공한다(조리기능사에서는 곁들이는 소스는 제외하지만 갈색 소스와 같이 제공하면 좋다).

수험자 요구사항 및 유의사항 시험시간 30분

양식조리기능사

가. 스테이크는 미디움(medium)으로 구우시오.
나. 더운 채소(당근, 감자, 시금치)를 각각 모양 있게 만들어 함께 내시오.
다. 스테이크의 색에 유의한다(곁들이는 소스는 생략한다).
라. 주어진 조미재료를 활용하여 더운 채소의 요리법(색, 모양 등)에 유의한다.

솔즈베리 스테이크

SALISBURY STEAK

Cooking Terminology

솔즈베리 스테이크(Salisbury steak)는 갈은 소고기와 다른 재료를 혼합하여 만든 스테이크이며, '솔즈베리 스테이크'라는 용어는 1897년 이래로 미국에서 사용되었다. 이 스테이크는 체중 감소를 위한 저탄수화물 식이요법의 초기 지지자인 미국 의사 Dr. JH 솔즈베리(Salisbury)에 의해 고안되었다고 한다. 전통적으로 그레이비 소스와 으깬 감자 또는 파스타와 함께 제공된다.

INGREDIENTS

소고기(Beef) 130g 살코기 같은 것
양파(Onion) 25g 중, 150g 정도, 1/6개
달걀(Egg) 1ea
우유(Milk) 5ml
빵가루(Bread crumbs) 20g 마른 것
식용유(Vegetable oil) 150ml
감자(Potato) 80g 150g 정도, 1/2개
당근(Carrot) 70g 둥근 모양이 유지되게 등분
시금치(Spinach) 70g
백설탕(White sugar) 25g
무염 버터(Unsalted butter) 50g
소금(Salt) 2g
검은 후추(Black pepper) 2g

COOKING METHOD

Preparation

1 소고기와 양파는 곱게 다지고, 달걀은 흰자만 준비한다.
2 감자는 1cm×1cm×5cm 크기로 자른 후 물에 담가 놓는다.
3 당근은 껍질을 벗겨 원형으로 자르고, 모서리를 제거하여 비시 스타일로 준비한다.
4 시금치는 줄기부분을 제거하고 잎 부분만 자른다.

Cooking

1 다진 양파 20g을 볶는다. 믹싱 볼에 다진 소고기와 볶은 양파, 달걀흰자, 빵가루, 우유, 소금, 검은 후추를 넣고 잘 섞은 후 타원형 모양으로 만든다.
2 프라이팬에 식용유를 두르고 고기의 모든 면이 갈색이 나고 완전히 익을 때까지 타지 않고 고기가 단단해지지 않도록 익힌다.
3 시금치는 끓는 물에 소금을 넣고 데친 후 프라이팬에 버터 10g을 넣고 양파 5g과 같이 볶고 소금과 검은 후추로 양념을 한다.
4 감자는 끓는 물에 반만 삶고 식용유에 튀긴 후 키친타월에 올려 기름기를 제거하고 소금을 뿌린다.
5 당근은 끓는 물에 완전히 삶고 소량의 물과 백설탕, 버터 40g을 넣고 윤기가 날 때까지 글레이징한다.

Finishing & Plating

1 접시에 글레이즈한 당근, 볶은 시금치, 튀긴 감자를 담는다.
2 구워놓은 솔즈베리 스테이크를 담은 후 제공한다(조리기능사에서는 곁들이는 소스는 제외하지만 갈색 소스와 같이 제공하면 좋다).

수험자 요구사항 및 유의사항 시험시간 **40분**

양식조리기능사

가. 고기 앞, 뒤의 색깔을 갈색으로 내시오.
나. 살리스버리 스테이크는 타원형으로 만드시오.
다. 더운 채소(당근, 감자, 시금치)를 각각 모양 있게 만들어 함께 내시오.
라. 고기가 타지 않도록 하며, 구워진 고기가 단단해지지 않도록 유의한다(곁들이는 소스는 생략한다).
마. 주어진 조미재료를 활용하여 더운 채소의 요리법(색, 모양 등)에 유의한다.

차이브 소스를 곁들인

소 안심 구이와 감자 케이크

GRILLED BEEF TENDERLOIN STEAK WITH CHIVE SAUCE & POTATO CAKE

Cooking Terminology

미국 레스토랑 협회에서 조사하는 셰프 서베이(Chef survey)를 살펴보면, 새로운 고기 절단(New cuts of meat)에 대한 관심이 높아지고 있는 것으로 나타났다. 새로운 고기 절단이란 안심, 등심과 같이 기존에 즐겨먹던 육류부위가 아닌 '쇼울더 텐더(Sholder tender)', '오이스터 스테이크(Oyster steak)', '베가스 스트립 스테이크(Vegas strip steak)', '멜롯 컷(Merlot cut)' 등 새로운 부위에 대한 소비자의 요구가 반영된 부분이라 생각된다.

INGREDIENTS

For meat

소 안심(Beef tenderloin) 120g
검은 통후추(Whole black pepper) as needed
타임(Thyme) 1sprig
식용유(Vegetable oil) 30ml

For sauce

양파(Onion) 10g
타임(Thyme) 1sprig
차이브(Chive) 2g
브라운 스톡(Brown stock) 200ml
무염 버터(Unsalted butter) 10g

For potato

감자(Potato) 80g
양파(Onion) 10g
달걀(Egg) 1ea
밀가루(Flour) 10g
생크림(Fresh cream) 20ml
무염 버터(Unsalted butter) 20g

For vegetable

느타리버섯(Oyster mushroom) 20g
당근(Carrot) 30g
애호박(Squash) 30g
토마토(Tomato) 1/6ea
새송이버섯(King oyster mushroom) 30g
생크림(Fresh cream) 10ml
타임(Thyme) 1sprig
양파(Onion) 10g
올리브유(Olive oil) 20ml
무염 버터(Unsalted butter) 30g

For seasoning & garnish

설탕(Sugar) 15g
타임(Thyme) 1sprig
소금(Salt) as needed
후추(Pepper) as needed

COOKING METHOD

Preparation

1 소고기 안심을 메달리온 형태로 모양을 만들어 타임 1줄기, 소금, 으깬 검은 통후추, 식용유로 재운다.
2 감자는 껍질을 벗겨 5mm 정도의 큐브로 썰어서 물에 담가 전분을 뺀다. 양파는 다져서 팬에 기름을 두르고 센 불에 볶은 후 식힌다. 감자, 볶은 양파, 밀가루, 달걀, 생크림, 소금, 후추를 섞어 감자 케이크를 준비한다.
3 타임 1줄기는 장식을 위해 물에 담가 놓는다.

Cooking

1 그릴에 소고기 안심을 올려 갈색을 낸 후 원하는 굽기 정도로 익힌다.
2 준비해둔 감자 케이크 혼합물을 직경 6cm의 틀에 넣어 모양을 잡아 프라이팬에 버터를 넣고 노릇하게 굽는다.
3 프라이팬에 버터를 두르고 느타리버섯을 넣어 볶다가 소금, 후추로 양념을 한다.
4 당근은 손질하여 끓는 소금물에 데친 후 찬물에 식힌다. 팬에 소량의 물과 설탕을 넣고 녹으면 버터와 데쳐놓은 당근을 넣고 글레이징 한 후 소금, 후추로 양념을 한다.
5 애호박은 손질하여 끓는 소금물에 데친 후 찬물에 식힌다. 팬에 버터를 두르고 애호박을 넣어 볶다가 소금, 후추로 양념을 한다.
6 토마토는 올리브유와 양파, 타임을 다져서 소금, 후추를 뿌린 후 오븐에 넣어 익힌다.
7 프라이팬에 버터를 두르고 새송이버섯을 넣어 볶다가 생크림을 넣고 졸인 후 소금, 후추로 양념을 한다.
8 소스팬에 버터를 두르고 양파를 볶아 갈색을 낸 후 브라운 스톡, 타임을 넣어 졸인다. 고운 체에 거르고 다진 차이브, 소금, 후추로 양념을 한다. 마지막으로 버터 몬테하여 차이브 소스를 완성한다.

Finishing & Plating

1 접시 위에 감자 케이크, 느타리버섯, 당근, 애호박, 토마토, 새송이버섯을 보기 좋게 담는다.
2 구운 소고기 안심을 올린 후 차이브 소스를 뿌리고 물에 담가 놓았던 타임으로 장식하여 제공한다.

말린 자두와 사과를 채운

돼지등심과 단호박 퓨레

BRAISED PORK LOIN STUFFED IN DRIED PLUM & APPLE AND SWEET PUMPKIN PUREE

Cooking Terminology

브레이징(Braising)은 건열과 습열을 모두 사용하는 대표적인 복합조리 방법으로 우리나라의 찜과 비슷한 조리법이다. 일반적으로 음식을 먼저 고온에서 시어링(Searing)한 다음 냄비에 약간의 액체(소스)를 넣고 뚜껑을 덮어 오븐에서 요리한다. 일반적으로 브레이징하는 재료는 덩어리가 크고 육질이 질긴 부위나 지방이 적게 함유된 고기를 조리하는 방법이다.

INGREDIENTS

For meat

돼지 등심(Pork loin) 120g
말린 자두(Dried plum) 60g
사과(Apple) 30g
무염 버터(Unsalted butter) 30g
계피가루(Cinnamon powder) 15g
검은 통후추(Whole black pepper) as needed
식용유(Vegetable oil) 30ml
타임(Thyme) 1sprig

For sauce

데미글라스 소스(Demiglace sauce) 100ml
브라운 스톡(Brown stock) 50ml
양파(Onion) 20g
마늘(Garlic) 5g

For potato

감자(Potato) 30g
로즈마리(Rosemary, dried) 1g
식용유(Vegetable oil) 10ml

For vegetable

단호박(Sweet pumpkin) 100g
당근(Carrot) 20g
애호박(Squash) 20g
백만송이버섯(Beech mushroom) 20g
아스파라거스(Asparagus) 1ea
무염 버터(Unsalted butter) 40g

For seasoning & garnish

소금(Salt) as needed
후추(Pepper) as needed
타임(Thyme) 1sprig
오레가노(Oregano) 1sprig
조리용 실(Kitchen twine) 50cm

COOKING METHOD

Preparation

1. 돼지 등심을 넓게 펴 놓고 소금과 으깬 검은 통후추로 양념을 한다.
2. 말린 자두와 사과는 0.5cm 크기로 자른다.
3. 양파와 마늘은 다져 놓는다.
4. 당근, 단호박 20g, 애호박은 파리지엔 나이프로 둥근 모양으로 잘라 파리지엔 채소를 준비한다.
5. 아스파라거스는 껍질을 벗긴다.
6. 타임과 오레가노 1줄기는 장식을 위해 물에 담가 놓는다.

Cooking

1. 프라이팬에 버터를 넣고 말린 자두와 사과를 볶는다. 사과가 투명하게 볶아지면 계피가루를 넣고 볶은 후 접시에 담는다.
2. 넓게 펴 놓은 돼지 등심에 볶은 자두와 사과를 넣고 둥글게 말은 후 조리용 실로 묶는다. 말아 놓은 돼지 등심에 식용유와 다진 타임 1줄기와 소금, 후추로 마리네이드한다.
3. 프라이팬에 식용유를 두르고 **2**의 돼지 등심을 굽는다.
4. 돼지 등심이 갈색으로 구워지면 마늘과 양파를 넣고 볶은 후 데미글라스 소스와 브라운 스톡, 소금과 후추를 넣고 끓인다.
5. 소스가 끓어오르면 200°C로 예열된 오븐에 넣어 브레이징 한다.
6. 끓는 물에 단호박 80g과 소금을 넣고 완전히 삶는다. 블렌더에 단호박과 버터, 소금, 후추를 넣고 갈아준다. 고운 체에 내려 단호박 퓨레를 만든다.
7. 파리지엔 채소는 삶은 후 프라이팬에서 버터에 볶고, 소금과 후추로 양념을 한다.
8. 감자는 로즈마리, 소금, 후추, 식용유와 버무린 후 180°C 오븐에서 구워 로즈마리 포테이토를 만든다.
9. 백만송이버섯과 아스파라거스는 데친 후 버터에 볶는다.

Finishing & Plating

1. 오븐에서 돼지 등심을 빼고 소스를 체에 거른 후 소금, 후추로 양념을 하고 버터 몬테하여 마무리 한다.
2. 준비해 둔 각종 채소를 가지런히 담고, 돼지 등심을 원하는 크기로 잘라 접시에 담는다.
3. **1**의 소스를 뿌리고 타임과 오레가노로 장식하여 제공한다.

머스터드 소스를 곁들인

돼지 안심구이와 당근 퓨레

PORK TENDERLOIN STEAK WITH MUSTARD SAUCE AND CARROT PUREE

Cooking Terminology

미국 레스토랑 협회에서 조사하는 셰프 서베이(Chef survey)를 살펴보면, 유산 품종(Heritage-breed)에 대한 관심이 높아지고 있는 것으로 나타났다. 이는 수 십 년 또는 수 백 년 동안 지속 되어온 역사적인 품종이다. 즉 유전자 조작이 이루어지지 않은 품종은 우리 유산의 일부이며, 생식 능력, 포식 능력, 수명, 모성 본능, 자연적으로 짝짓기 할 수 있는 능력, 질병 및 기생충에 대한 내성 등 생존과 자급자족의 필수 속성을 가지고 있다. 유산 품종의 맛이 성숙하는 속도는 느리지만 육류의 특성과 요리의 질은 대중적인 상업 품종(Commercial breed)보다 월등하다.

INGREDIENTS

For meat

돼지 안심(Pork tenderloin) 150g
검은 통후추(Whole black pepper) as needed
처빌(Chervil) 1sprig
타임(Thyme) 1sprig
이탈리안 파슬리(Italian parsley) 1sprig
식용유(Vegetable oil) 20ml

For sauce

치킨 스톡(Chicken stock) 50ml
머스터드(Mustard) 10ml
레몬주스(Lemon juice) 3ml
생크림(Fresh cream) 60ml

For potato

감자(Potato) 80g
무염 버터(Unsalted butter) 10g

For vegetable

방울 토마토(Cherry tomato) 20g
당근(Carrot) 60g
콜리플라워(Cauliflower) 20g
단호박(Sweet pumpkin) 20g
무염 버터(Unsalted butter) 20g

For seasoning & garnish

처빌(Chervil) 1sprig
타임(Thyme) 1sprig
소금(Salt) as needed
후추(Pepper) as needed

COOKING METHOD

Preparation

1. 돼지 안심은 지방 부분을 제거한 후 다진 처빌, 타임, 이탈리안 파슬리, 소금, 으깬 검은 통후추, 식용유를 넣어 마리네이드한다.
2. 남은 처빌과 타임은 장식을 위해 물에 담가 놓는다.

Cooking

1. 프라이팬을 가열한 후 마리네이드한 돼지 안심을 굽는다.
2. 돼지 안심을 구운 팬에 치킨 스톡을 넣고 끓인 후 머스터드, 레몬주스, 생크림을 넣고 끓인다. 고운 체에 거른 후 소금, 후추로 양념을 하여 머스터드 크림 소스를 만든다.
3. 당근은 작은 크기로 잘라 끓는 물에 완전히 익힌 후 블렌더에 10g의 버터와 같이 부드럽게 갈아준다. 체에 내린 후 소금과 후추로 양념을 하여 당근 퓨레를 만든다.
4. 감자는 원형 틀로 찍어서 모양을 낸 다음, 삶아서 버터에 노릇하게 볶고 소금과 후추로 양념을 한다.
5. 방울 토마토는 식용유와 소금, 후추를 버무린 후 130°C로 예열된 오븐에서 굽는다.
6. 단호박과 콜리플라워는 데친 후 10g의 버터에 볶는다.

Finishing & Plating

1. 접시에 당근 퓨레를 담고 준비해둔 채소를 가지런히 올린다.
2. 구워 놓은 돼지 안심을 3조각으로 잘라 올린다.
3. 머스터드 크림 소스를 담고 타임과 처빌로 장식하여 제공한다.

바비큐 폭 찹

BARBECUED PORK CHOP

Cooking Terminology

찹(Chop)은 척추에서 수직으로 자른 고기 조각으로 보통 갈비뼈 또는 척추의 갈비 끝 고기를 포함하고 개별 부분으로 제공된다. 가장 일반적인 종류의 고기 찹(Meat chop)은 돼지고기와 양고기이다. 얇은 뼈 없는 찹은 커틀릿(cutlet)이라고 할 수 있지만 차이는 명확하지 않다. '찹'이라는 용어는 일반적으로 소고기에는 사용되지 않지만 티 본 스테이크(T-bone steak)는 본질적으로 등심 찹(Loin chop)이고 립 스테이크(Rib steak)는 립 찹(Rib chop)이다.

INGREDIENTS

돼지 갈비(Pork rib) 200g 살 두께 5cm 이상, 뼈를 포함한 길이 10cm
토마토케첩(Tomato ketchup) 30g
우스터 소스(Worcestershire sauce) 3ml
황설탕(Brown sugar) 5g
양파(Onion) 35g 중, 150g 정도, 1/4개
셀러리(Celery) 30g
핫 소스(Hot sauce) 2ml
무염 버터(Unsalted butter) 10g
식초(Vinegar) 5ml
월계수 잎(Bay leaf) 1leave
중력분(Medium flour) 10g
레몬(Lemon) 1/6ea 길이(장축)로 등분
마늘(Garlic) 1ea 중, 깐 것
브라운 스톡(Brown stock) 200ml 물로 대체 가능
식용유(Vegetable oil) 30ml
소금(Salt) 2g
검은 후추(Black pepper) 2g

COOKING METHOD

Preparation

1 돼지 갈비는 기름부분은 제거하고 뼈에 살을 붙여서 고기를 편 다음 잔 칼집을 넣는다. 소금과 검은 후추로 양념을 하고 중력분을 살짝 묻힌다.
2 양파와 셀러리, 마늘을 다져 놓는다.
3 레몬은 즙을 짠다.

Cooking

1 프라이팬에 식용유를 두르고 돼지 갈비를 갈색이 나게 굽는다.
2 소스팬에 버터를 넣고 마늘, 양파, 셀러리를 볶는다.
3 채소가 익으면 식초와 황설탕을 넣고 졸인 다음 토마토케첩, 우스터 소스, 핫 소스, 브라운 스톡, 레몬 즙, 월계수 잎을 넣고 끓인다.
4 소스가 끓으면 구워 둔 고기를 넣고 익을 때까지 뒤집어 주면서 끓인다.

Finishing & Plating

1 고기가 익으면 월계수 잎을 건지고 소금과 검은 후추로 양념을 한다.
2 접시에 고기를 가지런히 담고 위에 알맞은 양을 소스를 끼얹어 제공한다.

수험자 요구사항 및 유의사항 시험시간 **40분**

양식조리 기능사

가. 고기는 뼈가 붙은 채로 사용하고 고기의 두께는 1cm 정도로 하시오.(단, 지급재료에 따라 가감한다.)
나. 완성된 소스 상태가 윤기가 나며 겉물이 흘러나오지 않도록 하시오.
다. 주어진 재료로 소스를 만들고 농도에 유의한다.
라. 재료의 익히는 순서를 고려하여 끓인다.

카르보나라 스파게티

CARBONARA SPAGHETTI

Cooking Terminology

카르보나라(Carbonara)는 달걀, 치즈, 베이컨 및 후추로 만든 로마의 파스타 음식으로 일반적으로 스파게티가 사용되며 20세기 중반에 만들어 졌다. 이름 자체의 근원에 대한 많은 이론이 있지만 유래설이 이 음식을 만들어 먹기보다 더 최근일 수도 있다. 먼저 'Carbaro(이탈리아어로 숯을 사용하는 버너)'라는 단어에서 유래된 것으로 이탈리아 숯공 노동자를 위한 음식으로 잘 알려져 있고 미국의 일부에서는 '석탄 광부의 스파게티'라고 불리기도 하였다. 또한 통일 이탈리아의 초기 억압된 단계에서 비밀스런 모임인 'Carbonar(숯불)'에 대한 경의로 만들어 졌다는 설이 있다.

INGREDIENTS

스파게티면(Spaghetti) 80g 건조면
올리브유(Olive oil) 20ml
무염 버터(Unsalted butter) 20g
생크림(Fresh cream) 180ml
베이컨(Bacon) 2ea 길이 15~20cm
달걀(Egg) 1ea
파마산 치즈(Parmesan cheese) 10g
파슬리(Parsley) 1sprig 잎, 줄기 포함
식용유(Vegetable oil) 20ml
소금(Salt) 5g
검은 통후추(Whole black pepper) 5ea

COOKING METHOD

Preparation

1 파슬리는 곱게 다지고 검은 통후추는 곱게 으깬다.
2 베이컨은 1cm 크기로 썬다.
3 달걀노른자 1개에 생크림 30ml를 넣고 잘 섞어서 리에종을 만든다.

Cooking

1 끓는 물에 소금과 식용유를 넣고 스파게티를 약 7분간 알단테로 삶은 후 물기를 제거하고, 면이 서로 붙지 않게 식용유를 두른 후 식힌다.
2 프라이팬에 버터와 올리브유를 넣은 후 베이컨과 곱게 으깬 통후추 1/2을 넣고 볶는다.
3 불을 줄인 후 생크림 150ml와 리에종, 삶아 놓은 스파게티면, 파마산 치즈가루를 넣고 분리가 되지 않도록 중간 불에서 끓인다.
4 소스와 면이 잘 어우러지면 소금으로 양념을 하고 불을 끈다.

Finishing & Plating

1 파스타 접시에 스파게티를 산처럼 쌓아 담는다.
2 다진 파슬리와 으깬 통후추 1/2을 뿌린 후 제공한다.

수험자 요구사항 및 유의사항 시험시간 **30분**

양식조리 기능사

가. 스파게티 면은 al dante(알 단테)로 삶아서 사용하시오.
나. 파슬리는 다지고 통후추는 곱게 으깨서 사용하시오.
다. 베이컨은 1cm 정도 크기로 썰어, 으깬 통후추와 볶아서 향이 잘 우러나게 하시오.
라. 생크림은 달걀노른자를 이용한 리에종(Liaison)과 소스에 사용하시오.
마. 크림에 리에종을 넣어 소스 농도를 잘 조절하며, 소스가 분리 되지 않도록 한다.

포트와인 소스를 곁들인

돼지 안심 롤라드와 폴렌타

ROASTED PORK TENDERLOIN ROULADE WITH PORT WINE SAUCE AND POLENTA

Cooking Terminology

폴렌타(Polenta)는 옥수수를 삶아서 만든 음식으로 뜨거운 죽으로 제공하기도 하고, 덩어리로 만들어 식혀 굽거나 튀겨서 제공하기도 한다. 이 요리는 이탈리아 북부와 중부의 전통음식으로 예전에는 '서민을 위한 고기(Meat of the poor)'로 불릴 만큼 소박하고 검소한 음식이였으나, 요즘은 고급 레스토랑에서 제공되어 약간 고급 음식으로 느껴질 정도로 많은 종류의 폴렌타 요리가 제공되고 있다. 튀긴 폴렌타(Fried polenta)는 크로스티니 디 폴렌타(Crostini di polenta) 또는 폴렌타 프리타(Polenta fritta)라고 불린다.

INGREDIENTS

For meat
돼지 안심(Pork tenderloin) 150g
달걀(Egg) 1ea
생크림(Fresh cream) 10ml
건포도(Raisin) 30g
표고버섯(Shiitake mushroom) 30g
피스타치오(Pistachio) 20g
검은 통후추(Whole black pepper) as needed
이탈리안 파슬리(Italian parsley) 1sprig

For sauce
마늘(Garlic) 5g
양파(Onion) 10g
포트 와인(Port wine) 60ml
데미글라스 소스(Demiglace sauce) 50ml
치킨 스톡(Chicken stock) 30ml

For Polenta
폴렌타(Polenta) 20g
생크림(Fresh cream) 50ml
우유(Milk) 50ml

For vegetable
아스파라거스(Asparagus) 1ea
사과(Apple) 1/4ea
설탕(Sugar) 30g
당근(Carrot) 30g
가지(Eggplant) 30g
애호박(Squash) 30g
치킨 스톡(Chicken stock) 120ml

For seasoning & garnish
무염 버터(Unsalted butter) 50g
처빌(Chervil) 1sprig
소금(Salt) as needed
후추(Pepper) as needed
조리용 실(Kitchen twine) 50cm

COOKING METHOD

Preparation
1. 표고버섯을 얇게 슬라이스한다. 프라이팬에 버터를 두르고 볶다가 다진 이탈리안 파슬리를 넣고 소금, 으깬 검은 통후추로 양념을 한다.
2. 돼지 안심 50g을 블랜더에 달걀흰자와 생크림을 넣고 곱게 갈아준 후 **1**의 표고버섯, 건포도, 피스타치오, 소금, 후추를 섞어 포스미트를 만든다.
3. 돼지 안심 100g은 표면의 지방과 힘줄은 제거하고, 표면적을 넓게 만들기 위해 스테이크 망치를 이용하여 한가운데서 좌우로 펼쳐 두드린 후 소금, 후추를 뿌린다. **2**의 포스미트를 안에 넣어 둥글게 말아 조리용 실로 묶는다.
4. 아스파라거스의 껍질을 제거 후 끓는 소금물에 데치고 찬물에 담가 식혀서 물기를 제거한다.

Cooking
1. 준비해둔 돼지 안심은 버터를 두른 프라이팬에 갈색을 낸 후 오븐에 넣어 익힌다.
2. 우유, 생크림에 소금, 후추를 넣어 끓이다가 폴렌타를 넣어 거품기를 사용해서 잘 젓는다. 원형 틀에 넣어 모양을 잡아 굳힌 후 프라이팬에 버터를 넣고 노릇하게 굽는다.
3. 사과는 모양을 내서 깎아 치킨 스톡에 넣어 살짝 삶은 후 팬에 설탕 15g을 넣고 녹으면 버터를 넣어 소금, 후추로 양념을 한 후 글레이징한다.
4. 데쳐 놓은 아스파라거스는 버터를 두른 프라이팬에서 볶다가 소금, 후추로 양념을 한다.
5. 당근은 손질하여 끓는 소금물에 데친 다음 찬물에 식혀 팬에 설탕 15g을 넣고, 녹으면 버터를 넣고 당근을 넣어 글레이징한 후 소금, 후추로 양념을 한다.
6. 가지와 애호박은 넓게 썰어 팬에 버터를 넣고 굽다가 소금, 후추를 뿌려 양념을 한다.
7. 팬에 버터를 두르고 다진 양파, 다진 마늘을 볶은 후 포트 와인을 넣어 졸인다. 데미글라스 소스와 치킨 스톡 30ml를 넣어 끓인다. 농도가 생기면 소금, 후추로 양념을 하고, 고운 체에 걸러 포트 와인 소스를 만든다.

Finishing & Plating
1. 접시 위에 폴렌타와 준비해둔 채소를 보기 좋게 담는다.
2. 구운 돼지 안심을 원하는 크기로 잘라 접시에 담는다.
3. 포트 와인 소스를 뿌리고 처빌로 장식하여 제공한다.

마늘허브 크러스트를 올린

양갈비 구이와 허브소스

RACK OF LAMB TOPPED MILD GARLIC & HERB CRUST WITH BROWN HERB SAUCE

Cooking Terminology

미국 레스토랑 협회에서 조사하는 셰프 서베이(Chef survey)를 살펴보면, 방목해서 키운 돼지 또는 가금류(Free-range pork/poultry)에 대한 관심이 높아지고 있는 것으로 나타났다. 방목해서 키운 육류는 겨울을 야외에서 보내기 위한 충분한 지방을 축적하고, 야외에서 스스로 운동함으로써 야외 환경에 완벽하게 적응하기 때문에 고기에 육즙과 풍미, 부드러움을 갖추고 있고 마블링이 풍부하다. 가둬서 키운 육류보다 방목해서 키운 육류에 대한 관심이 높아지고 있는 이유이다.

INGREDIENTS

For meat

양 갈비(Lamb rack) 100g
검은 통후추(Whole black pepper) as needed
마늘(Garlic) 30g
빵가루(Bread crumbs) 10g
타임(Thyme) 2sprigs
로즈마리(Rosemary) 2sprigs
올리브유(Olive oil) 50ml
포메리 머스터드(Pommery mustard) 20g

For sauce

마늘(Garlic) 10g
양파(Onion) 10g
레드 와인(Red wine) 30ml
데미글라스 소스(Demiglace sauce) 60ml
타임(Thyme) 1sprig
로즈마리(Rosemary) 1sprig

For potato

감자(Potato) 100g
생크림(Fresh cream) 30ml
우유(Milk) 50ml
양파(Onion) 10g
넛맥(Nutmeg) 1g
무염 버터(Unsalted butter) 30g

For vegetable

양파(Onion) 10g
빨강 피망(Red pimento) 30g
초록 피망(Green pimento) 30g
애호박(Squash) 30g
밀가루(Flour) 20g
생크림(Fresh cream) 20ml
토마토(Tomato) 30g
타임(Thyme) 1sprig
마늘(Garlic) 30g
올리브유(Olive oil) 10ml
무염 버터(Unsalted butter) 20g

For seasoning & garnish

식용유(Vegetable oil) 30ml
로즈마리(Rosemary) 1sprig
소금(Salt) as needed
후추(Pepper) as needed

COOKING METHOD

Preparation

1 삶아서 으깬 후 오븐에 넣어 살짝 말린 마늘 10g과 빵가루, 다진 타임 1줄기, 다진 로즈마리, 올리브유 20ml를 함께 섞어 허브 크러스트를 만든다.
2 양 갈비는 뼈를 붙여 트리밍한 후 올리브유 30ml, 다진 마늘 20g, 다진 타임 1줄기, 소금, 으깬 검은 통후추로 마리네이드한다(트리밍한 힘줄, 지방 부분은 소스를 만들기 위해 버리지 않는다).
3 감자는 얇게 슬라이스하여 물에 담가 전분을 제거한 후 체에 걸러 물기를 뺀다. 우유, 생크림, 슬라이스 양파, 소금, 후추, 넛멕을 혼합하여 감자와 함께 섞는다.
4 채소 갈레트를 위해 양파, 빨강 피망, 초록 피망, 애호박을 채 썰고, 밀가루, 생크림, 소금, 후추를 섞는다.
5 로즈마리 1줄기는 장식을 위해 물에 담가 놓는다.

Cooking

1 양 갈비는 프라이팬에 식용유를 두르고 센 불에서 갈색을 내어 미디움 레어 정도로 익힌다.
2 양고기 위에 포메리 머스터드를 바르고 준비한 허브 크러스트를 고르게 올린 후 오븐에 넣어 갈색이 나도록 굽고 양고기는 미디움 정도로 익힌다.
3 오븐 팬에 버터를 바르고 그 위에 준비해둔 감자를 붓고 오븐에 넣어 갈색이 나도록 구워 감자 도피누아즈를 만든다.
4 토마토는 올리브유, 다진 타임, 소금, 후추로 재워 오븐에 넣어 익힌다.
5 마늘은 소금을 뿌리고 올리브유에 버무려 오븐에서 굽는다.
6 팬에 버터를 두르고 준비해둔 채소 갈레트를 넣어 익힌다.
7 팬에 식용유를 두르고 양의 살, 힘줄, 지방을 볶다가 다진 마늘, 다진 양파를 넣고 갈색이 나면 레드 와인을 부어 1/2로 졸인 후 데미글라스 소스를 넣고 끓인다. 고운 체에 소스를 거른 다음 다진 타임, 다진 로즈마리를 넣고 소금, 후추로 양념을 하여 허브 소스를 만든다.

Finishing & Plating

1 접시 위에 채소 갈레트, 감자 도피누아즈, 토마토, 마늘을 보기 좋게 담는다.
2 양고기를 올린 후 허브 소스를 뿌리고 로즈마리로 장식하여 제공한다.

슈프림 소스를 곁들인

닭가슴살 구이와 감자 갈레트

CHICKEN BREAST STUFFED IN VEGETABLES WITH SUPREME SAUCE, POTATO GALETTE

Cooking Terminology

슈프림 소스(Supreme sauce)는 전통적으로 벨루테 소스에 크림을 넣고 졸인 후 버터를 넣고 끓여서 체에 걸러내어 만드는 소스로, 프랑스에서 전통적으로 닭고기 요리에 많이 쓰인다. 버터 대신에 레몬주스를 넣어서 만들기도 한다.

INGREDIENTS

For meat

닭 가슴살(Chicken breast) 120g
당근(Carrot) 20g
셀러리(Celery) 20g
양파(Onion) 20g
밀가루(Flour) 5g
이탈리안 파슬리(Italian parsley) 1sprig
타임(Thyme) 1sprig

For sauce

무염 버터(Unsalted butter) 15g
밀가루(Flour) 10g
치킨 스톡(Chicken stock) 100ml
생크림(Fresh cream) 50ml
레몬주스(Lemon juice) 10ml

For potato

감자(Potato) 50g
베이컨(Bacon) 10g
양파(Onion) 10g
이탈리안 파슬리(Italian parsley) 1sprig
달걀(Egg) 1/2ea
파마산 치즈(Parmesan cheese) 10g

For vegetable

무염 버터(Unsalted butter) 30g
적채(Red cabbage) 50g
설탕(Sugar) 10g
레드 와인 식초(Red wine vinegar) 20ml
토마토(Tomato) 20g
가지(Eggplant) 20g
노랑 파프리카(Yellow paprika) 20g
빨강 파프리카(Red paprika) 20g

For seasoning & garnish

식용유(Vegetable oil) 50ml
비트(Beet root) 10g
한련화 잎(Nasturtium leaf) 2g
처빌(Chervil) 2g
소금(Salt) as needed
후추(Pepper) as needed

COOKING METHOD

Preparation

1 닭 가슴살은 칼집을 넣고 고기망치로 가볍게 두드린다.
2 양파, 당근, 셀러리를 성냥개비 모양으로 썬다.
3 적채와 감자는 채 썬다.
4 한련화 잎과 처빌은 물에 담가 놓는다.

Cooking

1 프라이팬에 양파, 당근, 셀러리를 볶은 후 소금과 후추로 양념을 한다. 닭 가슴살에 볶은 채소를 넣고 말은 후 밀가루를 뿌려 벌어지지 않게 고정시킨다. 다진 타임과 이탈리안 파슬리, 식용유, 소금, 후추를 넣어 마리네이드한다.
2 프라이팬에서 닭 가슴살을 익힌다.
3 채 썬 감자는 다진 베이컨, 양파, 이탈리안 파슬리, 파마산 치즈, 달걀, 소금, 후추를 넣고 혼합한 후 몰드에 넣어 프라이팬에서 구워 감자 갈레트를 만든다.
4 프라이팬에 버터를 넣고 얇게 채 썬 적채를 부드러워질 때까지 볶는다. 부드러워지면 물 30ml와 레드 와인 식초, 설탕을 넣고 잘 섞으면서 수분이 완전히 졸아들게 브레이징한다.
5 비트는 얇게 썰어 데친 후 식용유를 발라 오븐에 구워 비트 칩을 만든다.
6 소스팬에 버터 10g과 밀가루를 동량으로 볶아 블론드 루를 만든다. 루에 치킨 스톡을 넣어 벨루테 소스를 만든다. 벨루테 소스에 생크림을 넣어 농도를 맞추고 버터 5g과 레몬주스를 넣는다. 소금과 후추로 양념을 하여 슈프림 소스를 만든다.
7 파프리카와 가지는 소금, 후추로 양념한 후 팬에 굽고, 토마토는 오일링을 하여 오븐에서 말린다.

Finishing & Plating

1 접시에 감자 갈레트, 구운 채소, 브레이징한 적채를 가지런히 담는다.
2 채소를 채운 닭 가슴살은 3등분 하여 브레이징한 적채 위에 올린다.
3 비트 칩과 한련화 잎, 처빌로 장식하여 제공한다.

치킨 알라 킹

CHICKEN A LA KING

Cooking Terminology

치킨 알라 킹(Chicken A La King)은 '왕 스타일의 치킨요리'로 해석되지만 여기서 King은 왕인 아닌 사람의 이름에서 유래하였다고 볼 수 있다. 그중 하나는 요리사 찰스 랜호퍼(Charles Ranhofer)가 1880년대에 폭스홀 파커 킨(Foxhall Parker Keene) 또는 그의 아버지 제임스 R. 킨(James R. Keene)의 이름을 따서 명명한 'Chicken a la Keene'에서 유래하였다는 설이 있다. 또한 브라이튼 비치 호텔의 조지 그린 왈드 주방장은 1898년에 이 음식을 만들었고 후원자 인 클라크 킹 II(Clarke King II)와 그의 아내의 이름을 따서 명명했다고 설이 있다. 또 다른 이야기는 필라델피아의 벨뷰 호텔의 요리사 윌리엄 킹(William King)에 의해 1890년대에 만들어졌다는 설이 있다.

INGREDIENTS

닭다리(Chicken leg) 1.2kg 한 마리, 허벅지살 포함

초록 피망(Green pimento) 20g 중, 75g 정도, 1/4개 정도

빨강 피망(Red pimento) 15g 중, 75g 정도, 1/6개 정도

양파(Onion) 25g 중, 150g 정도, 1/6개 정도

양송이버섯(Button mushroom) 20g 2개

무염 버터(Unsalted butter) 20g

중력분(Medium flour) 15g

우유(Milk) 150ml

정향(Clove) 1ea

생크림(Fresh cream) 20g 조리용

월계수 잎(Bay leaf) 1ea

소금(Salt) 2g

흰 후추(White pepper) 2g

COOKING METHOD

Preparation

1 닭다리는 뼈와 껍질을 제거하고 2cm의 크기로 자르고, 뼈는 찬물에 담가 놓는다.

2 초록 피망, 빨강 피망, 양파 15g, 양송이버섯은 1.8cm의 크기로 자르고, 여분의 양파 5g은 스톡을 끓이기 위해 얇게 슬라이스한다.

3 양파 5g과 월계수 잎은 정향을 이용하여 고정시켜 양파 피퀘를 만든다.

Cooking

1 소스팬에 찬물과 슬라이스한 양파, 닭 뼈를 넣고 끓이고, 불순물을 제거하여 치킨 스톡을 만든다.

2 프라이팬에 소량의 버터를 넣고 양파, 양송이버섯, 초록 피망, 빨강 피망의 순으로 볶은 후 키친타월을 이용하여 기름기를 제거한다.

3 2cm로 잘라놓은 닭다리는 치킨 스톡에 넣어 삶는다.

4 소스팬에 버터와 중력분을 넣고 볶아 화이트 루를 만들고, 우유를 넣고 루가 멍울지지 않도록 잘 풀은 다음 양파 피퀘를 넣고 끓여 베샤멜 소스를 만든다.

5 베샤멜 소스에 치킨 스톡 100ml와 생크림, 볶아 놓은 채소와 닭고기를 넣고, 채소가 익고 소스가 원하는 농도가 될 때까지 계속 끓인다.

Finishing & Plating

1 양파 피퀘를 제거하고 소금과 흰 후추를 넣어 양념을 한다.

2 접시에 채소와 닭고기, 소스를 담아서 제공한다.

수험자 요구사항 및 유의사항 시험시간 **30분**

양식조리기능사

가. 완성된 닭고기와 채소, 버섯의 크기는 1.8×1.8cm 정도로 균일하게 하시오(단, 지급된 재료의 크기에 따라 가감한다).

나. 닭뼈를 이용하여 치킨 육수를 만들어 사용하시오.

다. 화이트 루(roux)를 이용하여 베샤멜소스를 만들어 사용하시오.

라. 소스의 색깔과 농도에 유의한다.

치킨 커틀릿

CHICKEN CUTLET

Cooking Terminology

커틀릿(Cuttlet)은 소·돼지 등의 고기를 납작하게 썰거나 다져서 그 위에 빵가루를 묻혀 오일에 튀긴 요리를 뜻한다. 커틀릿은 송아지고기, 돼지고기 또는 양고기의 다리 또는 갈비뼈에서 나온 얇은 고기 조각을 일컫는 'Cotoletta, Kotelett, Kotlet 또는 Kotleta'에서 유래한 단어이다. 'Cote'는 갈비를 의미한다. 'Pork cutlet'을 우리는 흔히 돈가스라고 부른다. 여기에서의 '가스'는 영어 '커틀릿(Cutlet)'의 일본 발음에서 유래한 것이다. 일본 사람들은 이 '커틀릿'을 제대로 발음하지 못해 '가쓰레쓰(カツレツ)'라고 불렀다. 이것을 줄여 다시 '가쓰(カツ)'라고 칭했다.

INGREDIENTS

닭다리(Chicken leg) 1.2kg 한 마리, 허벅지살 포함

달걀(Egg) 1ea

중력분(Medium flour) 30g

빵가루(Bread crumbs) 50g 마른 것

식용유(Vegetable oil) 300ml

소금(Salt) 2g

검은 후추(Black pepper) 2g

냅킨(Napkin) 2ea 흰색, 기름제거용

COOKING METHOD

Preparation

1 닭다리는 뼈를 제거한 후 고기망치로 두드린다(닭은 껍질 채 사용한다).

2 칼끝으로 닭의 힘줄 등을 두드리고, 소금과 검은 후추로 양념을 한다.

3 달걀은 잘 푼다.

Cooking

1 양념을 한 닭고기는 중력분, 달걀, 빵가루를 순서대로 입힌다(1cm의 두께로 입힌다).

2 식용유를 180°C로 가열한 후 소량의 빵가루를 넣어 튀김 온도를 확인한다.

3 빵가루를 입혀 준비해둔 닭다리를 넣어 딥 팻 프라이 한다.

4 닭다리가 황갈색이 나고 완전히 익을 때까지 튀킨다.

Finishing & Plating

1 닭다리가 황갈색이 나면 꺼내어 냅킨을 이용하여 기름기를 제거한다.

2 접시에 담은 후 제공한다.

수험자 요구사항 및 유의사항 시험시간 30분

양식조리 기능사

가. 닭은 껍질채 사용하시오.

나. 완성된 커틀렛의 두께를 1cm 정도로 하시오.

다. 딥 팻 프라이(deep fat frying)로 하시오.

라. 닭고기 모양에 유의한다.

마. 완성된 커틀렛의 색깔에 유의한다.

비가라드 소스를 곁들인

오리가슴살 구이와 콜리플라워 퓨레

DUCK BREAST WITH BIGARADE SAUCE AND CAULIFLOWER PUREE

Cooking Terminology

가금류(Poultry)는 전 세계에서 두 번째로 많이 먹는 육류이며, 달걀과 함께 지방 함량이 낮은 고품질 단백질을 함유한 영양가 있는 음식이다. 'Poultry'는 '작은 동물'을 의미하는 라틴어인 'Pullus'에서 파생된 프랑스/노르만어인 'Poule', 또는 중세영어 'Pultrie'에서 유래하였다고 한다.

INGREDIENTS

For meat

오리가슴살(Duck breast) 150g
마늘(Garlic) 20g
로즈마리(Rosemary) 2sprigs
타임(Thyme) 1sprig
레드 와인(Red wine) 100ml
꿀(Honey) 20ml

For sauce

비가라드 소스(Bigarade sauce) 50ml

For puree

콜리플라워(Cauliflower) 100g
생크림(Fresh cream) 30ml
무염 버터(Unsalted butter) 20g

For vegetable

오렌지(Orange) 1/2ea
토마토(Tomato) 30g
백만송이버섯(Beech mushroom) 20g
아스파라거스(Asparagus) 20g
무염 버터(Unsalted butter) 20g
설탕(Sugar) 15g

For seasoning & garnish

레드 베인드 소렐(Red veined sorrel) 3g
타임(Thyme) 1sprig
소금(Salt) as needed
후추(Pepper) as needed

COOKING METHOD

Preparation

1. 믹싱 볼에 다진 마늘과 로즈마리, 타임, 레드 와인, 꿀을 넣고 잘 혼합한 후 오리 가슴살을 넣어 마리네이드한다.
2. 오렌지는 껍질을 벗긴 후 오렌지 섹션을 준비한다.
3. 레드 베인드 소렐, 타임 1줄기는 물에 담가 놓는다.

Cooking

1. 마리네이드한 오리 가슴살은 소금과 후추로 양념한 후 프라이팬에 넣어 원하는 정도까지 익힌다.
2. 콜리플라워를 잘게 자른 후 끓는 물에 소금과 같이 넣어 완전히 삶는다. 블랜더에 콜리플라워와 버터, 생크림, 소금, 후추를 넣고 곱게 갈아준다. 고운 체에 한번 내려 콜리플라워 퓨레를 만든다.
3. 비가라드 소스를 준비한다.
4. 토마토와 백만송이버섯은 소금과 후추로 양념하고 프라이팬에 살짝 굽고, 아스파라거스는 껍질을 제거하여 데친 후 버터에 볶는다.
5. 오렌지 껍질은 가늘게 채 썰고 끓는 물에 넣어 수 분간 삶아 오렌지 껍질이 충분히 부드러워질 때까지 끓인다. 쓴맛이 빠진 껍질에 설탕을 넣고 열을 가하여 단맛을 입힌다.

Finishing & Plating

1. 접시에 콜리플라워 퓨레와 준비해둔 채소를 가지런히 담는다.
2. 구운 오리 가슴살과 비가라드 소스를 가지런히 접시에 담는다.
3. 타임, 레드 베인드 소렐, 오렌지 제스트로 장식하여 제공한다.

● 육류 조리 평가

일지평가: 실습한 내용에 대한 학습자의 일지 작성 후 평가 실시

서술형 시험

학습내용	평가 항목
육류 재료 준비하기	육류의 정의, 종류에 대한 이해도 평가
	육류의 부위별 손질방법에 대한 이해도 평가
	육류의 마리네이드 방법에 대한 이해도 평가
	육류의 스터핑 방법에 대한 이해도 평가
	육류 요리에 어울리는 소스와 채소의 전처리 방법에 대한 이해도 평가
육류 조리하기	육류 조리 시 조리방식에 대한 이해도 평가
	육류 조리 시 화력조절과 익힘 정도에 대한 이해도 평가
	육류 요리에 어울리는 소스의 조리 방법에 대한 이해도 평가
	육류 요리에 어울리는 곁들임의 조리 방법에 대한 이해도 평가
	육류 조리 시 사용되는 향신료에 대한 이해도 평가
육류 요리 완성하기	육류 요리에 어울리는 가니쉬에 대한 이해도 평가
	마무리된 육류 요리의 색깔과 맛, 풍미에 대한 이해도 평가
	마무리된 육류 요리의 온도에 대한 이해도 평가
	마무리된 육류 요리의 플레이팅에 대한 이해도 평가

작업장 평가

학습 내용	평가 항목	만점	직무수행평가 점수
육류 재료 준비하기	육류 조리에 필요한 도구 준비		
	육류 조리에 필요한 재료에 대한 사전 전처리		
	육류의 부위별 손질 능력 평가		
	육류의 마리네이드 방법에 대한 평가		
	육류의 스터핑 방법에 대한 평가		
육류 조리하기	육류 조리 시 조리방식의 수행 평가		
	육류 조리 시 익힘 정도에 대한 수행 평가		
	육류 요리와 어울리는 소스 조리 수행 평가		
	육류 요리와 어울리는 곁들임 조리 수행 평가		
	육류 요리를 위한 향신료 사용 수행 평가		
육류 요리 완성하기	육류와 어울리는 가니쉬 및 곁들임 담기 능력 평가		
	완성된 육류 요리의 색에 대한 평가		
	완성된 육류 요리의 양에 대한 평가		
	완성된 육류 요리의 맛에 대한 평가		
	뒷정리		
합계			

CHAPTER

8

조식

BREAKFAST

● **학습목표**

어패류, 육류, 채소류, 유제품류, 가공식품류를 활용하여 조식 등에 사용되는 각종 조식요리를 조리할 수 있다.

<table>
<tr><th>능력단위 요소</th><th colspan="2">수행 준거</th></tr>
<tr><td rowspan="2">달걀 조리하기</td><td colspan="2">1. 달걀 요리에 맞는 재료를 준비할 수 있다.
2. 달걀 조리에 필요한 조리도구를 준비할 수 있다.
3. 달걀과 부재료를 사용하여 달걀 요리 종류에 맞게 조리할 수 있다.
4. 메뉴의 조리법에 따라 알맞은 부재료를 사용하여 완성할 수 있다.
5. 마무리된 음식의 색깔과 맛, 풍미, 온도를 통해 음식의 품질을 평가할 수 있다.</td></tr>
<tr><td>【지식】
• 달걀의 특성과 용도
• 주재료 용도별 칼, 도마 사용법
• 부재료의 특징
• 메뉴에 따른 달걀조리법
• 메뉴의 맛과 풍미를 이끌어내는 부재료 선택법
• 제공기물 선택법
• 지정된 색, 맛, 풍미, 온도 유지 방법</td><td>【기술】
• 가스레인지, 오븐 조작 능력
• 냉장, 냉동고 관리 능력
• 부재료를 용도에 맞게 준비할 수 있는 능력
• 신선한 달걀 선별 능력
• 부재료를 조리할 수 있는 능력
• 오믈렛 조리 시 속재료를 넣어 터지지 않게 하는 능력
• 적정한 상태로 달걀조리할 수 있는 능력
• 메뉴에 따른 달걀조리법
• 메뉴의 맛과 풍미를 이끌어내는 부재료 선택법
• 제공기물 선택법
• 지정된 색, 맛, 풍미, 온도 유지 방법</td></tr>
<tr><td rowspan="2">조찬용 빵류 조리하기</td><td colspan="2">1. 조찬용 빵류 조리에 맞는 재료를 준비할 수 있다.
2. 조찬용 빵류 조리에 필요한 조리도구를 준비할 수 있다.
3. 조찬용 빵재료와 부재료를 사용하여 조찬용 빵 종류에 맞게 조리할 수 있다.
4. 메뉴의 조리법에 따라 알맞은 부재료를 사용하여 완성할 수 있다.
5. 마무리된 음식의 색깔과 맛, 풍미, 온도를 통해 음식의 품질을 평가할 수 있다.</td></tr>
<tr><td>【지식】
• 조찬용 빵의 특성과 용도
• 메뉴에 따른 조찬용 빵류 조리 방법
• 부재료의 특징</td><td>【기술】
• 냉장, 냉동고 관리 능력
• 프렌치 토스트를 조리할 수 있는 능력
• 팬케이크를 조리할 수 있는 능력
• 와플을 조리할 수 있는 능력</td></tr>
</table>

<table>
<tr><td rowspan="2">시리얼류 조리하기</td><td colspan="2">1. 시리얼류 요리에 맞는 재료를 준비할 수 있다.
2. 시리얼류 조리에 필요한 조리도구를 준비할 수 있다.
3. 시리얼류와 부재료를 사용하여 시리얼류 요리 종류에 맞게 조리할 수 있다.
4. 메뉴의 조리법에 따라 알맞은 부재료를 사용하여 완성할 수 있다.
5. 마무리된 음식의 색깔과 맛, 풍미, 온도를 통해 음식의 품질을 평가할 수 있다.</td></tr>
<tr><td>【지식】
• 더운 시리얼류와 찬 시리얼류 종류와 특징
• 메뉴의 맛과 풍미를 이끌어내는 부재료 선택법
• 더운 시리얼류와 찬 시리얼류의 조리법
• 제공기물 선택법
• 지정된 색, 맛, 풍미, 온도 유지 방법</td><td>【기술】
• 메뉴에 따라 달걀을 조리할 수 있는 능력
• 부재료를 활용할 수 있는 조리 능력
• 제공기물을 선택할 수 있는 능력
• 지정된 색, 맛, 풍미, 온도 유지 능력</td></tr>
</table>

● 교수-학습 방법

능력단위 요소	교수–학습 방법
달걀 조리하기	• 달걀요리 종류 및 조리법에 대한 설명 및 학습 • 달걀 요리 종류별 부재료에 대한 설명 및 학습 • 달걀조리에 필요한 조리도구 및 제공기물 설명 및 학습
조찬용 빵류 조리하기	• 조찬용 빵의 특성과 용도 설명 및 학습 • 조찬용 빵류 조리를 위한 재료 및 조리법 설명 및 학습 • 프렌치 토스트, 팬케이크, 와플 조리법 설명 및 학습
시리얼류 조리하기	• 시리얼류 요리 종류와 재료에 대한 설명 및 학습 • 더운 시리얼류와 찬 시리얼류 종류와 특징, 조리법에 대한 설명 및 학습 • 시리얼류 요리를 위한 제공기물 설명 및 학습

● 자가진단도구

진단 영역	진단 문항	매우 미흡	미흡	보통	우수	매우 우수
달걀 조리 하기	나는 달걀 요리에 맞는 재료를 준비할 수 있다.	①	②	③	④	⑤
	나는 달걀 조리에 필요한 조리도구를 준비할 수 있다.	①	②	③	④	⑤
	나는 달걀과 부재료를 사용하여 달걀 요리 종류에 맞게 조리할 수 있다.	①	②	③	④	⑤
	나는 메뉴의 조리법에 따라 알맞은 부재료를 사용하여 완성할 수 있다.	①	②	③	④	⑤
	나는 마무리된 음식의 색깔과 맛, 풍미, 온도를 통해 음식의 품질을 평가할 수 있다.	①	②	③	④	⑤
조찬용 빵류 조리 하기	나는 조찬용 빵류 조리에 맞는 재료를 준비할 수 있다.	①	②	③	④	⑤
	나는 조찬용 빵류 조리에 필요한 조리도구를 준비할 수 있다.	①	②	③	④	⑤
	나는 조찬용 빵재료와 부재료를 사용하여 조찬용 빵 종류에 맞게 조리할 수 있다.	①	②	③	④	⑤
	나는 메뉴의 조리법에 따라 알맞은 부재료를 사용하여 완성할 수 있다.	①	②	③	④	⑤
	나는 마무리된 음식의 색깔과 맛, 풍미, 온도를 통해 음식의 품질을 평가할 수 있다.	①	②	③	④	⑤
시리얼류 조리 하기	나는 시리얼류 요리에 맞는 재료를 준비할 수 있다.	①	②	③	④	⑤
	나는 시리얼류 조리에 필요한 조리도구를 준비할 수 있다.	①	②	③	④	⑤
	나는 시리얼류와 부재료를 사용하여 시리얼류 요리 종류에 맞게 조리할 수 있다.	①	②	③	④	⑤
	나는 메뉴의 조리법에 따라 알맞은 부재료를 사용하여 완성할 수 있다.	①	②	③	④	⑤
	나는 마무리된 음식의 색깔과 맛, 풍미, 온도를 통해 음식의 품질을 평가할 수 있다.	①	②	③	④	⑤

● 진단결과

진단영역	문항 수	점 수	점수 ÷ 문항 수
달걀 조리하기	5		
조찬용 빵류 조리하기	5		
시리얼류 조리하기	5		
합계	15		

※ 자신의 점수를 문항 수로 나눈 값이 '3점' 이하에 해당하는 영역은 업무를 성공적으로 수행하는데 요구되는 능력이 부족한 것으로 교육훈련이나 개인학습을 통한 개발이 필요함.

1

조식의 이해

(1) 조식의 개념 및 유래

아침식사란 뜻의 영어 'Breakfast'는 '깨다(Break)'와 '단식(fast)'의 의미가 합쳐져 '긴 밤 동안의 단식을 깬다(Breaking the fasting period of the prior night)'는 뜻이다. 아침식사는 전날 저녁을 먹고 난 후 장시간 공백을 둔 상태에서 식사를 하기 때문에 쉬고 있었던 위에 부담을 주지 않는 음식으로 메뉴를 구성하는 것이 좋다. 열량이 풍부한 식재료를 사용하여 고른 영양소 섭취가 되도록 하여야 한다.

(2) 조식의 종류

아침식사는 크게 미국식(American Breakfast)과 대륙식(Continental Breakfast)으로 나누어진다. 미국식은 달걀요리가 중심이며, 유럽식은 곡물(Cereal)요리가 중심이다. 주스와 과일, 유제품 등이 곁들여 진다.

[표 8-1] 조식의 종류별 특성

종류	특성
미국식 조식	달걀요리가 주요리로 감자와 함께 제공되며, 베이컨, 햄, 소시지와 각종 주스류, 빵류도 함께 제공되어 고객의 취향에 따라 선택할 수 있다.
대륙식 조식	유럽식 조식을 섬나라 영국식 조식과 구별하기 위하여 대륙식 조찬이라 한다. 유럽식 조식은 각종 주스류와 크루아상, 데니시 등의 빵 종류, 그리고 커피나 홍차로 구성된 간단한 아침식사이다.
영국식 조식	서양식 조식 요리 중에 가장 무겁게 느껴지는 스타일이라 할 수 있다. 빵과 주스류는 미국식 조찬과 같이 제공되고, 달걀요리 한 알과 감자 요리가 기본으로 제공되며 육류 스테이크나 생선구이 등이 추가된다. 육류는 주로 안심과 등심 스테이크로 100~120g이며, 생선은 광어나 도미, 연어 등으로 100g 정도의 크기로 제공된다.

뷔페식 조식	최근의 비즈니스호텔에서 객실을 이용하는 고객을 위하여 주로 제공하는 조식의 형태이다. 고객의 취향에 맞추어 마음껏 선택하여 식사할 수 있는 셀프 서비스(Self service)를 기본으로 하고 있다. 제공되는 품목의 구성은 달걀요리, 주스류, 빵을 기본으로 각종 채소, 과일, 곡류, 고기류 등 약 40여 개의 품목들이 준비되고 있다. 보통 국내 고객이 주를 이루는 호텔에서는 한식 메뉴를 함께 제공하기도 한다.

2
달걀 조리

(1) 달걀 선별

막 낳은 달걀이 맛있는가 하면 꼭 그렇지는 않다. 실제로 설문조사를 실시한 결과 실온에서 7일간 놔둔 달걀이 막 낳은 알보다 맛있다고 대답한 사람이 87%나 됐다. 달걀을 선별하는 방법은 다음과 같다.

첫째, 빛에 비춰본다. 빛에 비춰 투명하면 신선한 것이고, 검은 빛을 띠고 불투명하면 오래되었다는 증거이다.

둘째, 소금물에 넣어 신선함을 판단할 수 있다. 신선도가 떨어지면 공기가 모이는 빈틈이 커지고 비중이 작아진다. 따라서 신선한 달걀은 소금물 속에 넣었을 때, 용기 속에서 가로방향으로 구르며, 오래된 달걀은 둥그스름한 부분이 위로 오게 물 위로 뜬다. 달걀이 가로방향으로 있을 때 가장 신선하다고 할 수 있다.

셋째, 달걀을 깨보았을 때 산란 직후는 노른자와 흰자 모두 부풀어 있고, 보통 란은 흰자가 부풀어 있지 않고 노른자만 조금 부풀어 있다. 오래된 달걀은 노른자와 흰자 모두 부풀어 있지 않고 끈적거린다.

(2) 달걀요리의 종류 및 조리법

달걀요리는 조식요리의 주요리이며, 달걀은 흰자는 58℃, 노른자는 60℃ 정도에서 응고되므로 열 조절을 잘하는 숙련된 조리사가 조리를 해야 하는 고난도의 요리이다. 가니쉬로 감자 요리, 얇게 자른 햄, 바싹 구운 베이컨(Crispy bacon), 조찬 소시지(Breakfast sausage)가 곁들여진다.

1) 프라이드 에그(Fried egg)

프라이드 에그의 주문을 받으면 신선한 달걀을 사용하여 버터, 오일에 프라이한다. 달걀을 넣을 때 노른자가 파손되지 않도록 하고, 1~2분 후 흰자가 1/2 정도 익으면 뒤집는다. 프라이드 에그의 종류는 다음과 같다.

[표 8-2] 프라이드 에그의 종류

종류	특징
서니 사이드 업 (Sunny side up)	달걀의 한쪽면만 살짝 익히고 노른자는 반숙으로 조리하여 태양이 떠오르는 것처럼 선명하게 하는 것을 말한다.
오버 이지 (Over easy)	흰자가 익었을 때 뒤집어서 20~30초 정도 가열하여 흰자의 표면만 익힌다.
오버 미디움 (Over medium)	흰자가 익었을 때 뒤집어서 1분 정도 가열하여 노른자를 절반만 익힌다.
오버 하드 (Over hard)	흰자가 익었을 때 뒤집어서 노른자를 완전히 익히거나, 노른자를 깨드린 후 뒤집어 익힌다.

서니 사이드 업

오버 이지

오버 미디움

오버 하드

2) 스크램블 에그(Scrambled egg)

달걀을 믹싱 볼에 깨뜨려 넣고 우유나 생크림을 혼합하여 거품기로 잘 섞은 후 프라이팬에 오일을 두르고 가열한 다음 달걀을 넣고 휘저어 익히게 조리하는 것이다. 앤초비, 치즈, 감자, 버섯, 새우 등을 넣어 만들기도 하며 들어가는 재료에 따라 명칭이 달라진다. 최근 조리조 스크램블 에그와 같이 다른 나라의 전통적인 식재료를 이용하여 만들어지고 있다.

3) 보일드 에그(Boiled egg)

냄비에 물과 소량의 소금, 식초를 넣고 달걀을 통째로 삶아 조리하는 것이다. 삶은 달걀은 아침식사뿐만 아니라 카나페와 같은 전채 요리나 샐러드, 샌드위치 등 다양한 요리에 활용될 수 있다. 달걀껍질이 깨지지 않게 삶아야 하고, 제공할 때 에그 컵(Egg cup) 또는 에그 스탠드(Egg stand)와 달걀 속을 떠먹기 위한 티스푼(Tea spoon)이 필요하다. 달걀은 뜨거운 물에 집어넣기 전에 실내 온도를 유지해야 하는데 그렇지 않으면 달걀이 깨질 수도 있다. 아침식사용으로 달걀을 삶을 경우에는 삶은 즉시 약간 차가운 물에 넣었다가 껍질 채로 차려내야 한다. 고객의 요구에 따라 시간을 잘 맞추어 조리해야 한다. 보일드 에그의 종류와 조리시간은 다음과 같다.

[표 8-3] 보일드 에그의 종류와 조리시간

종류	조리시간(물이 끓는 시점부터)	설명
코들(Coddled)	30초	끓는 물에 넣고 잠시 동안 삶는 것
반숙(Soft-boiled)	3~4분	끓는 물에 넣고 노른자가 1/3 이하만 익은 것
중 반숙(Medium-boiled)	5~7분	끓는 물에 넣고 노른자가 반만 익은 것
완숙(Hard-boiled)	10~14분	노른자가 완전히 다 익은 것

4) 포치드 에그(Poached egg)

포치드 에그는 아침식사로 인기가 있고 에그 베네딕트, 소금에 절인 소고기 해시 등에 광범위하게 사용되며 최근에는 샐러드 위에 올려 제공되기도 한다. 삶는 시간은 보통 3~5분이면 충분하며, 구멍 난 국자 또는 홈이 파진 스푼으로 건져낸다. 아침식사용 포치드 에그는 주문에 의해 바로 조리한다. 소프트한 포치드 에그(Soft poached egg)는 1~2분, 중간 정도로 익힌 포치드 에그(Medium poached egg)는 3~4분, 하드 포치드 에그(Hard poached egg)는 5~6분 삶으면 된다.

5) 오믈렛(Omelet)

달걀을 믹싱 볼에 깨뜨려 준비하고 프라이팬에 넣어 럭비볼 모양으로 조리하는 것이다. 오믈렛은 아침과 점심식단으로 인기가 있다. 보기 좋은 외양과 형태를 만들기 위해 첨가물 없이 달걀만 말아서 만든 것은 플레인 오믈렛이다. 프라이팬에 흰자와 노른자를 잘 섞어 푼 달걀을 부은 후 잘 휘저어 걸쭉한 농도가 되면 조심스레 타원형으로 말아준다. 햄, 치즈, 베이컨, 버섯, 양파 등을 이용하여 속에 채워진 내용에 따라 이름을 달리할 수 있다.

6) 수플레(Souffle)

수플레는 '부풀다'란 뜻의 프랑스어로 달걀흰자를 거품 내어 머랭(Meringue)으로 만들어 밀가루, 버터 등의 재료를 섞어서 오븐에 구워낸 요리이다. 달걀흰자의 기포성으로 오븐 열에 의해 부푼 수플레는 식으면 쭈그러지므로 구운 즉시 손님에게 제공해야 한다.

7) 에그 베네딕트(Poached eggs benedict)

토스트한 잉글리시 머핀 위에 햄과 포치드 에그 두 알을 올려놓고 홀랜다이즈 소스를 끼얹어 살라만더에 연갈색으로 구워내는 요리이다.

3

조찬용 빵류 조리

(1) 조찬용 빵의 종류

일반적인 조식에 사용되는 빵으로는 프렌치 브레드(French bread), 보리빵(Rye bread), 대맥빵(Whole wheat bread), 토스트 브레드(Toast bread), 호밀빵(Rye bread), 크루아상(Croissant), 데니쉬 페이스트리(Danisy pastry), 도넛(Doughnut), 잉글리시 머핀(English muffin), 브리오슈(Brioche) 하드 롤(Hard roll), 소프트 롤(Soft roll) 등이 있다.

(2) 조찬용 빵 곁들임

아침식사에서 빵이 제공될 때는 딸기잼, 오렌지 마멀레이드 등 여러 가지 잼과 꿀, 그리고 버터가 함께 제공된다. 팬 케이크류는 항상 따뜻하게 제공되며, 메이플 시럽(Maple syrup), 꿀, 레몬시럽 및 설탕시럽 등이 제공되고 버터를 선택하기도 한다. 기호에 따라 햄, 베이컨, 소시지 등을 곁들인다.

(3) 조찬용 빵류 조리법

1) 프렌치 토스트(French Toast)

슬라이스한 식빵을 달걀 혼합물에 담갔다가 버터로 구운 것이다. 식빵을 두께 1.0~1.5cm 정도 슬라이스하여 달걀과 우유, 그리고 소량의 설탕을 섞은 혼합액에 담근 후 버터에 굽는다. 벌꿀과 시럽 등을 같이 제공한다.

2) 팬 케이크(Pan cake)

밀가루와 달걀, 우유, 설탕, 버터, 베이킹파우더 등을 혼합 반죽하여 프라이팬에서 원형의 얇고 평평하게 양면을 익힌 빵 케이크의 일종이다.

3) 와플(Waffle)

와플은 밀가루, 버터, 달걀, 설탕, 소금, 물 등을 넣은 반죽을 와플 메이커(Waffle maker)로 잘 알려진 와플 전용 틀을 사용해 구운 케이크이다. 와플의 원형으로 알려진 우블리(Oublie)는 9~10세기 서유럽에 등장할 당시만 해도 격자무늬가 없었지만, 13~15세기경 우블리에 격자무늬가 새겨지며 오늘날과 같은 와플 모습을 갖추기 시작했다고 한다.

4
시리얼류 조리

(1) 시리얼의 정의

아침식사용 시리얼(Cereal)은 하루 중 첫 번째 식사로 먹는 가공된 곡물로 만든 식품이다. 시리얼은 세계에서 가장 인기가 있는 아침식사이며, 빠르고 쉽게 만들 수 있는 아침식사이다. 대부분 바로 먹을 수 있는 시리얼(Ready-to-eat cereal)은 옥수수, 밀, 쌀, 기장 등의 곡물로 만든 식사대용 식품으로, 간편하게 먹을 수 있고 영양이 풍부하다는 장점에 힘입어 인기가 있다. 하지만 일부 상품은 설탕 함량이 높기 때문에 주의 깊게 확인한 후 사용하여야 한다. 밀로 만든 시리얼이 가장 건강에 좋은 시리얼로 여겨지고 있으며, 쌀과 옥수수로 만든 다른 종류의 시리얼보다 더 많은 단백질을 가지고 있다. 최근 건강을 중시하는 이유로 오트밀(Oat)과 같은 기능성 곡류를 사용한 제품들이 각광받고 있다.

(2) 시리얼의 종류

1) 따뜻한 시리얼(Hot cereal)

우유, 물 또는 다른 액체에 시리얼을 넣어 묽게 끓여서 제공한다. 단맛이 없는 뜨거운 시리얼은 꿀이나 과일과 같은 건강한 천연 감미료를 추가할 수 있다. 아침식사에만 국한되지 않고 하루 중 언제라도 먹을 수 있다.

2) 차가운 시리얼(Cold Cereal)

건조한 시리얼인 콘 플레이크(Corn flakes), 라이스 크리스피(Rice crispies), 아몬드 플레이크(Almond flakes) 등 많은 종류가 있으며, 장기보관이 용이하고 찬 우유와 함께 제공된다. 무슬리(Moussli)

라는 음식은 오트밀에 찬 우유, 요거트, 과일, 당류를 넣어 차게 섞어 만든 것이며, 버처 무슬리(Bircher muesli)는 신선한 벌꿀, 호두, 건포도 등을 넣어 만든 건강식 오트밀이다.

(3) 시리얼 부재료

시리얼에 다른 부재료를 추가함으로써 맛을 향상시키고 더 많은 영양분을 추가할 수 있다. 부재료를 추가할 때, 시리얼을 줄이면 동일한 칼로리 섭취량을 유지할 수 있다. 대표적으로 첨가되는 것들은 신선한 과일, 견과류, 말린 과일, 요거트 또는 치즈, 메이플 시럽, 버터(뜨거운 시리얼의 경우), 사과 등 다양하다. 특히 견과류와 씨앗은 맛과 단백질 보충을 위해 넣어주며 과일, 카카오 닙스, 메이플 시럽 등은 향과 단맛을 위해 첨가하여 준다.

[표 8-4] 대표적인 시리얼 부재료

종류	특징
바나나 (Banana)	바나나는 거의 모든 시리얼의 맛을 향상시킨다. 바나나를 작은 조각으로 자르거나 반으로 잘라 시리얼과 함께 제공한다.
딸기 (Strawberry)	신선한 딸기는 시리얼을 먹을 때 흔히 볼 수 있는 토핑이다. 시리얼에 추가하기 전, 딸기를 반으로 자르거나 스몰 다이스로 잘라 제공한다.
블루베리 (Blue berry)	블루베리는 시리얼에 약간의 풍미를 더해 준다. 블루베리는 시리얼에 첨가하여 제공할 수도 있고 따로 접시에 담아 제공할 수 있다.
라즈베리 (Rasp berry)	많은 시리얼들은 라즈베리를 토핑할 때 더 맛이 좋아진다. 냉동 라즈베리는 그 자체로 사용해도 되지만 신선한 라즈베리는 씻어서 표면 물질을 제거한 후 제공한다.
견과류 (Nut)	아몬드와 같은 견과류를 추가하는 것은 시리얼의 맛과 영양을 향상시키는 훌륭한 방법이다. 소금이 들어간 견과류는 사용하면 안 된다.
건포도 (Raisin)	일부 시리얼에는 이미 건포도가 들어있을 수 있지만, 별도로 제공하는 건포도만큼 맛이 좋지는 않다. 포함되어 있는 건포도를 제거하지 않고, 건포도를 제공하면 칼로리가 증가한다.

보일드 에그

BOILED EGG

Cooking Terminology

요리할 때, 'Coddle'은 끓는점 이하에서 잠시 동안 삶거나 요리하는 것을 의미하며, 코들 에그(Coddled egg)는 비등점 이하의 약한 불에서 부드럽게 또는 가볍게 요리된 달걀이다. 달걀은 부분적으로 익히거나, 시저 드레싱을 만드는 데 사용되는 달걀처럼 거의 익히지 않을 수 있다.

INGREDIENTS

달걀(Egg) 3ea

물(Water) 1000ml

소금(Salt) 15g

COOKING METHOD

Preparation

1 달걀은 실온에 두거나 미지근한 물을 끼얹어 놓는다.

Cooking

1 코들, 반숙, 완숙 달걀을 만들기 위해 냄비에 달걀이 충분히 잠길 수 있는 물과 소금을 넣고 가열을 시작한다.

2 이 때 달걀이 깨질 수 있으니 국자를 이용하여 2~3회 넣었다 뺐다를 반복하여 준다. 처음 시작할 때 센불로 시작하면 달걀이 서로 부딪혀 껍질이 깨질 수 있고 수분이 쉽게 증발하므로 중불로 가열하는 것이 좋다.

3 달걀의 삶는 시간을 물이 끓기 시작한 시점부터 측정한다.

4 달걀노른자가 가운데 올 수 있도록 가끔 저어준다.

Finishing & Plating

1 원하는 정도의 삶은 달걀이 되면 찬물에 담가 즉시 열기를 빼서 노른자 표면이 회녹색으로 변하는 것을 방지한다.

2 삶은 달걀을 껍질째 에그 스탠드에 담고 껍질 윗부분을 제거하고 티스푼을 같이 제공한다.

블랙퍼스트 해시

BREAKFAST HASH

Cooking Terminology

해시(Hash)는 다이스하거나 다진 고기 또는 햄, 감자, 양파 등을 프라이팬에 볶은 후 프라이드 에그(Fried egg)와 같이 제공하는 조식 요리이다. 이름은 '다지다'의 프랑스어 'Hacher'에서 파생되었다. 해시는 많은 지역에서 아침 식사 음식으로 종종 달걀과 토스트가 제공되며, 때로는 해시 브라운이나 감자튀김과 같은 감자 요리와 같이 제공된다.

INGREDIENTS

달걀(Egg) 1ea
소시지(Sausage) 30g
감자(Potato) 100g
주키니 호박(Zucchini) 30g
당근(Carrot) 20g
미니 양배추(Brussel sprout) 2ea
양파(Onion) 20g
이탈리안 파슬리(Italian parsley) 1sprig
식용유(Vegetable oil) 10ml
무염 버터(Unsalted butter) 10g
검은 통후추(Whole black pepper) as needed
소금(Salt) as needed

COOKING METHOD

Preparation

1. 소시지, 감자, 주키니 호박, 당근, 미니 양배추, 양파는 1cm 크기의 정육면체로 자른다.
2. 이탈리안 파슬리를 다져 놓는다.

Cooking

1. 프라이팬을 가열하고 식용유와 버터를 넣는다.
2. 소시지를 넣고 볶는다.
3. **2**에 양파와 감자, 당근, 주키니 호박, 미니 양배추를 넣고 수분이 생기지 않고 갈색이 날 때까지 볶는다. 다진 이탈리안 파슬리를 넣는다.
4. 프라이팬을 가열한 후 식용유를 두르고, 달걀을 원하는 프라이드 에그로 만든다.

Finishing & Plating

1. 소금, 검은 통후추로 양념한 후 접시에 담는다.
2. 프라이드 에그를 위에 올리고 제공한다.

BREAKFAST

수플레

SOUFFLE

Cooking Terminology

수플레(Souffle)는 프랑스어로 '부풀어 오르다(to puff up, to blow)'라는 뜻이다. 어원은 라틴어 수프라레(Sufflare)의 과거분사인 수플러(Souffler)이다. 원래 수플라레는 서브(from below)와 프라레(to blow)가 결합된 것으로 '아래로부터 부풀어 오르다'라는 뜻으로 해석된다.

INGREDIENTS

달걀노른자(Egg yolk) 15g
설탕(Sugar) 65g
우유(Milk) 15ml
밀가루(Flour) 10g
달걀흰자(Egg white) 4ea
버터(Butter) 5g
슈가 파우더(Sugar powder) 5g
바닐라 에센스(Vanilla essence) 2ml

COOKING METHOD

Preparation

1 오븐을 윗불 140°C, 아랫불 160°C로 예열해 놓는다.
2 수플레 몰드 안쪽 면에 부드럽게 녹인 버터를 고르게 바르고 설탕 5g을 골고루 뿌려준다.

Cooking

1 믹싱 볼에 달걀노른자, 설탕 30g, 우유, 밀가루, 바닐라 에센스를 넣고 설탕이 녹을 때까지 저어준다.
2 믹싱 볼에 달걀흰자를 넣고 설탕 30g을 2~3번 나누어 넣고 저어 주어 머랭을 만들어 준다.
3 **1**의 반죽에 머랭을 넣어 주고 부드럽게 섞어준다.
4 준비해 둔 수플레 몰드에 3의 수플레 반죽을 넣어 준다.
5 수플레가 균형 있게 부풀고 기포가 생기는 것을 방지하기 위해 몰드를 가볍게 2~3회 바닥에 쳐준다.
6 예열된 오븐에서 구워준다. 오븐에 굽는 동안 중간에 문을 열면 수플레가 주저앉으므로 문을 자주 열면 안 된다(수플레가 다 익었는지는 이쑤시개로 수플레 옆을 찍어 익은 정도를 확인 할 수 있다).

Finishing & Plating

1 구워진 수플레를 집시에 남는다.
2 슈가 파우더를 고르게 뿌려 곧바로 제공한다.

스크램블 에그

SCRAMBLED EGG

Cooking Terminology

미국의 음식 트렌드 중 'Ethnic-inspired Breakfast items'에 대한 관심이 높아지고 있다. 이를 해석하면 소수 민족에게서 영감을 받은 아침식사 메뉴이다. 소비자들 사이에 새로운 아침식사 메뉴에 대한 열망이 높아지고 있으며, 초리조를 넣은 스크램블 에그(Chorizo scrambled eggs), 코코넛 우유를 넣어 만든 팬케이크(Coconut milk pancakes) 등과 같이 전통적인 조리법에 새로운 식재료를 넣어서 만드는 조식메뉴가 등장하고 있다.

INGREDIENTS

달걀(Egg) 3ea
생크림(Fresh cream) 20ml
무염 버터(Unsalted butter) 30g
식용유(Vegetable oil) 30ml
방울 토마토(Cherry tomato) 2ea
블랙퍼스트 소시지(Breakfast sausage) 2ea
베이컨(Bacon) 10g
오크 잎(Oak leaf) 5g
프리제(Frisee) 5g
곡물빵(Whole grain bread) 1ea
소금(Salt) as needed
후추(pepper) as needed

COOKING METHOD

Preparation

1 달걀을 믹싱 볼에 깨서 거품기로 휘젓고 체에 내린 후 소금과 후추, 생크림을 넣어 준비한다.
2 곡물 빵을 1~1.5cm 두께로 잘라 준비한다.
3 방울 토마토는 깨끗이 씻어 놓고, 오크 잎과 프리제는 물에 담가 놓는다.

Cooking

1 중간불로 가열한 프라이팬에 버터와 식용유 20ml를 넣어 코팅한다(버터, 올리브유, 식용유 등 원하는 기호에 따라 사용할 수 있다).
2 달걀을 넣고 약한 불에서 서서히 젓는다. 지나치게 빨리 저으면 달걀이 잘게 부서질 수 있으므로 달걀을 계속 저어주며, 분리될 때까지 익으면 불을 끈다.
3 곡물 빵을 토스트한다.
4 프라이팬에 식용유 10ml를 넣고 블랙퍼스트 소시지와 베이컨을 구워준다.

Finishing & Plating

1 완성된 스크램블 에그는 곡물 빵 위에 보기 좋게 담는다.
2 스크램블 에그는 구운 소시지, 구운 베이컨, 방울 토마토, 프리제, 오크 잎 등과 함께 접시에 담아 제공한다.

스페니쉬 오믈렛

SPANISH OMELET

Cooking Terminology

스페니쉬 오믈렛(Spanish Omelet)은 토르티아 에스파냐 (Tortilla española) 또는 토르티야 데 파타타스(Tortilla de patatas)라고 불리는 스페인 전통요리의 영어 이름이다. 이것은 달걀과 감자로 만든 오믈렛이다. 스페인어로 Tortilla는 '케이크'라는 뜻의 단어 Torta의 지소어로 '작은 케이크'라는 뜻이며 멕시코의 옥수수 토르티야와는 관련이 없다. 스페인에서 '달걀부침'은 모조리 토르티야로 지칭된다. 그런데 조리기능사의 메뉴는 전통적인 스페니쉬 오믈렛의 조리 방법과는 차이가 있다.

INGREDIENTS

토마토(Tomato) 40g 중, 150g 정도, 1/4개

양파(Onion) 25g 중, 150g 정도, 1/6개

초록 피망(Green pimento) 20g 중, 75g 정도, 1/6개

양송이버섯(Champignon mushroom) 10g 1개

베이컨(Bacon) 10g 길이 25~30cm, 1/2조각

토마토케첩(Tomato ketchup) 20g

달걀(Egg) 3ea

식용유(Vegetable oil) 20ml

무염 버터(Unsalted butter) 20g

생크림(Fresh cream) 20g 조리용

검은 후추(Black pepper) 2g

소금(Salt) 5g

COOKING METHOD

Preparation

1. 달걀을 믹싱 볼에 깨서 거품기로 휘저은 후 체에 내리고, 소금, 생크림을 넣어서 준비한다.
2. 끓는 물에 넣어 껍질을 제거한 토마토, 양파, 초록 피망, 양송이버섯, 베이컨은 0.5cm 크기로 자른다.

Cooking

1. 프라이팬을 가열한 후 식용유를 넣고 베이컨, 양파, 초록 피망, 양송이버섯, 토마토의 순으로 볶고 토마토케첩, 검은 후추, 소금을 넣어 준비한다.
2. 팬에 식용유를 두르고 버터를 소량 넣어 오믈렛의 풍미를 좋게 한다.
3. 풀어 놓은 달걀을 프라이팬에 넣고 나무젓가락을 이용하여 빠르게 저어 달걀이 타거나 단단해지지 않게 익으면 달걀을 프라이팬의 앞쪽으로 이동한다. 준비한 부재료를 달걀의 중앙에 넣는다.
4. 프라이팬의 손잡이 쪽을 들어 올려 달걀을 가장자리로 몰고, 팬의 기울기와 옆면을 이용하여 달걀이 럭비공 모양으로 말리도록 한다.

Finishing & Plating

1. 완성된 오믈렛은 접시의 중앙에 오도록 보기 좋게 담고, 접시의 가장자리에 음식물이 묻지 않도록 한다. 음식이 묻었을 경우 깨끗한 키친타올로 정리한다.
2. 오믈렛은 구운 소시지, 구운 베이컨, 토스트한 빵, 감자 요리 등과 함께 제공할 수 있다.

수험자 요구사항 및 유의사항 ⌛ 시험시간 **30분**

양식조리기능사

가. 토마토, 양파, 피망, 양송이버섯, 베이컨은 0.5cm 정도의 크기로 써시오.
나. 오믈렛은 타원형으로 만드시오.
다. 나무젓가락과 팬을 이용하여 만드시오.
라. 내용물이 고루 들어가고 터지지 않도록 유의한다.
마. 오믈렛을 만들 때 타거나 단단해지지 않도록 한다.

아보카도 토스트

AVOCADO TOAST

Cooking Terminology

아보카도 토스트(Avocado Toast)는 으깬 아보카도와 소금, 후추, 레몬주스를 섞어 토스트 위에 올려 먹는 조식 또는 브런치 요리로, 할리우드 배우 기네스 팰트로를 비롯한 스타들의 아침식사로 알려지며 인기가 높아졌다. '숲속의 버터'로 불리는 아보카도는 비타민과 미네랄이 풍부해 여성들의 피부 미용에도 좋다. 데친 달걀, 연어, 딸기 등의 다양한 재료들을 올려 제공할 수 있다.

INGREDIENTS

곡물 빵(Whole grain bread) 1ea
아보카도(Avocado) 1ea
올리브유(Olive oil) 10ml
레몬(Lemon) 1/2ea
양파가루(Onion powder) 5g
마늘가루(Garlic powder) 5g
베이컨(Bacon) 20g
아몬드 슬라이스(Almond slice) 5g
소금(Salt) as needed
검은 후추(Black pepper) as needed

COOKING METHOD

Preparation

1 아보카도는 씨와 껍질을 제거한다.
2 레몬은 즙을 짜 놓고 베이컨은 잘게 자른다.

Cooking

1 곡물 빵을 굽는다.
2 믹싱 볼에 아보카도를 넣고 올리브유, 레몬즙, 소금, 검은 후추, 양파가루, 마늘가루를 넣고 감자 매셔를 사용하여 으깬다.
3 프라이팬을 가열하여 베이컨을 넣고 구운 후 키친타올에 올려 기름기를 제거한다.

Finishing & Plating

1 구운 빵 위에 아보카도 혼합물을 바른다.
2 구운 베이컨과 아몬드 슬라이스를 뿌린 후 제공한다(구운 소시지, 샐러드, 토마토 등을 함께 제공하여도 좋다).

BREAKFAST

에그 베네딕트

EGG BENEDICT

Cooking Terminology

에그 베네딕트(Egg Benedict)는 뉴욕시에서 대중화된 전통적인 미국의 아침식사이다. 음식에 관한 첫 번째 유래는 맨해튼에 있는 레스토랑 델모니코스(Delmonico)에서 1860년에 단골이었던 르그랑 베네딕트(LeGrand benedict)를 위해 처음으로 만들어졌다는 설이다. 실제로 이 레스토랑의 주방장인 찰스 랜호퍼는 1894년에 그의 저서에 이 메뉴의 조리법을 발표했다. 또 다른 유래설은 1894년 뉴욕의 월도프 아스토리아 호텔에 투숙하던 르뮤엘 베네딕트(Lemuel Benedict)가 숙취를 풀기 위해 '버터 토스트, 데친 달걀, 바삭한 베이컨, 매춘부'를 주문하면서 시작됐다는 설이다.

INGREDIENTS

달걀(Egg) 2ea
소금(Salt) 5g
식초(Vinegar) 30ml
잉글리시 머핀(English muffin) 1ea
슬라이스 햄(Sliced ham) 2ea
홀랜다이즈 소스(Hollandaise sauce) 30ml
쪽파(Green onion) 5g
방울 토마토(Cherry tomato) 2ea
아스파라거스(Asparagus) 2ea
양송이버섯(Champignon mushroom) 3ea
프리제(Frisee) 5g
버터(Butter) 20g

COOKING METHOD

Preparation

1 소스팬에 물 1.5L, 식초, 소금을 넣고 가열한다. 식초와 소금은 흰자의 단백질 성분의 응고를 촉진한다.
2 달걀을 노른자가 터지지 않게 컵에 깨 놓는다.
3 아스파라거스는 껍질을 벗겨낸 후 데쳐 놓는다. 프리제는 물에 담가 놓는다.

Cooking

1 90°C로 끓고 있는 용액에 컵에 있는 달걀을 노른자가 터지지 않고 흰자가 크게 퍼지지 않도록 미끄러지듯 조심스럽게 넣고 3~5분간 익힌다.
2 달걀흰자의 가장 두꺼운 부분을 손가락으로 눌러 단단한 느낌이 들면 다 된 것이다.
3 구멍이 뚫린 스푼으로 건져서 물기를 제거하여 포치드 에그를 만든다.
4 프라이팬에 버터 10g을 넣고 잉글리시 머핀과 슬라이스 햄을 굽는다.
5 구운 잉글리시 머핀 위에 슬라이스 햄, 포치드 에그, 홀랜다이즈 소스를 올린 후 살라만더에서 굽는다.
6 4등분한 양송이버섯과 데쳐놓은 아스파라거스를 버터 10g을 넣고 볶아준다.

Finishing & Plating

1 소스에 색이 살짝 나면 불에서 빼내어 다진 쪽파를 뿌린다.
2 구운 양송이버섯, 방울 토마토, 아스파라거스, 프리제 등과 함께 접시에 담아 제공한다.

와플

WAFFLE

Cooking Terminology

와플(Waffle)이라는 단어는 1725년에 영어로 처음 나왔다. 와플(waffle)은 네덜란드어 '바플(Wafel)'에서 온 이름이다. '바플'은 중세 네덜란드어 '바펠레(Wafele)'가 변형된 형태로 알려져 있으며, '바펠레'는 고대 독일어의 '바바(Waba)', 고대 영어의 '웨펀(Wefan)'에서 비롯된 단어로 알려져 있다. 이 '바바'와 '웨펀'은 각각 '벌집'과 '엮다'라는 뜻을 가진 단어로, 와플 특유의 격자무늬를 연상케 한다.

INGREDIENTS

밀가루(Flour) 400g
소금(Salt) 5g
베이킹파우더(Baking powder) 20g
설탕(Sugar) 30g
달걀(Egg) 2ea
우유(Milk) 300ml
버터(Butter) 10g
바닐라 에센스(Vanilla essence) 5ml
딸기(Strawberry) 2ea
블루베리(Blue berry) 20g
산딸기(Rasp berry) 10g
슈가 파우더(Sugar powder) 5g
레몬(Lemon) 1/2ea

COOKING METHOD

Preparation

1. 밀가루, 소금, 베이킹파우더, 설탕을 레시피의 양에 맞게 계량한 후 섞는다.
2. 와플 iron을 원하는 온도로 가열한다.
3. 버터는 중탕으로 녹인다.

Cooking

1. 믹싱 볼에 달걀을 넣고 친다.
2. 친 달걀에 따뜻한 우유, 녹인 버터, 바닐라 에센스를 넣고 섞는다.
3. 2의 우유혼합물을 밀가루 혼합물에 넣고 잘 섞일 때까지 섞는다.
4. 예열된 와플 iron에 반죽을 넣는다.
5. 와플이 황금색이 나고 바삭해질 때까지 굽는다.
6. 레몬은 얇게 잘라 오븐에서 구워준다.

Finishing & Plating

1. 구운 와플을 접시에 담는다.
2. 딸기, 블루베리, 산딸기를 올리고 슈가 파우더를 뿌려 제공한다 (잼, 휘핑크림 등과 함께 제공할 수 있다).

치즈 오믈렛

CHEESE OMELET

Cooking Terminology

프랑스 요리사들은 얇은 접시 모양의 달걀요리를 만들었고 이 음식을 '알뤼멜르(alemelle)'라고 불렀다고 한다. alemelle에서 –elle가 –ette로 변경되었고 'l'과 'm'이 자리가 바뀌면서 현재의 '오믈렛(omelette)'이라는 단어가 만들어졌다고 한다. 이는 아마도 글을 못 읽는 요리사들이 하는 말을 요리를 모르는 저술가가 그대로 적으면서 변경되었을 것이라 추측되고 있다. 또 다른 유래설은 'Quel hommelest!(정말 재빠른 남자)'가 오믈렛으로 변했다는 설과 달걀을 뜻하는 라틴어 'Ovem'과 달걀구이를 뜻하는 'Ovemel'에서 왔다는 설이 있다.

INGREDIENTS

달걀(Egg) 3ea

치즈(Cheese) 1ea 가로, 세로 8cm 정도

무염 버터(Unsalted butter) 30g

식용유(Oil) 20ml

생크림(Fresh cream) 20ml 조리용

소금(Salt) 2g

COOKING METHOD

Preparation

1 치즈는 0.5cm 크기로 자른다.

2 달걀을 믹싱 볼에 깨서 거품기로 휘젓고, 체에 내린 후 소금과 생크림, 잘라 놓은 치즈를 넣는다.

Cooking

1 중불로 프라이팬을 가열한 후 버터와 식용유를 넣는다.

2 온도가 오르면 풀어 놓은 달걀을 프라이팬에 넣고 나무 젓가락을 이용하여 빠르게 저어 달걀이 뭉글뭉글하게 익으면 달걀을 프라이팬의 앞쪽으로 이동한다.

3 프라이팬의 손잡이 쪽을 들어 올려 달걀을 가장자리로 몰고 팬의 기울기와 옆면을 이용하여 달걀이 럭비공 모양으로 말리도록 한다.

Finishing & Plating

1 완성된 오믈렛은 접시의 중앙에 오도록 보기 좋게 담고, 접시의 가장자리에 음식물이 묻지 않도록 한다. 음식이 묻었을 경우에는 깨끗한 키친타올로 정리한다.

2 오믈렛은 구운 소시지, 구운 베이컨, 토스트한 빵, 감자 요리 등과 함께 제공할 수 있다.

수험자 요구사항 및 유의사항 시험시간 **20분**

양식조리 기능사

가. 치즈는 사방 0.5cm 정도로 자르시오.

나. 오믈렛은 타원형으로 치즈가 들어가 있는 것을 알 수 있도록 만드시오.

다. 나무젓가락과 팬을 이용하여 만드시오.

라. 익힌 오믈렛이 갈라지거나 굳어지지 않도록 유의한다.

마. 오믈렛에서 익지 않은 달걀이 흐르지 않도록 유의한다.

팬케이크

PAN CAKE

Cooking Terminology

팬케이크(Pan cake)는 핫케이크, 그리들 케이크 또는 플랩 잭(flap jack)이라고도 불린다. 달걀, 우유 및 버터를 포함한 전분을 기초로 만들어진 배터(Starch-based batter)를 얇고 둥글고 평평하게 팬에서 구운 케이크이다. 고고학적 증거에 따르면 팬케이크는 아마도 선사시대에 먹던 가장 초기의 곡물 요리이며, 지금 현재 팬케이크의 모양과 구조는 전 세계적으로 다양하다.

INGREDIENTS

밀가루(Flour) 200g
설탕(Sugar) 15g
베이킹파우더(Baking powder) 5g
베이킹소다(Baking soda) 3g
우유(Milk) 200ml
달걀(Egg) 1ea
식용유(Vegetable oil) 30ml
블루베리(Blue berry) 20g
산딸기(Rasp berry) 10g
소렐 잎(Sorrel leaf) 5g
레몬(Lemon) 1/2ea
메이플 시럽(Maple syrup) 20ml
소금(Salt) 1g

COOKING METHOD

Preparation

1. 그리들을 사용할 경우 중간불로 미리 가열한다.
2. 밀가루, 설탕, 베이킹파우더, 베이킹소다, 소금을 섞는다.
3. 소렐 잎은 물에 담가 놓는다.

Cooking

1. 레몬은 얇게 원형으로 잘라 오븐에서 말려준다.
2. 다른 믹싱 볼에 달걀과 우유, 식용유 5ml를 넣고 잘 섞는다.
3. 달걀 혼합물을 준비해 둔 밀가루 혼합물과 부드러워 질 때까지 잘 섞는다.
4. 예열된 그리들이나 프라이팬에 남은 식용유 25ml를 넣고 팬케이크 반죽 1/4컵을 넣어 굽는다.
5. 양쪽이 브라운색이 날 때까지 굽는다.

Finishing & Plating

1. 구운 팬케이크를 접시에 담는다.
2. 메이플 시럽을 뿌리고 블루베리와 산딸기를 팬케이크 위에 올려준다.
3. 말린 레몬과 소렐 잎을 올린 후 제공한다.

프라이드 에그

FRIED EGG

Cooking Terminology

서니 사이드 업(Sunny side up)은 팬 프라이한 달걀요리의 일종으로, 뒤집지 않고 한쪽 면만 살짝 익힌 모양으로 해가 뜨는 모양 같아서 붙여진 이름이다. 'Over easy'의 'Over'는 전체(all)의 뜻으로 해석되며 'easy'는 '부드러운, 딱딱하지 않은'의 뜻으로 해석하여 전체적으로 부드러운 달걀요리라고 해석할 수 있다. 또는 'Over'는 달걀을 뒤집는 것을 의미하며, 'easy'는 난황의 익은 정도 또는 달걀을 조리하는 시간이 얼마 안 걸려 쉽다는 의미에서 붙여진 용어라고 한다.

INGREDIENTS

달걀(Egg) 1ea
식용유(Vegetable oil) 20ml
방울 토마토(Cherry tomato) 2ea
블랙퍼스트 소시지(Breakfast sausage) 2ea
베이컨(Bacon) 10g
오크 잎(Oak leaf) 5g
프리제(Frisee) 5g
소금(Salt) as needed
후추(Pepper) as needed

COOKING METHOD

Preparation

1 손님이 요구하는 수량의 달걀의 깨서 믹싱 볼에 담아 놓는다.
2 오크 잎과 프리제는 물에 담가 놓고 방울 토마토는 세척하여 반으로 잘라 놓는다.

Cooking

1 프라이팬을 중불로 가열한다.
2 식용유를 넣고 팬을 코팅한다. 식용유의 양이 너무 많으면 달걀의 가장자리가 식용유에 의해 튀겨지므로 주의한다.
3 달걀을 프라이팬에 넣고 흰자를 익힌다.
4 (손님의 요구에 따라)프라이팬에서 흰자를 익힌 후 뒤집거나 그대로 익힌다.
5 프라이팬에 식용유를 넣고 블랙퍼스트 소시지와 베이컨을 구워 준다.

Finishing & Plating

1 소금, 후추로 간을 한 후 접시에 담는다. 서니 사이드 업은 메뉴의 특성상 노른자가 터지지 않도록 주의하여 접시에 담는다.
2 달걀 프라이는 구운 소시지, 구운 베이컨, 오크 잎, 방울 토마토, 프리제 등과 함께 접시에 담아 제공할 수 있다.

프렌치 토스트

FRENCH TOAST

Cooking Terminology

프랑스에서는 프렌치 토스트를 프랑스어로 '못 쓰게 된 빵'이라는 뜻을 가진 팽 페르뒤(pain perdu)라고 부른다. '못 쓰게 된 빵'은 오래된 빵을 재활용할 수 있기 때문에 붙여진 이름이다. 딱딱해진 빵은 달걀과 우유, 설탕, 계피 등의 혼합물에 담가 부드럽게 만들고, 버터를 두른 팬에 구워서 설탕을 뿌린 뒤 잼이나 시럽과 곁들여서 낸다.

INGREDIENTS

달걀(Egg) 1ea
우유(Milk) 200ml
황설탕(Brown sugar) 15g
넛맥(Nutmeg) 2g
식빵(White bread) 2ea
방울 토마토(Cherry tomato) 2ea
베이컨(Bacon) 10g
블랙퍼스트 소시지(Breakfast sausage) 2ea
오크 잎(Oak leaf) 5g
식용유(Vegetable oil) 10ml

COOKING METHOD

Preparation

1 우유혼합물을 만들기 위해 재료를 계량한다.
2 오크 잎은 물에 담가 놓고 방울 토마토는 깨끗이 세척해 둔다.

Cooking

1 믹싱 볼에 달걀을 넣고 친다. 우유와 황설탕, 넛멕을 넣고 모든 재료가 잘 섞일 때까지 휘젓는다.
2 식빵을 우유혼합물이 잘 스며들 때까지 담가 놓는다.
3 중간불로 프라이팬을 가열한다.
4 식빵의 양쪽 면이 브라운색이 날 때까지 굽는다.
5 프라이팬에 식용유를 넣고 블랙퍼스트 소시지와 베이컨을 구워 준다.

Finishing & Plating

1 구운 소시지, 구운 베이컨, 오크 잎, 방울 토마토 등과 함께 접시에 담아 제공한다.

● 조식조리 평가

일지평가: 실습한 내용에 대한 학습자의 일지 작성 후 평가 실시

서술형 시험

학습 내용	평가 항목
달걀 조리하기	달걀요리 종류 및 조리법에 대한 이해도 평가
	달걀 요리 종류별 부재료에 대한 이해도 평가
	달걀조리에 필요한 조리도구 및 제공기물 이해도 평가
조찬용 빵류 조리하기	조찬용 빵의 특성과 용도 이해도 평가
	조찬용 빵류 조리를 위한 재료 및 조리법 이해도 평가
	프렌치 토스트, 팬케이크, 와플 조리법 이해도 평가
시리얼류 조리하기	시리얼류 요리 종류와 재료에 대한 이해도 평가
	더운 시리얼류와 찬 시리얼류의 종류와 특징, 조리법에 대한 이해도 평가
	시리얼류 요리를 위한 제공기물 이해도 평가

작업장

학습 내용	평가 항목	만점	직무수행평가 점수
달걀 조리하기	달걀조리에 필요한 도구 준비		
	달걀조리에 필요한 재료의 사전 전처리		
	달걀요리 종류별 주재료, 부재료 조리하기		
	달걀조리의 플레이팅, 색, 양, 맛 평가		
	뒷정리		
조찬용 빵류 조리하기	조찬용 빵류 조리에 필요한 도구 준비		
	조찬용 빵류 조리에 필요한 재료의 사전 전처리		
	조찬용 빵류 조리하기		
	조찬용 빵류 색, 양, 맛 평가		
	뒷정리		
시리얼류 조리하기	시리얼류 조리에 필요한 도구 준비		
	시리얼류 조리에 필요한 재료의 사전 전처리		
	시리얼류 조리하기		
	시리얼류 색, 양, 맛 평가		
	뒷정리		
합계			

CHAPTER

9

샌드위치

SANDWICH

● **학습 목표**

각종 샌드위치를 조리할 수 있다.

<table>
<tr><th>능력단위 요소</th><th colspan="2">수행 준거</th></tr>
<tr><td rowspan="2">샌드위치 재료 준비하기</td><td colspan="2">1. 샌드위치의 종류에 따른 조직과 조각 모양을 갖는 빵을 준비할 수 있다.
2. 샌드위치의 종류에 따라 스프레드 재료를 준비할 수 있다.
3. 속재료는 샌드위치 특성에 따라 준비할 수 있다.
4. 속재료와 어울릴 수 있는 가니쉬 재료를 준비할 수 있다.</td></tr>
<tr><td>【지식】
• 샌드위치용 빵의 종류
• 샌드위치용 빵의 특성
• 스프레드의 종류
• 속재료의 종류와 특성
• 가니쉬의 종류와 특성
• 주재료 용도별 칼, 도마 사용법</td><td>【기술】
• 냉장, 냉동고 관리 능력
• 메뉴 구성 시 재료와 조리법의 중복을 하지 않는 능력
• 스토브 조작 능력
• 오븐 조작 능력
• 조리실 온도 관리 능력</td></tr>
<tr><td rowspan="2">샌드위치 조리하기</td><td colspan="2">1. 모든 재료를 일의 흐름이 일직선이 되도록 집어 들기 편한 위치에 놓을 수 있다.
2. 샌드위치 종류에 따라 속재료와 어울리는 가니쉬를 선택하고 만들 수 있다.
3. 더운 샌드위치에 어울리는 스프레드를 구분하여 발라줄 수 있다.
4. 찬 샌드위치에 어울리는 스프레드를 구분하여 발라줄 수 있다.
5. 스프레드를 바른 샌드위치에 속재료와 가니쉬를 넣어 만들 수 있다.</td></tr>
<tr><td>【지식】
• 샌드위치 종류에 따른 빵의 조리법
• 스프레드의 종류에 따른 조리법
• 속재료의 종류에 따른 조리법
• 각각의 샌드위치 속재료에 적합한 가니쉬 조리법
• 샌드위치 특성과 메뉴 구성</td><td>【기술】
• 냉장, 냉동고 사용과 콜드키친 조리실 온도 관리 능력
• 스토브 화력 조작과 시간조절 능력
• 신선한 채소, 허브를 손질 · 보관 · 활용하는 능력
• 원하는 전채의 양, 맛, 향, 농도, 색으로 만들 수 있는 능력
• 재료를 메뉴의 특징에 맞추어 손질하는 능력
• 주재료 조리온도와 시간조절을 하는 능력
• 주재료 용도별 칼, 도마 사용 능력</td></tr>
</table>

<table>
<tr><td rowspan="2">샌드위치 완성하기</td><td colspan="2">1. 샌드위치에 알맞은 온도로 접시를 준비할 수 있다.
2. 샌드위치를 다양한 썰기 방법으로 썰 수 있다.
3. 색과 모양, 여백을 살려 접시에 담을 수 있다.
4. 샌드위치에 적합한 콘디멘트를 제공할 수 있다.
5. 마무리된 음식의 색깔과 맛, 풍미, 온도를 통해 음식의 품질을 평가할 수 있다.</td></tr>
<tr><td>【지식】
• 식공간 연출
• 접시 선택법
• 종류에 따른 질감, 향미, 색채의 특징
• 테이블 스타일링
• 푸드 스타일링
• 품질 선별법</td><td>【기술】
• 샌드위치를 다양한 모양으로 써는 능력
• 샌드위치에 어울리는 양념을 선택하고 함께 제공하는 능력
• 샌드위치를 다양한 방법으로 담는 능력
• 조화를 고려하여 제공할 수 있는 능력</td></tr>
</table>

● 교수-학습 방법

능력단위 요소	교수-학습 방법
샌드위치 재료 준비하기	• 샌드위치의 정의 및 분류 등에 대한 설명 및 이해 • 샌드위치용 빵의 종류 및 특성에 대한 설명 및 이해 • 스프레드의 종류 및 재료에 대한 설명 및 이해 • 속재료의 종류와 특성에 대한 설명 및 이해 • 가니쉬의 종류와 특성에 대한 설명 및 이해
샌드위치 조리하기	• 샌드위치 종류에 따른 빵의 조리법에 대한 설명 및 이해 • 샌드위치용 속재료의 조리 방법에 대한 설명 및 이해 • 샌드위치용 가니쉬의 조리 방법에 대한 설명 및 이해 • 샌드위치 종류에 따른 스프레드 사용방법에 대한 설명 및 이해 • 샌드위치에 속재료와 가니쉬의 스터핑에 대한 설명 및 이해
샌드위치 완성하기	• 샌드위치용 접시 준비에 대한 설명 및 이해 • 샌드위치 커팅방법에 대한 설명 및 이해 • 샌드위치 플레이팅 방법에 대한 설명 및 이해 • 샌드위치에 어울리는 콘디멘트에 대한 설명 및 이해 • 샌드위치의 색깔, 맛, 풍미, 온도 등에 대한 설명 및 이해

● 자가진단도구

진단 영역	진단 문항	매우 미흡	미흡	보통	우수	매우 우수
샌드위치 재료 준비하기	나는 샌드위치의 종류에 따른 조직과 조각 모양을 갖는 빵을 준비할 수 있다.	①	②	③	④	⑤
	나는 샌드위치의 종류에 따라 스프레드 재료를 준비할 수 있다.	①	②	③	④	⑤
	나는 속재료를 샌드위치 특성에 따라 준비할 수 있다.	①	②	③	④	⑤
	나는 속재료와 어울릴 수 있는 가니쉬 재료를 준비할 수 있다.	①	②	③	④	⑤
샌드위치 조리하기	나는 모든 재료를 일의 흐름이 일직선이 되도록 집어 들기 편한 위치에 놓을 수 있다.	①	②	③	④	⑤
	나는 샌드위치 종류에 따라 속재료와 어울리는 가니쉬를 선택하고 만들 수 있다.	①	②	③	④	⑤
	나는 더운 샌드위치에 어울리는 스프레드를 구분하여 발라줄 수 있다.	①	②	③	④	⑤
	나는 찬 샌드위치에 어울리는 스프레드를 구분하여 발라줄 수 있다.	①	②	③	④	⑤
	나는 스프레드를 바른 샌드위치에 속재료와 가니쉬를 넣어 만들 수 있다.	①	②	③	④	⑤
샌드위치 완성하기	나는 샌드위치에 알맞은 온도로 접시를 준비할 수 있다.	①	②	③	④	⑤
	나는 샌드위치를 다양한 썰기 방법으로 썰 수 있다.	①	②	③	④	⑤
	나는 색과 모양 그리고 여백을 살려 접시에 담을 수 있다.	①	②	③	④	⑤
	나는 샌드위치에 적합한 콘디멘트를 제공할 수 있다.	①	②	③	④	⑤
	나는 마무리된 음식의 색깔과 맛, 풍미, 온도를 통해 음식의 품질을 평가할 수 있다.	①	②	③	④	⑤

● 진단결과

진단 영역	문항 수	점수	점수 ÷ 문항 수
샌드위치 재료 준비하기	4		
샌드위치 조리하기	5		
샌드위치 완성하기	5		
합계	14		

※ 자신의 점수를 문항 수로 나눈 값이 '3점' 이하에 해당하는 영역은 업무를 성공적으로 수행하는데 요구되는 능력이 부족한 것으로 교육훈련이나 개인학습을 통한 개발이 필요함.

1
샌드위치의 이해

샌드위치라(Sandwich)는 말은 프랑스의 샌드위치 백작 4세인 존 몽타구(John Montagu)의 이름을 따서 붙여진 말이다. 그는 18세기 사람으로, 도박을 즐겨서 24시간 동안 게임 테이블을 떠나지 않았다고 한다. 그래서 식사시간에도 게임을 계속할 수 있도록 하인을 시켜 빵 조각 사이에 고기와 채소 등을 끼워 넣어 손으로 집어 먹을 수 있도록 준비해 게임 테이블로 가져오도록 하였다.

샌드위치는 일반적으로 채소와 얇게 썬 치즈 또는 고기를 빵 사이에 위치시켜 만든 음식이다. 샌드위치란 한 끼 식사로 부족한 빵의 영양소와 칼로리를 채우기 위해 빵 속에 각종 채소류, 육류, 치즈류, 소스 등을 넣어 만드는 현대인의 간편식 식사라 할 수 있다. 현대의 샌드위치는 시간적으로 빨리 조리되고 맛도 좋아야 하며 영양 또한 풍부해야 한다. 이러한 추세에 맞추어 단순한 샌드위치는 여러 상황 속에서 급속하게 발전하였으며 다양한 모양으로 개발되는 추세이다.

샌드위치의 종류를 보면 크게 온도에 따라 차가운 샌드위치(Cold sandwich)와 뜨거운 샌드위치(Warm sandwich)로 나눌 수 있다. 그리고 모양에 따라 카나페처럼 한 입에 들어갈 수 있는 핑거 샌드위치(Finger sandwich)와 빵으로 덮지 않아 내용물이 공개되어 모양을 강조한 오픈 샌드위치(Open faced sandwich), 위 · 아래로 빵이 위치한 클로즈드 샌드위치(Closed sandwich), 빵 사이의 공간을 이용하여 재료를 채워 넣는 스터프트 샌드위치(Stuffed sandwich) 등으로 나눌 수 있다.

[표 9-1] 샌드위치의 분류 및 특징

분류	종류	종류 및 특징
온도	차가운 샌드위치	BLT 샌드위치, 훈제 연어 샌드위치 등
	뜨거운 샌드위치	햄버거 샌드위치, 핫도그, 파니니, 크로크무슈 등
형태	핑거 샌드위치	한입 크기로 제공되는 샌드위치
	오픈 페이스트 샌드위치	샌드위치를 덮지 않고 재료가 드러나는 형태
	클로즈 샌드위치	빵의 중간에 속재료를 넣고 빵을 위, 아래로 덮은 형태
	스터프트 샌드위치	긴 형태의 빵에 속을 파내고 그 안에 속재료를 넣어 만드는 형태
	롤 샌드위치	넓게 자른 빵에 속재료를 넣고 말아 썰어 제공하는 형태
	부르스케타	오픈 샌드위치보다 작고 카나페 보다는 크게 만든 이탈리아식 형태

2 샌드위치 재료 준비

(1) 샌드위치용 빵

샌드위치를 만들기 위해 사용되는 빵(Bread)의 종류는 매우 다양하다. 단맛이 없고 부드러운 빵을 이용한다. 일반적으로 사용되는 빵에는 포카치아(Foccachia), 바게트(Barguette), 피타(Pita bread), 치아바타(Chiabatta), 난(Nan bread), 크루아상(Croissant), 토티아(Tortilla) 등이 있다.

(2) 스프레드

스프레드(Spread)란 빵에 바르는 소스로 마요네즈나 버터와 같은 기름기가 있는 재료이다. 샌드위치를 만들 때 맛을 향상시켜 줄 뿐만 아니라 속재료에서 나온 수분이 빵을 적시지 않도록 하기 위해 빵에 발라주는 방수 코팅제 역할을 한다. 또한 샌드위치에 촉촉한 감촉을 주며 빵과 재료의 접착성을 높여주기 위해 사용한다.

스프레드는 일정한 틀이 없으며 방법에 따라 또는 개성에 따라 아주 다양하게 만들 수 있다. 흔히 사용되는 단순 스프레드(Simple spread)에는 마요네즈, 버터, 머스터드, 꿀, 잼, 땅콩버터, 크림치즈 등이 있으며, 2가지 이상의 재료를 혼합하여 사용하는 복합 스프레드(Compound spread)는 마늘 버터, 머스터드 버터, 페스토 마요네즈 등이 있다.

(3) 속재료

샌드위치의 속재료(Filling)는 샌드위치의 맛을 구성하는 가장 중요한 요소이다. 부드러움과 바삭함이 공존할 수 있게 신선한 재료를 사용한다. 차가운 샌드위치에는 차갑고 신선한 재료가 색상에 맞추어 위치해야 하고, 뜨거운 샌드위치에는 뜨거운 빵을 기본으로 해서 뜨거운 속재료를 이용하여 샌드위치를 구성할 수 있다.

(4) 가니쉬

샌드위치 가니쉬(Garnish)는 샌드위치의 전체적인 완성도에 영향을 미치는 요소이다. 샌드위치 가니쉬는 맛을 떠나 눈을 즐겁게 해주는 역할을 한다. 그러므로 최대한 색상이 뚜렷하고 신선한 것만을 사용해야 한다. 빵과 스프레드, 속재료가 아무리 훌륭하다 해도 가니쉬가 빠지게 되면 무언가 허전함을 느낄 수 있다. 로메인 레터스, 토마토, 양파, 오이 피클, 올리브 등은 샌드위치의 장식을 구성하는 대표 재료이다.

3
샌드위치 조리

(1) 스프레드 조리법

'샌드위치에는 못 넣을 것이 없다.' 라는 말이 있다. 스프레드도 이에 따라 매우 다양하다. 가장 흔한 마요네즈부터 케첩, 버터, 머스터드, 꿀, 과일 잼, 땅콩버터, 치즈(크림치즈) 등의 다양한 것들을 한 가지 또는 두 가지 이상 조합해서 사용하기도 하며 후추, 마늘, 파슬리가루 등의 향신료나 양념, 다진 채소 등을 넣어서 만들기도 한다.

[표 9-2] 마요네즈를 이용한 스프레드

스프레드	재료
딜 머스터드 마요네즈	마요네즈 1/4cup + 머스터드 1.5tsp + 말린 딜 1/4tsp
레몬 마요네즈	마요네즈 1/4cup + 레몬주스 3/4tsp + 레몬 제스트 1/2tsp
로스티드 레드 페퍼 마요네즈	마요네즈 1/4cup + 로스티드 레드 페퍼 1Tbsp + 파슬리 2tsp
마늘 레몬 마요네즈	마요네즈 1/4cup + 마늘 1ea + 레몬주스 1/4tsp + 으깬 검은 후추 as needed
매운 홀스래디쉬 마요네즈	마요네즈 1/4cup + 파마산 치즈 15g + 홀스래디쉬 3Tbsp + 카옌 후추(Cayenne pepper) 1/4tsp
버팔로 블루치즈 마요네즈	마요네즈 1/4cup + 블루치즈 2Tbsp + 핫 소스 1.5tsp + 차이브 1.5tsp + 레몬주스 1/2tsp
스모키 파프리카 마요네즈	마요네즈 1/4cup + 파프리카 1/2tsp + 라임주스 1/2tsp
실란트로 라임 마요네즈	마요네즈 1/4cup + 실란트로 1Tbsp + 라임주스 1tsp + 마늘 1ea
씨라챠 마요네즈	마요네즈 1/4cup + 씨라챠(Sriacha) 소스 2tsp + 라임주스 1tsp + 간장 1/8tsp
와사비 마요네즈	마요네즈 1/4cup + 와사비 1/2tsp + 물 1/2tsp + 레몬주스 1/2tsp
치폴레 마요네즈	마요네즈 1/4cup + 치폴레(Chipotle) 1/2 + 아도보 소스(Adobo sauce) 1/2tsp + 큐민 1/8tsp

카프레제 마요네즈	마요네즈 1/4cup + 바질 1.5tsp + 선 드라이 토마토 1.5tsp + 선 드라이 토마토 오일 1/4tsp
페스토 마요네즈	마요네즈 1/4cup + 페스토 1.5tsp
할라페뇨 마요네즈	마요네즈 1/4cup + 할라페뇨 1ea + 라임주스 1/2tsp + 다진 마늘 1/4tsp + 말린 오레가노 as needed

[표 9-3] 버터를 이용한 스프레드

스프레드	재료
가지 스프레드	버터 50g + 가지 무스 20g
마늘 버터	버터 50g + 다진 마늘 2tsp + 파슬리 1/2tsp
머스터드 버터	버터 50g + 홀 그레인 머스터드 20g
레몬 버터 스프레드	버터 50g + 레몬주스 1Tbsp
엔초비 버터	버터 50g + 다진 엔초비 10g
파슬리 버터	버터 50g + 파슬리 1Tbsp
허니 버터	버터 50g + 허니 50g

[표 9-4] 복합 스프레드의 종류

스프레드	재료
구아카몰 스프레드	아보카도 무스 50g + 실란트로 1tsp + 토마토 10g + 칠리 5g
크림치즈 스프레드	크림치즈 50g + 파슬리 1Tbsp

(2) 샌드위치 속재료 종류 및 조리법

1) 육류 속재료(Meat fillings)

샌드위치용 육류 속재료는 햄, 소시지, 베이컨, 소고기, 양고기, 돼지고기 등으로 구분할 수 있다. 햄은 일반적으로 돼지고기의 뒷다리 또는 허벅지 살로 만들어진다. 소고기는 콘드 비프(Curned beef), 로스티드 비프(Roasted beef) 등을 얇게 썰어 사용한다. 로스티드 비프는 최고 수준의 단백질과 에너지를 증강시키는 철분뿐만 아니라 근육 강화를 돕는 유명한 화합물인 크레아틴(Creatine)을 제공한다.

[표 9-5] 육류 속재료

구분	속재료
햄	햄샐러드, 햄 + 피클, 햄 + 양상추, 햄 + 양상추 + 비트, 햄 + 토마토, 햄 + 아보카도, 햄 + 후무스(Hummus), 햄 + 체다치즈, 햄 + 크림치즈, 햄 + 콜슬로
소시지	소시지 + 페퍼로니, 소시지 + 페퍼로니 + 치즈
베이컨	베이컨 + 양상추 + 토마토, 베이컨 + 브리치즈, 베이컨 + 체다치즈, 베이컨 + 고트치즈
소고기	콘드 비프 + 피클, 로스티드 비프 샐러드(Roasted beef salad)
양고기, 돼지고기	풀드 램(Pulled lamb), 풀드 포크(Pulled pork)

2) 가금류 속재료(Poultry fillings)

샌드위치용 가금류 속재료는 닭고기, 칠면조, 오리, 달걀 등으로 구분할 수 있다. 칠면조 고기는 건강과 체중을 의식하는 사람들을 위한 최고의 옵션 중 하나이다. 칠면조 가슴살은 오븐에서 서서히 조리하여야 하며 아루굴라, 토마토, 양상추 또는 오이와 같이 만들어질 수 있다. 닭고기 가슴살은 샌드위치를 위해 가장 일반적으로 사용되는 재료 중의 하나이다.

[표 9-6] 가금류 속재료

구분	속재료
닭고기	닭고기 + 크랜베리 소스, 닭고기 + 스위트 칠리 잼, 닭고기 샐러드, 닭고기 + 베이컨 샐러드, 닭고기 + 베이컨, 닭고기 + 스위트 콘, 닭고기 티카(Tikka), 닭고기 티카 샐러드, 닭고기 티카 + 요거트 + 망고 처트니, 닭고기 그릭 샐러드, 비비큐 풀드 치킨(BBQ Pulled chicken)
칠면조, 오리	칠면조 샐러드, 칠면조 달걀 샐러드, 칠면조 + 크랜베리 소스, 칠면조 + 검은 콩 스프레드, 칠면조 + 적채, 칠면조 + 아루굴라, 오리가슴살 샐러드 + 자두(Plum) 소스
달걀	달걀 마요네즈, 달걀 마요네즈 + 베이컨, 달걀 샐러드, 아보카도 달걀, 달걀 + 물냉이

3) 어패류 속재료(Fish and Shellfish fillings)

샌드위치용 어패류 속재료는 참치, 새우, 연어 등이 많이 사용된다. 참치는 일반적으로 피클과 마요네즈를 넣고 섞어 만들어지며, 훈제 연어는 홀스래디쉬, 레몬, 케이퍼 등을 함께 사용하여 샌드위치를 만든다.

[표 9-7] 어패류 속재료

구분	속재료
참치	참치 마요, 참치 + 오이, 참치 + 스위트 콘, 참치 샐러드
새우	새우 마요, 새우 마요 샐러드
연어	훈제 연어 + 크림치즈

4) 치즈류 속재료(Cheese fillings)

샌드위치용 치즈는 크림치즈와 같이 스프레드로 사용되기도 하고, 속재료로도 사용된다. 샌드위치의 식감을 위해 경질 치즈류 보다는 연질 치즈류가 주로 사용된다.

[표 9-8] 치즈류 속재료

구분	속재료
치즈	치즈 + 망고 처트니, 치즈 + 양파, 치즈 + 크랜베리 소스
크림치즈	크림치즈 + 마마이트(Marmite), 크림치즈 + 오이, 크림치즈 + 당근, 크림치즈 + 딸기, 크림치즈 + 라즈베리, 크림치즈 + 포도, 크림치즈 + 잼, 크림치즈 + 파인애플
코티지치즈	코티지 치즈 샐러드, 코티지 샐러드 + 파인애플
체다치즈	체다 치즈, 체다 치즈 + 피클, 체다 치즈 + 바나나, 체다 치즈 + 포도, 체다 치즈 + 미마이트(Marmite), 체다 치즈 + 사과, 체다 치즈 + 마말레이드
브리치즈	브리 치즈 + 크랜베리, 브리 치즈 + 포도, 브리 치즈 + 아보카도
고트치즈	고트 치즈 + 배, 고트 치즈 + 호두
기타	마늘 누텔라(Nutella) 치즈, 훈제 치즈 + 망고 처트니, 그릴드 치즈(Grilled cheese)

4

샌드위치 완성

(1) 샌드위치 썰기 방법

샌드위치는 다음과 같은 다양한 썰기 방법이 있다. 자르는 방법은 식사의 종류, 빵의 종류, 포장 방법에 따라 달라 질 수 있다.

[그림 9-1] 샌드위치 썰기 방법

(2) 샌드위치에 적합한 콘디멘트 제공

조리기능사의 경우 가니쉬를 제공하지 않지만 주요리로서 샌드위치를 제공할 때는 오이 피클이나 토마토, 감자 요리 등이 제공된다. 차가운 샌드위치는 감자 칩(Potato chip) 등 차가운 감자 요리를 제공하고, 더운 샌드위치는 감자튀김(French fried) 등과 같은 더운 감자 요리가 제공되는 것이 원칙이다. 이와 더불어 수분 함량이 풍부한 피클, 할라피뇨, 올리브, 방울 토마토 등도 같이 제공될 수 있다. 또한 채소의 색상을 고려하여 샌드위치에 다음의 채소를 곁들여 제공할 수 있다.

[표 9-9] 샌드위치에 색을 추가하기 위한 가니쉬

색	종류
녹색	아스파라거스, 셀러리, 절인 오이, 그린 페퍼, 양상추, 올리브, 파슬리, 피클, 물냉이 등
적색	비트, 체리, 크랜베리, 피망, 레디쉬, 딸기, 토마토
노란색	치즈, 달걀노른자, 레몬 제스트
오렌지색	살구, 오렌지 제스트, 복숭아
검은색	자두, 올리브
흰색	코티지치즈, 크림치즈, 오이, 양배추
갈색	대추, 무화과, 감자 칩

베이컨, 레터스, 토마토 샌드위치

BACON, LETTUCE, TOMATO SANDWICH

Cooking Terminology

베이컨(Bacon)은 돼지고기를 사용한 유럽 음식의 일종으로 돼지고기의 배나 옆구리 살을 떼어다가 얇게 썰어 소금에 절인 후 훈연해 만든 가공식품이다. 베이컨은 멧돼지를 뜻하는 독일어 '바헨(Bachen)'에서 유래된 말로 원래는 소금에 절인 돼지고기를 의미한다. 서양에서는 굽거나 튀겨서 달걀과 함께 먹거나 샌드위치에 올려 먹는 등 각종 서양요리에 다양하게 활용되고 있다.

INGREDIENTS

식빵(White bread) 3ea 샌드위치용

양상추(Lettuce) 20g 2잎 정도, 잎상추로 대체 가능

토마토(Tomato) 1/2ea 중, 150g 정도, 둥근모양이 되도록 잘라서 지급

베이컨(Bacon) 2ea 길이 25~30cm

마요네즈(Mayonnaise) 30g

소금(Salt) 3g

검은 후추(Black pepper) 1g

COOKING METHOD

Preparation

1 양상추는 찬물에 담가 놓는다.

2 토마토는 0.5cm 두께로 자른다.

Cooking

1 샌드위치 식빵을 프라이팬에서 바삭하게 토스트 한다.

2 프라이팬에 베이컨을 약한 불에서 부드럽게 구운 후 키친타올에 올려 기름을 제거한다.

3 양상추는 물에서 꺼내 수분을 모두 제거한다.

4 빵에 마요네즈를 골고루 바른다.

5 구워놓은 빵 위에 양상추와 토마토를 올리고 소금과 검은 후추를 뿌린다.

6 토마토 위에 빵을 올리고 양상추와 베이컨을 올리고 소금과 검은 후추를 뿌리고 마지막 식빵을 덮는다.

Finishing & Plating

1 샌드위치의 가장자리를 자른 후 4등분해서 서로 떨어지지 않도록 접시에 보기 좋게 담는다.

수험자 요구사항 및 유의사항 시험시간 **30분**

양식조리 기능사

가. 빵은 구워서 사용하시오.

나. 토마토는 0.5cm 정도의 두께로 썰고, 베이컨은 구워서 사용하시오.

다. 완성품은 모양있게 썰어 전량을 내시오.

라. 베이컨의 굽는 정도와 기름 제거에 유의한다.

마. 샌드위치의 모양이 나빠지지 않도록 썰 때 유의한다.

살라미 샌드위치

SALAMI SANDWICH

Cooking Terminology

치아바타(Ciabatta)는 문자 그대로 슬리퍼 형태의 빵이다. 1982년에 이탈리아 베로나의 제빵사가 밀가루, 물, 소금, 효모로 만든 이탈리아 빵이다. 이탈리아에서는 치아바타로 구워서 만든 샌드위치를 파니니(Panini)라고 부른다. 파니노(Panino)는 파니니의 복수 형태이다.

INGREDIENTS

치아바타(Ciabatta) 80g
로메인 레터스(Romaine lettuce) 20g
살라미(Salami) 30g
블랙 올리브(Black olive) 80g
파마산 치즈(Parmesan cheese) 15g
마늘(Garlic) 10g
올리브유(Olive oil) 20ml
로즈마리(Rosemary, dried) 5g
감자(Potato) 50g
방울 토마토(Cherry tomato) 30g
오이 피클(Cucumber pickle) 60g
식용유(Vegetable oil) 20ml
소금(Salt) as needed
후추(Pepper) as needed

COOKING METHOD

Preparation

1. 감자는 웨지형태로 자른 후 말린 로즈마리와 식용유, 소금, 후추를 넣고 잘 섞는다.
2. 로메인 레터스는 물에 담근다.

Cooking

1. 180°C로 예열된 오븐에서 감자를 약 30분간 구워 로즈마리 포테이토를 만든다.
2. 프라이팬을 가열한 후 치아바타를 토스트 한다.
3. 곱게 다진 블랙 올리브와 파마산 치즈, 다진 마늘, 올리브유, 소금과 후추를 넣어 블랙 올리브 스프레드를 만든다(블랜더에 갈아도 좋다).
4. 토스트한 치아바타에 블랙 올리브 스프레드를 바르고 로메인 레터스, 오이 피클 30g, 살라미를 가지런히 올린다.
5. 남은 치아바타 빵으로 덮는다.

Finishing & Plating

1. 로즈마리 포테이토, 방울 토마토, 남은 오이 피클 30g을 가지런히 담는다.
2. 샌드위치를 접시의 중앙에 담는다.

SANDWICH

참치 샌드위치

TUNA SANDWICH

Cooking Terminology

크루아상(Croissant)은 잘 알려진 것과 같이 초승달 모양에서 이름을 딴 빵이다. 오래전부터 오스트리아와 프랑스 제과점의 주요 상품이다. 크루아상은 효모반죽을 버터와 함께 겹겹이 쌓아 올려서 여러 번 계속해서 굴리고 접은 다음 얇게 늘여서 만드는데, 이 기술을 라미네이팅(Laminating)이라고 한다. 크루아상의 기원은 13세기 오스트리아의 킵펠(Kipferl)로 거슬러 올라가며, 이 빵 역시 초승달 모양이라고 한다.

INGREDIENTS

크루아상(Croissant) 1ea
마요네즈(Mayonnaise) 30g
상추(Lettuce) 5g
참치(Tuna) 60g
양파(Onion) 20g
토마토(Tomato) 30g
로즈마리(Rosemary, dried) 5g
감자(Potato) 50g
방울 토마토(Cherry tomato) 30g
오이 피클(Cucumber pickle) 80g
식용유(Vegetable oil) 40ml
소금(Salt) as needed
후추(Pepper) as needed

COOKING METHOD

Preparation

1. 감자는 웨지형태로 자른 후 말린 로즈마리와 식용유, 소금, 후추를 넣고 잘 섞는다.
2. 크루아상은 2등분으로 자른다.
3. 양파와 오이 피클 20g은 다지고, 상추는 물에 담가 놓는다.
4. 참치는 체에 담아 기름을 제거한다.
5. 오이 피클 30g, 토마토는 얇게 슬라이스한다.

Cooking

1. 180°C로 예열된 오븐에서 감자를 약 30분간 구워 로즈마리 포테이토를 만든다.
2. 크루아상을 프라이팬에서 토스트 하고 마요네즈 10g을 발라준다.
3. 믹싱 볼에 기름을 뺀 참치와 다진 양파, 피클, 마요네즈 20g, 소금, 후추를 넣고 잘 섞어 참치 속재료를 만든다.
4. 물기를 제거한 상추, 얇게 슬라이스한 오이 피클 30g, 참치 속재료, 얇게 슬라이스한 토마토의 순으로 가지런히 올린다.
5. 남은 크루아상을 덮는다.

Finishing & Plating

1. 로즈마리 포테이토, 방울 토마토, 오이 피클 30g을 가지런히 담는다.
2. 샌드위치를 접시의 중앙에 담는다.

치킨 서브

CHICKEN SUB

Cooking Terminology

바게트(Baguette)는 길이가 긴 프랑스 빵이다. 'Baguette'는 이탈리아어 'Bacquetta'에서 파생된 단어로서 '마술 지팡이(Baguette magique)', '젓가락(Baguettes chinoises)', '지휘봉(Baguette de direction)'과 같이 단순히 지팡이, 지휘봉, 막대기 등을 의미한다. 길이가 긴 빵으로 만들어지는 샌드위치를 부를 때 쓰는 '서브(Sub)'는 잠수함을 의미하는 'Submarine'의 약자이다. 이는 미국으로 이민 온 이탈리아인이 잠수함을 보고 잠수함 모양의 샌드위치를 만들기 시작하면서 유래하였다고 한다. 서브마린 샌드위치와 비슷한 용어로 'Grind(딱딱한 껍질을 먹기위해 분쇄해야 한다)'라는 용어도 사용된다.

INGREDIENTS

바게트(Baguette) 60g
버터(Butter) 20g
머스터드(Mustard) 10g
양상추(Lettuce) 30g
닭 가슴살(Chicken breast) 100g
타임(Thyme) 2sprigs
식용유(Vegetable oil) 50ml
슬라이스 치즈(Sliced cheese) 1ea
토마토(Tomato) 50g
로즈마리(Rosemary, dried) 5g
감자(Potato) 50g
방울 토마토(Cherry tomato) 30g
오이 피클(Cucumber pickle) 30g
소금(Salt) as needed
후추(Pepper) as needed

COOKING METHOD

Preparation

1. 감자는 웨지형태로 자른 후 말린 로즈마리와 식용유, 소금, 후추를 넣고 잘 섞는다.
2. 양상추는 물에 담가 놓는다.
3. 닭 가슴살은 고기망치로 두드린 후 다진 타임, 식용유, 소금, 후추를 넣어 마리네이드해 놓는다.

Cooking

1. 180°C로 예열된 오븐에서 감자를 약 30분간 구워 로즈마리 포테이토를 만든다.
2. 프라이팬을 가열한 후 바게트 빵을 토스트 한다.
3. 중탕으로 녹인 버터에 머스터드를 넣어 머스터드 버터 스프레드를 만든다.
4. 프라이팬에 식용유를 넣고 닭 가슴살을 완전히 익힌다.
5. 토스트한 바게트에 머스터드 버터 스프레드를 바르고 양상추, 치즈, 닭 가슴살, 토마토의 순으로 가지런히 올린다.
6. 남은 바게트 빵으로 덮는다.

Finishing & Plating

1. 로즈마리 포테이토, 방울 토마토, 오이 피클을 가지런히 담는다.
2. 샌드위치를 접시의 중앙에 담는다.

SANDWICH

크로크 무슈

CROQUE MONSIEUR

Cooking Terminology

크로크 무슈(Croque monsieur)는 햄과 치즈를 넣어 구운(Baking) 샌드위치이며, 크로크 마담(Croque madame)은 에그 프라이를 올린 샌드위치 이름이다. 이 음식은 인구가 폭발적으로 늘어난 20세기 초 프랑스에서 패스트푸드로 개발된 음식이다. 이름은 '깨물다'를 의미하는 'Croquer'와 '신사'를 의미하는 'Monsieur'가 합쳐져 만들어졌다고 한다. 오래전 프랑스의 신사들이 일하러 나가며 점심으로 싸가던 샌드위치를 난로에 따뜻하게 데워 먹던 것에서 유래하였다는 설이 있다.

INGREDIENTS

식빵(White bread) 2ea
슬라이스 치즈(Sliced cheese) 2ea
슬라이스 햄(Sliced ham) 2ea
버터(Butter) 10g
밀가루(Flour) 10g
우유(Milk) 50ml
월계수 잎(Bay leaf) 1ea
모차렐라 치즈(Mozzarella cheese) 50g
로즈마리(Rosemary, dried) 5g
감자(Potato) 50g
방울 토마토(Cherry tomato) 30g
오이 피클(Cucumber pickle) 30g
식용유(Vegetable oil) 20ml
소금(Salt) as needed
후추(Pepper) as needed

COOKING METHOD

Preparation

1 감자는 웨지형태로 자른 후 말린 로즈마리와 식용유, 소금, 후추를 넣고 잘 섞는다.

Cooking

1 180°C로 예열된 오븐에서 감자를 약 30분간 구워 로즈마리 포테이토를 만든다.
2 프라이팬에 버터와 밀가루를 볶은 후 우유와 월계수 잎, 소금, 후추를 넣어 베샤멜 소스를 만든다.
3 식빵 위에 베샤멜 소스를 바른다.
4 슬라이스 햄과 슬라이스 치즈를 올리고 남은 식빵을 덮는다.
5 식빵 위에 남은 베샤멜 소스를 바르고 모차렐라 치즈를 올린다.
6 180°C로 예열된 오븐에 넣어 치즈를 녹인다.

Finishing & Plating

1 로즈마리 포테이토, 방울 토마토, 오이 피클을 가지런히 담는다.
2 샌드위치를 반으로 자른 후 접시의 중앙에 담는다.

토마토 모차렐라 샌드위치

TOMATO & MOZZARELLA SANDWICH

Cooking Terminology

포카치아(Focaccia)는 오븐에서 구운 평평한 이탈리아 빵으로 피자 반죽과 스타일 및 질감이 비슷하다. 포카치아는 이탈리아에서 인기가 있으며 올리브유, 소금 그리고 다양한 허브로 맛을 낸다. 또한 빵 위에 양파, 치즈, 고기 등을 얹어 먹을 수도 있다. 이 빵의 고대 로마시대에 '파니스 포카치우스(Panis focacius)'라는 난로 위에서 구운 평평한 빵에서 유래하였다고 한다.

INGREDIENTS

포카치아(Focaccia) 60g
바질 페스토(Basil pesto) 10ml
마요네즈(Mayonnaise) 30ml
후레쉬 모차렐라 치즈(Fresh mozzarella cheese) 60g
토마토(Tomato) 80g
아루굴라(Arugula) 10g
로즈마리(Rosemary, dried) 5g
감자(Potato) 50g
방울 토마토(Cherry tomato) 30g
오이 피클(Cucumber pickle) 30g
식용유(Vegetable oil) 20ml
소금(Salt) as needed
후추(Pepper) as needed

COOKING METHOD

Preparation

1 감자는 웨지형태로 자른 후 말린 로즈마리와 식용유, 소금, 후추를 넣고 잘 섞는다.
2 포카치아를 2등분으로 자른다.
3 마요네즈와 바질 페스토를 혼합하여 페스토 스프레드를 만들어 준다.

Cooking

1 180°C로 예열된 오븐에서 감자를 약 30분간 구워 로즈마리 포테이토를 만든다.
2 포카치아를 프라이팬에서 토스트 한다.
3 빵에 페스토 스프레드를 바른다.
4 아루굴라 잎을 올린 후 슬라이스 한 모차렐라 치즈와 토마토를 가지런히 올린다.
5 남은 포카치아로 덮는다.

Finishing & Plating

1 로즈마리 포테이토, 방울 토마토, 오이 피클을 가지런히 담는다.
2 샌드위치를 접시의 중앙에 담는다.

햄버거 샌드위치

HAMBURGER SANDWICH

Cooking Terminology

햄버거(Hamburger Sandwich)는 샌드위치의 일종이며 전 세계 사람들에게 미국의 전형적인 음식으로 인식되고 있다. 독일의 함부르크 사람들이 '타타르'라고 불리는 터키 유목 부족들의 음식을 모방하여 잘게 저민 질 나쁜 소고기에 양념을 섞어 맛을 낸 함부르크 스테이크를 만들어 먹은 것에서 유래하였다고 한다. 이 스테이크가 19세기 초 미국으로 이민 온 독일 이민자들에 의해 미국에서 널리 알려졌고 이후 번스(Buns)라고 부르는 둥근 빵에 넣어 판매되면서 지금의 햄버거가 만들어졌다고 한다.

INGREDIENTS

소고기(Beef) 100g 살코기, 방심
양파(Onion) 150g 중, 150g 정도 1개
빵가루(Bread crumbs) 30g 마른 것
셀러리(Celery) 30g
소금(salt) 3g
검은 후추(Black pepper) 1g
양상추(Lettuce) 20g
토마토(Tomato) 1/2ea 중, 150g 정도, 둥근모양이 되도록 잘라서 지급
무염 버터(Unsalted butter) 15g
햄버거 빵(Hamburger bun) 1ea
식용유(Vegetable oil) 20ml
달걀(Egg) 1ea

COOKING METHOD

Preparation

1 소고기는 힘줄을 제거해서 곱게 다져 놓는다.
2 양파 50g과 셀러리는 다지고, 달걀은 흰자만 준비한다.
3 양파 100g과 토마토는 0.5cm 두께로 자르고, 양상추는 물에 담가 놓는다.
4 햄버거 빵은 중간이 잘려진 것으로 준비하고, 잘라있지 않으면 잘라서 준비한다.

Cooking

1 프라이팬에 햄버거 빵을 굽는다(약한 불에 천천히 구워야 바삭하게 구워진다). 중탕을 하여 부드럽게 만든 버터를 바른다.
2 프라이팬에 식용유 10ml를 넣고 다진 양파와 셀러리를 볶은 후 식힌다.
3 소고기, 볶은 양파와 셀러리, 빵가루, 달걀흰자, 소금, 검은 후추를 넣고 끈기 있게 잘 섞은 후 1cm 두께의 원형으로 만든다(패티의 지름 또한 빵의 크기보다 1cm 크게 만들어 준다). 프라이팬에 식용유 10ml를 넣고 완전히 익혀 햄버거 패티를 만든다.
4 빵 위에 양상추, 햄버거 패티, 토마토, 양파, 빵의 순서로 올려 샌드위치를 만든다.

Finishing & Plating

1 햄버거 샌드위치는 반으로 자른 후 접시 중앙에 담는다.

수험자 요구사항 및 유의사항 시험시간 30분

양식조리 기능사

가. 구워진 고기의 두께는 1cm 정도로 하시오.
나. 토마토, 양파는 0.5cm 정도의 두께로 썰고 양상추는 빵크기에 맞추시오.
다. 빵 사이에 위의 재료를 넣어 반 잘라 내시오.
라. 구워진 고기가 단단해지거나 부서지지 않도록 한다.
마. 빵에 수분이 흡수되지 않도록 유의한다.

훈제 연어 샌드위치

SMOKED SALMON SANDWICH

Cooking Terminology

베이글(Bagel)은 폴란드의 유대인 공동체에서 유래한 빵이다. 베이글의 기원은 다소 애매하지만 17세기부터 동유럽 유대인 공동체에서 광범위하게 소비된 것으로 알려져 있다. 베이글에 대한 최초의 언급은 1610년 폴란드의 크라쿠프(Krakow)에서 유태인 공동체 의식에서 언급되었다고 한다. 일부 자료에서 1683년 비엔나 전투에서 오스만제국과의 전쟁에서 폴란드 왕의 승리를 기념하기 위해 등자 형태로 만들어졌다는 설은 명확하지 않다.

INGREDIENTS

훈제 연어(Smoked salmon) 100g
베이글(Bagel) 1ea
양상추(Lettuce) 20g
크림치즈(Cream cheese) 30g
케이퍼(Caper) 10g
어린 잎 채소(Baby salad) 5g
홀스레디쉬(Horsredish) 10g
생크림(Fresh cream) 20ml

COOKING METHOD

Preparation

1 양상추와 어린 잎은 물에 담근 후 싱싱해 지면 물기를 제거한다.
2 훈제 연어는 얇게 썰어 접시에 담고 키친타월을 이용하여 기름기를 제거한다.
3 크림치즈는 부드럽게 실온에서 보관한다.

Cooking

1 베이글을 반으로 잘라서 프라이팬에 굽는다.
2 생크림과 홀스레디쉬를 섞는다.
3 구운 베이글에 크림치즈를 바르고 양상추와 어린 잎 채소를 고르게 펴준다.
4 양상추 위에 훈제 연어를 올리고 케이퍼를 중간 중간에 올린다.

Finishing & Plating

1 샌드위치가 중앙에 가도록 접시에 담는다.
2 크기가 큰 샌드위치는 담기 전에 칼로 먹기 좋은 크기로 잘라서 담는다. 손으로 들고 먹을 수 있는 샌드위치는 손으로 잡을 수 있도록 냅킨 등을 같이 제공한다.

3가지 브루스케타

3 KINDS OF BRUSCHETTA

Cooking Terminology

브루스케타(Bruschetta)란 이탈리아 요리의 안티파스토의 일종으로 빵 위에 여러 가지 재료를 올려서 먹는 오픈 샌드위치의 형태이다. 어원은 토스카나 주의 방언 'Bruscare'에서 온 것으로 추정되며 이는 '숯에서 굽다'를 의미한다. 이탈리아에는 이와 비슷한 크로스티니(Crostini)라는 음식이 있다. 두 음식의 차이점은 사용되는 빵의 크기와 두께에 따라 달라진다고 한다. 크로스티니는 브루스케타보다 더 얇고 작은 조각의 빵을 사용한다.

INGREDIENTS

For garlic bread & sauce

바게트(Baguette) 60g
마늘(Garlic) 15g
올리브유(Olive oil) 30ml
바질 페스토(Basil pesto) 10ml

For tomato bruschetta

올리브유(Olive oil) 10ml
방울 토마토(Cherry tomato) 20g
양파(Onion) 10g
바질(Basil) 1sprig
발사믹 식초(Balsamic vinegar) 2ml

For egg plant bruschetta

마늘(Garlic) 5g
올리브유(Olive oil) 10ml
가지(Egg plant) 20g
발사믹 식초(Balsamic vinegar) 5ml

For paprika bruschetta

마늘(Garlic) 5g
올리브유(Olive oil) 10ml
노랑 파프리카(Yellow paprika) 20g
빨강 파프리카(Red paprika) 20g
초록 파프리카(Green paprika) 20g
이탈리안 파슬리(Italian parsley) 1sprig
파마산 치즈(Parmesan cheese) 10g
소금(Salt) as needed
후추(Pepper) as needed

COOKING METHOD

Preparation

1 바게트는 1cm 두께로 자른다. 마늘빵을 만들기 위해 마늘 15g을 반으로 잘라서 빵에 문질러 준다.
2 가지와 파프리카 브루스케타를 위해 마늘 10g은 다져 놓는다.
3 방울 토마토를 크기에 따라 4~6등분으로 자르고 양파는 곱게 다져 놓는다.
4 가지는 0.5cm 두께로 슬라이스 하고 소금을 뿌린 후 물기를 제거해 둔다.
5 파프리카는 불에 태워 랩으로 감싼 후 껍질을 제거하고 5cm 길이로 잘라준다.

Cooking

1 올리브유를 준비해둔 바게트 위에 적당량 뿌려주고 프라이팬을 가열하여 바게트를 구워준다.
2 믹싱볼에 방울 토마토, 다진 양파, 바질, 올리브유, 발사믹 식초를 넣고 소금과 후추로 간을 한다. 30분 정도 마리네이드 해 놓은 후 빵 위에 올려 준다. 바질 잎으로 장식한다.
3 프라이팬에 올리브유와 다진 마늘을 넣고 볶은 후 껍질을 제거해 놓은 파프리카를 넣어준다. 다진 이탈리안 파슬리를 뿌려준 후 소금과 후추로 간을 하고 빵 위에 올려 준다. 파마산 치즈로 장식한다.
4 프라이팬에 올리브유와 다진 마늘을 넣고 볶은 후 절여 놓은 가지와 발사믹 식초를 넣고 볶아준다. 소금과 후추로 간을 하고 빵 위에 올려 준다.

Finishing & Plating

1 원하는 양만큼 접시에 담는다.
2 바질 페스토를 뿌린 후 제공한다.

SANDWICH

● **샌드위치조리 평가**

일지평가: 실습한 내용에 대한 학습자의 일지 작성 후 평가 실시

서술형 시험

학습 내용	평가 항목
샌드위치 재료 준비하기	샌드위치의 정의 및 분류 등에 대한 이해도 평가
	샌드위치용 빵의 종류 및 특성에 대한 이해도 평가
	스프레드의 종류 및 재료에 대한 이해도 평가
	속재료의 종류와 특성에 대한 이해도 평가
	가니쉬의 종류와 특성에 대한 이해도 평가
샌드위치 조리하기	샌드위치 종류에 따른 빵의 조리법에 대한 이해도 평가
	샌드위치용 속재료의 조리 방법에 대한 이해도 평가
	샌드위치용 가니쉬의 조리 방법에 대한 이해도 평가
	샌드위치 종류에 따른 스프레드 사용방법에 대한 이해도 평가
	샌드위치에 속재료와 가니쉬의 스터핑에 대한 이해도 평가
샌드위치 완성하기	샌드위치용 접시 준비에 대한 이해도 평가
	샌드위치 커팅방법에 대한 이해도 평가
	샌드위치 플레이팅 방법에 대한 이해도 평가
	샌드위치에 어울리는 콘디멘트에 대한 이해도 평가
	샌드위치의 색깔, 맛, 풍미, 온도 등에 대한 이해도 평가

작업장 평가

학습 내용	평가 항목	만점	직무수행평가 점수
샌드위치 재료 준비하기	샌드위치 조리에 필요한 도구 준비		
	샌드위치 조리에 필요한 재료에 대한 사전 전처리		
	스프레드를 위한 재료 준비 평가		
	속재료를 위한 재료 준비 평가		
	가니쉬를 위한 재료 준비 평가		
샌드위치 조리하기	빵의 조리에 대한 평가		
	속재료 조리에 대한 평가		
	가니쉬 조리에 대한 평가		
	스프레드 조리에 대한 평가		
	스터핑에 대한 평가		
샌드위치 완성하기	샌드위치 커팅방법, 콘디멘트, 플레이팅에 대한 평가		
	완성된 샌드위치의 색에 대한 평가		
	완성된 샌드위치의 맛에 대한 평가		
	완성된 샌드위치의 온도에 대한 평가		
	뒷정리		
합계			

WESTERN COOKING

부록

MADE IN

참고문헌

- 고범석, 가드망제의 세계, 훈민사, 2006
- 고범석 · 이동근 · 안홍, Western cuisine: 서양요리의 세계, 훈민사, 2009
- 김경환 · 김병일 · 김종성 · 김인환 · 김종용, 고급 서양 조리, 석학당, 2015
- 김병희 · 양동인 · 김동수 · 남대현 · 공석길, 한 권으로 끝내는 양식조리 기능사 산업기사, 도서출판 효일, 2017
- 김상철 · 구자억 · 김명수 · 김창호 · 박경숙, 서양조리: 양식조리기능사 산업기사 기능장, 지구문화사, 2014
- 김영아 · 송천영, 건강 꽃 식물 재배와 이용, 푸른행복, 2010
- 김은희, 김은희 셰프의 더 그린테이블 쿡북, 그루비주얼, 2013
- 김진 · 이광일 · 우희섭 · 김윤성, 조리용어사전, 광문각, 2007
- 김헌철 · 고범석, 호텔식 정통 서양요리, 훈민사, 2006
- 노진환 · 이동욱 · 이준행 · 안상란, 맛있는 호텔식 샌드위치, 백산출판사, 2013
- 송수익 · 김정수 · 류정열 · 박인수 · 손선익, 기초서양조리, 에듀팩토리, 2013
- 송태희 · 우인애 · 손정우 · 오세인 · 신승미, 이해가 쉬운 조리과학, 교문사, 2017
- 식품위생신문, 콩소메 수프의 유래, 2016
- 아라후네 요시타카 외 8명, 맛있는 요리에는 과학이 있다, 홍익출판사, 2013
- 안선정 · 김은미 · 이은정, 새로운 감각으로 새로 쓴 조리원리, 백산출판사, 2013
- 염진철, 기초 조리이론과 조리용어, 백산출판사, 2007
- 염진철, 기초 조리실습과 서양조리, 백산출판사, 2011
- 윤덕노, 음식잡학사전, 북로드, 2013
- 윤수선 · 김창열 · 채현석 · 장상준 · 김정수, 가르드망제, 백산출판사, 2013
- 이동근 · 고범석 · 성명진, 메인요리 콤퍼지션: 새로운 형식으로 구성된 최신 메인요리, 훈민사, 2010
- 이윤호 · 서민석 · 이상원, 기초서양조리, 도서출판 효일, 2012
- 이종필 · 전혜영 · 조성현 · 장명하 · 송청락, Chef's 서양조리: NCS 활용 자기주도 학습법, 백산출판사, 2016
- 프랜시스 케이스, 죽기 전에 곡 먹어야 할 세계 음식 재료 1001, 마로니에북스, 2009
- 최수근, 소스의 이론과 실제, 형설출판사, 2010
- 최수근 · 조우현 · 김동석, The sauce, 백산출판사, 2012
- 홍태희 · 김기연 · 김창렬 · 서종권 · 오창환, New 식품재료학, 지구문화사, 2014
- 한국식품과학회, 식품과학기술 대사전, 광일문화사, 2004

저자소개

나태균 | 경기대학교 관광학 박사
現) 두원공과대학교 호텔조리과 교수

이윤호 | 경기대학교 외식조리관리학 박사
現) 충청대학교 식품영양외식학부 교수

이상원 | 호남대학교 호텔관광경영학 박사
現) 마산대학교 식품과학부 호텔외식조리과 교수

서민석 | 세종대학교 조리외식경영학 박사
現) 대림대학교 글로벌외식조리학부 교수

김병일 | 영산대학교 호텔관광학 석사
現) 동원과학기술대학교 호텔외식조리과 교수

안형기 | 경주대학교 관광학 박사
現) 인천재능대학교 호텔외식조리과 교수

저자소개

오상효

한경대학교 영양조리과학 석사
現) 한국조리사관직업전문학교 호텔조리과 교수

유정완

한성대학교 경영학 석사
現) 남인천고등학교 조리과학과 재직

이병만

경기대학교 관광학 석사
現) 노보텔엠버서더호텔 독산 재직

정용락

순천향대학교 관광경영학 박사
現) 한국호텔관광실용전문학교 호텔외식조리학부 교수

채현석

경기대학교 관광학 박사
現) 동원대학교 호텔관광학부 호텔조리전공 교수

최태호

경기대학교 관광학 박사
現) 혜전대학교 호텔조리외식계열 교수

NCS 양식조리

발 행 일	2017년 8월 18일 초판 인쇄 2017년 8월 26일 초판 발행
지 은 이	나태균·이윤호·이상원·시민석 김병일·안형기·오상효·유정완 이병만·정용락·채현석·최태호
발 행 인	김홍용
펴 낸 곳	도서출판 효일
디 자 인	에스디엠
주 소	서울시 동대문구 용두동 102-201
전 화	02-460-9339
팩 스	02-460-9340
홈페이지	www.hyoilbooks.com
Email	hyoilbooks@hyoilbooks.com
등 록	1987년 11월 18일 제6-0045호
정 가	29,000원
ISBN	978-89-8489-429-7